财政部规划教材
全国高职高专院校财经类教材

财务会计

（上）

朱宏涛　胡志华　主　编
吴松华　刘　芳　杨丽萍　副主编

经济科学出版社

图书在版编目（CIP）数据

财务会计．上／朱宏涛，胡志华主编．—北京：经济科学出版社，2016.4

财政部规划教材．全国高职高专院校财经类教材

ISBN 978－7－5141－6752－8

Ⅰ．①财… Ⅱ．①朱…②胡… Ⅲ．①财务会计－高等职业教育－教材 Ⅳ．①F234.4

中国版本图书馆 CIP 数据核字（2016）第 061194 号

责任编辑：白留杰
责任校对：靳玉环
责任印制：李 鹏

财务会计（上）
朱宏涛 胡志华 主 编
吴松华 刘 芳 杨丽萍 副主编
经济科学出版社出版、发行 新华书店经销
社址：北京市海淀区阜成路甲 28 号 邮编：100142
教材分社电话：010－88191354 发行部电话：010－88191522
网址：www.esp.com.cn
电子邮箱：bailiujie518@126.com
天猫网店：经济科学出版社旗舰店
网址：http://jjkxcbs.tmall.com
北京密兴印刷有限公司印装
787×1092 16 开 14 印张 340000 字
2016 年 6 月第 1 版 2016 年 6 月第 1 次印刷
ISBN 978－7－5141－6752－8 定价：31.00 元
（图书出现印装问题，本社负责调换。电话：010－88191502）

编写说明

财务会计是高等职业院校会计类专业的一门专业核心课程，是在基础会计的基础上进一步深化了对会计目标和会计信息质量要求等会计基本理论的理解，更加深入、系统地阐述了《企业会计准则》在会计实务中的具体运用。自财政部新的《企业会计准则》颁布实施以来，实务中不断出现新情况、新问题，我国会计和税收规范在不断的成熟和完善，为了使学生能够掌握扎实的专业理论知识，准确理解和运用《企业会计准则》，提高会计专业能力和素质，我们依据最新的会计、税收规范组织编写了本书，力求与企业的实际经济活动以及会计、税收改革要求相适应。本书主要具有以下特点：

1. 体例具有创新性。现有财务会计类教材主要按照传统的章、节体系编写，较为侧重教材理论体系的完整性；而本书以工作任务为导向，按照项目化体系进行编写，教材内容和业务实践活动有机结合，有助于激发学生的学习兴趣。

2. 内容新颖。本书编写以财政部2014年新修订的《企业会计准则》、《企业会计准则第2号——长期股权投资》、《财政部、国家税务总局关于在全国开展交通运输业和部分现代服务业营业税改征增值税试点税收政策的通知》等最新的会计、税收规范为依据，充分体现了最近的会计政策、制度和原则。

3. 注重工作任务与相关理论及实践知识的结合。本书既考虑到企业使用所需知识，又考虑到会计初级职称的考试内容，有利于提高学生的实践动手能力，也可以帮助学生增强可持续发展能力。

本书由绍兴职业技术学院朱宏涛和咸宁职业技术学院胡志华担任主编，负责拟定编写大纲和体例，咸宁职业技术学院吴松华、嘉兴职业技术学院杨丽萍和无锡商业职业技术学院刘芳担任副主编。具体编写分工如下：项目一、项目三由绍兴职业技术学院徐鸣明编写，项目二由咸宁职业技术学院胡志华编写，项目八由绍兴职业技术学院郑霖霖编写，项目四、项目七由绍兴职业技术学院朱宏涛编写，项目五由咸宁职业技术学院吴松华编写，项目六由无锡职业技术学院刘芳编写，项目九、项目十由绍兴职业技术学院张红艳编写，项目十一由嘉兴职业技术学院杨丽萍编写。

需要指出的是，在本书出版过程中及以后使用的一段时间里，肯定会有新的会计、税收法规相继出台，若有与本书表述不符之处，请以新颁布的法规、制度为准。

本书在编写过程中，借鉴和参考了大量的相关书籍和教材，限于篇幅所限，不能一一列出，在此谨向相关作者表示诚挚的谢意；尽管我们对本书的撰写做了很多努力，但由于编者水平有限，书中难免存在疏漏之处，敬请广大读者批评指正。

编者

2016 年 3 月

目录

项目一

财务会计认知

【学习目标】

知识目标：通过学习，你将会了解财务会计的产生与发展；理解财务会计的特征；熟悉会计要素的含义及其基本内容；掌握财务会计的目标；掌握会计核算前提和会计信息质量要求。

能力目标：通过学习，能充分认识社会经济环境对会计产生和发展的巨大作用；能运用会计要素的特征，正确地确认、计量和报告会计要素；能按照会计信息质量要求提供会计信息，保证财务会计目标的实现。

【情境导入】

1. 我国企业财务报告的目标是向财务报告使用者提供与企业财务状况、经营成果和现金流量等有关的会计信息，反映企业管理层受托责任的履行情况，有助于财务报告使用者作出经济决策。

任务提出：谁是会计信息的使用者？会计信息使用者需要什么样的信息？

2. 天成有限责任公司（以下简称“天成公司”）拥有3家控股子公司。天成公司与其各子公司均属于不同的法律主体，天成公司为了全面反映由母子公司组成的企业集团整体的财务状况、经营成果和现金流量等会计信息，从而成立了企业集团。

任务提出：如何判断会计主体？上述各公司中哪些可确认为会计主体？该企业集团是否属于会计主体？

3. 2015年末，天成公司发现由于市场供求关系使公司销售萎缩，无法实现年初确定的销售收入目标，但考虑到在2016年度市场供求关系将会得到扭转，公司销售会出现较大幅度的增长，为此提前预计并确认库存商品销售收入。

任务提出：天成公司的上述做法违背了哪条会计信息质量要求？

4. 2016年5月20日，天成公司与银行达成了2个月后借入100万元的借款意向书。

任务提出：天成公司是否应根据借款意向书确认负债100万元？

任务一　财务会计基础认知

【任务描述】

本任务主要了解财务会计的产生和发展，理解财务会计的含义及目标，熟悉财务会计系统。

【任务分析】

本任务要求学生通过对财务会计的基础认知，理解财务会计的含义及目标，熟悉财务会计系统的四个阶段及相互关系。

【知识准备及应用】

一、财务会计的含义

会计是随着人类社会生产活动的发展和适应经济管理的要求而产生，并不断发展和完善起来的一项经济管理活动。现代企业会计有财务会计和管理会计两大分支。财务会计是现代企业会计的一个重要分支，它是依据《会计法》、《企业会计准则》及相关制度等法律法规，按照规定的程序，采用一系列专门的方法，对企业经济活动进行核算和监督，并向企业外部利益关系人定期提供各种会计信息的对外报告会计。

二、财务报告的目标

我国企业财务会计报告的目标是向财务报告使用者提供与企业财务状况、经营成果和现金流量等有关的会计信息，反映企业管理层受托责任履行情况，有助于财务会计报告使用者作出经济决策。财务会计报告的目标主要包括两个方面的内容。

（一）向财务报告使用者提供对决策有用的信息

向财务报告使用者提供决策有用的信息是财务报告的基本目标。其中，财务报告的使用者包括投资者、债权人、政府及有关部门和社会公众等。

根据向财务报告使用者提供对决策有用的信息这一目标的要求，财务报告所提供的会计信息应当如实反映企业所拥有或者掌控的经济资源、对经济资源的要求权以及经济资源要求权的变化情况，如实反映企业的各项收入、费用、利得和损失的金额及其变动情况，如实反映企业各项经营活动、投资活动和筹资活动等所形成的现金流入和现金流出情况等，从而有助于现在的或者潜在的投资者、债权人以及其他使用者正确、合理地评价企业的资产质量、偿债能力、盈利能力和营运效率等，还有助于使用者评估与投资和信贷有关的未来现金流量的金额、时间和风险等。

（二）反映企业管理层受托责任的履行情况

在现代公司制下，企业所有权和经营权相分离，企业管理层受委托人之托经营和管理企业及其各项资产，负有受托责任，即企业管理层所经营和管理的各项资产包括投资者投入的资本（或者留存收益作为再投资）以及向债权人借入的资金，企业管理层有责任妥善保管并合理、有效地使用这些资产。因此，财务报告应当反映企业管理层受托责任的履行情况，以有助于评价企业的经营管理责任以及资源使用的有效性，并帮助投资者决定是否继续维持现有的委托代理关系。

三、财务会计系统

财务会计系统是财务会计作为一个信息系统的信息输入、加工和输出的基本程序，包括会计确认、会计计量、会计记录和会计报表四个阶段。

（一）会计确认

会计确认是指以《企业会计准则》为判断依据，将一会计事项作为资产、负债、所有者权益、收入、费用等会计要素正式加以记录并列入特定主体财务会计报表的过程。在会计确认阶段，需要回答"是不是会计要素"、"是何种会计要素"、"何时确认"、"能否计量"等问题。会计确认分为初始确认和后续确认。

（二）会计计量

会计计量是在会计确认的基础上，根据一定的计量单位和计量方法，记录并在会计报告中对确认的会计要素确定其金额的过程，即对确认的会计要素量化。

会计计量涉及计量单位和计量属性两个方面。计量单位是会计计量时所采用的尺度，对此我国的相关法律都作出了明确规定。《会计法》第 12 条规定："会计核算以人民币为记账本位币。业务收支以人民币以外的货币为主的单位，可以选定其中一种货币作为记账本位币，但是编报的财务会计报告应当折算为人民币。"《企业会计准则——基本准则》第 8 条规定："企业会计应当以货币计量。"计量属性是指被计量的对象具有的某方面的特征或外在表现形式。一项业务或事项可以从多个方面用货币计量而具有不同的计量属性。

（三）会计记录

会计记录是指在会计确认和计量的基础上，运用复式记账方法对特定主体的经济活动在账簿中进行登记的会计程序，包括编制会计分录、过账、账项调整等过程。

（四）会计报表

通过会计记录加工生成的会计信息，尽管十分丰富，但往往比较分散，不能集中、总括地反映企业经营活动的全貌。为了满足外部使用者的信息需要，必须对这些信息进行进一步的加工和汇总，并以固定格式和内容的报告文件的形式来传递给信息使用者，这种报告文件就是会计报表。至于那些由于不符合会计确认标准而未被确认进入会计信息系统，但有助于财务报告使用者作出决策的信息，以及对财务会计报告所作的补充说明，则可以通过会计报表附注、补充资料等形式提供给信息使用者，其与会计报表一起构成财务报告体系。

【知识扩展】

会计史上的三个里程碑

根据现有的史料，复式簿记最初叫意大利式借贷簿记法，是在意大利北部各城市为了适应商人的需要而自然发展起来的。自从物名账户出现以后，人们对于叙述式的会计记录渐渐感到不便，力求探索发明一种简明的会计记录，以取代层次杂乱的叙述式会计记录。14 世纪末到 15 世纪初，进入了复式簿记的诞生阶段。1494 年，意大利传教士卢卡·帕乔利出版了一部了不起的著作——《算术几何比与比例概要》。这部著作不仅是意大利数学发展史的光辉篇章，而且还开创了会计发展史的新纪元，是人类最早关于复式簿记的划时代的文献。1494 年是会计发展史上的重要的里程碑，从此，会计以一门真正的、完整的、系统的科学而载入史册。

18 世纪末和 19 世纪初发生了产业革命，世界的贸易中心转到了英国，给当时的资本主义国家（特别是英国）生产力带来了空前的发展。由此引起了生产组织和经营形式的重大变革，适应资本主义大企业的经营形式——“股份有限公司”出现了。股份有限公司的基本特点是：资本的所有权和经营权相分离。因此，产生了以“自由职业”的身份出现（实际上是为公司股东服务）的“特许”或“注册”会计师协会—爱丁堡会计师协会。从此，扩大了会计的服务对象，发展了会计的核算内容，会计的作用获得了社会的承认。这可以说是会计发展史上的第二个里程碑。

到了20世纪，会计的理论、方法和技术等各个方面都有了突飞猛进的发展。会计由原来的簿记（记账、算账、报账）发展到现代的财务会计，簿记只是会计的记录部分。这一时期，耿克西的《高等会计学》(1903年)、乔治·利司尔的《会计学全书》（1903年）和皮克斯的《会计学》（1908年）三大名著的出版，奠定了会计学的基础。20世纪50年代以后，会计的面目又为之一新。一方面，电子计算技术被推广到会计领域，引起并继续促进会计工艺的彻底革命，使会计的性质、职能和作用发生了很大的变化；另一方面，由于“标准成本”、“预算控制”理论的应用和“泰罗管理”理论的推广，传统的会计逐渐形成了相对独立的两个分支：“财务会计”和“管理会计”。前者主要为企业外部利害关系人提供财务信息，而后者主要帮助企业内部管理当局进行经营决策。

管理会计的诞生可以说是会计发展史上的第三个里程碑。

【小思考1－1】为什么会计发展史上的三个里程碑性质的事件会发生在意大利、英国、美国?

【任务评价】

本任务介绍了财务会计的产生与发展，对财务会计的来源有了清楚的了解。通过对财务会计含义、目标及系统的熟悉，更有利于下一阶段理论知识的学习。

任务二　会计基本假设与会计信息质量要求

【任务描述】

本任务主要理解会计基本假设的含义，会计信息质量要求的含义；熟悉会计基本假设的内容及要求，会计信息质量的具体要求。

【任务分析】

本任务要求学生掌握如何利用会计基本假设处理相关会计事项；如何利用权责发生制处理相关会计事项；如何利用会计信息质量具体要求处理相关会计事项。

【知识准备及应用】

一、会计基本假设

会计基本假设是会计确认、计量和报告的前提，是对会计核算所处时间、空间等不确定性环境因素所作的合理推断。我国《企业会计准则——基本准则》规定：会计基本假设包括会计主体、持续经营、会计分期、货币计量四个方面。

（一）会计主体假设

会计主体是指企业会计确认、计量和报告的空间范围。明确界定会计主体是开展会计确认、计量和报告工作的重要前提。

进行会计核算，首先要明确其核算的空间范围，即为谁记账。会计主体的作用在于界定不同主体会计核算范围，避免各主体的事务相混淆。因为会计核算的对象，从宏观上说是社会经济活动，而社会经济活动又是由各单位的具体的经济业务及有关事项所组成，从微观上说是各单位的经济业务事项。而每项经济业务事项对不同的单位来说性质是不同的，所以，进行会计核算之前，应当确定会计核算的范围，明确哪些经济业务事项应当予以确认、计量和报告，也就是应当确定会计主体。

依据这一会计前提，各单位会计只对本单位发生的经济业务事项进行核算，其他单位发生的经济业务事项不在核算范围之内，不同单位发生的经济业务事项不能混合在一起核算。

例如，天成公司与A公司存在长期的购销关系，1月，天成公司销售给A公司一批商品，价值100 000元，同时，A公司向银行借款50 000元偿付货款。在前例中，以特定的天成公司作为一个会计核算的主体，作为天成公司的会计，那么只有天成公司的有关经济活动，属于其核算的范围。如销售A公司商品价值100 000元商品一批，但A公司向银行的借款，不属于天成公司会计核算的范围。

需要说明的是，会计主体不同于法律主体。一般而言，法律主体必然是一个会计主体。例如，一个企业作为一个法律主体，应当建立财务会计系统，独立反映其财务状况、经营成果和现金流量。但是，会计主体不一定是法律主体。例如，企业集团中的母公司拥有若干子公司，母、子公司虽然是不同的法律主体，但是母公司对子公司拥有控制权，为了全面反映企业集团的财务状况、经营成果和现金流量，需要将企业集团作为一个会计主体，编制合并财务报表，在这种情况下，尽管企业集团不属于法律主体，但却是会计主体。再如，由企业管理的证券投资基金、企业年金基金等，尽管不属于法律主体，但属于会计主体，企业应当对每项资金进行会计确认、计量和报告。

（二）持续经营假设

持续经营是指在可以预见的将来，企业将会按当前的规模和状态继续经营下去，不会停业，也不会大规模削减业务。在持续经营的前提下，会计确认、计量和报告应当以企业持续、正常的生产经营活动为前提。如果没有这样的前提，不仅会计核算无法保持其稳定性，企业生产经营活动也无法正常进行。

例如，天成公司购入一套设备，预计使用寿命为15年，考虑到企业将会持续经营下去，因此可以假定企业的固定资产会在持续经营的生产经营过程中长期发挥作用，并服务于整个生产经营过程，即不断地为企业生产产品，直至生产线使用寿命终结。因此，应当以历史成本为基础对固定成本进行记录，并采用折旧的方法，将历史成本分摊到预计使用寿命期间所生产的相关产品成本中，而不是在购入时一次性计入成本。

可见，如果没有持续经营这一假设，会计就没有确定的时间范围，就无法进行核算。当然，在市场经济环境下，任何企业都存在破产、清算的风险。如果企业真的破产了，持续经营的假设不存在了，可用破产会计方法对其进行核算，这已不属于正常的财务会计核算内容。

（三）会计分期假设

会计分期是指将一个企业持续经营的生产经营活动划分为一个个连续的、长短相同的期间。其目的在于通过会计期间的划分，将持续经营的生产经营活动划分成连续、相等的期间，据以结算盈亏，按期编报财务报告，从而及时向财务报告使用者提供有关企业财务状况、经营成果和现金流量的信息。

根据持续经营假设，一个企业将按当前的规模和状态持续经营下去。但是，无论是企业作出的生产经营决策还是投资者、债权人等作出的决策都需要及时的信息，因此，会计核算需要将企业持续的生产经营活动划分为一个个连续的、长短相同的期间，分期确认、计量和报告企业的财务状况、经营成果和现金流量。会计期间的划分对会计核算具有重要的影响。有了会计期间，才得以区分本期与非本期，而由于有了本期与非本期的区别，才产生了权责发生制和收付实现制，才使不同类型的会计主体有了记账的基准，进而出现了应收、应付、预收、预付、折旧、摊销等跨期处理办法。

在会计分期假设下，企业应当划分会计期间，分期结算账目和编制财务报告。会计期间通常分为年度和中期。中期是指短于一个完整的会计年度的报告期间。会计分期通常以“年”来计量，称为会计年度。《企业会计准则》规定了我国以日历年度为企业会计年度，即从公历1月1日起到12月31日止。此外，还可进一步分为月度、季度和半年度。有了会计分期假设，才有企业“某年盈利多少”、“某年亏损多少”等说法。

（四）货币计量假设

货币计量是指会计主体在财务会计确认、计量和报告时以货币计量，反映会计主体的生产经营活动。

在会计的确认、计量和报告过程中之所以选择以货币为基础进行计量，是由货币的本身属性决定的。货币是商品的一般等价物，是衡量一般商品价值的共同尺度，具备可加总性。其他计量单位，如重量、长度、容积等，只能从一个侧面反映企业的生产经营情况，无法在量上进行汇总和比较，不便于会计计量和经营管理。复式记账的一个必备条件就是采用统一的货币进行计量，只有这样才能综合反映各种经济活动，所以，《基本准则》规定，会计确认、计量和报告选择以货币作为计量单位。

在会计核算中，日常登记账簿和编制会计报表用以计量的货币，也就是单位主要会计核算业务所使用的货币，称为记账本位币。在国际上，通行的做法是以一个国家的法定货币作为记账本位币。我国《会计法》规定，会计核算以人民币为记账本位币，业务收支以人民币以外的货币为主的单位，可以选定其中一种货币作为记账本位币，但是编报的财务会计报表应当折算为人民币。

二、会计信息质量要求

会计的目标是通过编制财务会计报告，向财务会计报告使用者提供与企业财务状况、经营成果和现金流量等有关的会计信息，不同的使用者的立场与动机都不相同，会计信息处理不可能只是为满足某一特定利益团体对信息的需求，会计要站在中性的立场如实提供会计信息。为了保证信息的质量，必然提出会计信息质量要求，作为处理具体会计业务的基本依据和进行会计核算的工作标准。

会计信息质量要求是进行职业判断和处理具体会计业务的基本依据和进行会计核算的工

作标准。我国《企业会计准则》对会计信息质量要求作了明确的规定。它包括可靠性、相关性、可理解性、可比性、实质重于形式、重要性、谨慎性和及时性等。

（一）可靠性

可靠性是指会计核算应当以实际发生的经济业务为依据。会计核算应当以真实的经济业务为核算对象，才能形成真实、准确的会计信息，才有助于决策者作出正确判断，实现经济目标。如果会计信息是虚假的，不能真实客观地反映会计主体经济活动的实际情况，必然无法满足各有关方面了解会计主体情况，进行决策的需要，甚至可以误导决策者作出错误的决策。因此，会计核算必须真实客观，即以实际发生的经济业务事项及证明经济业务事项发生的可靠资料为依据，如实反映财务状况和经营成果，做到内容真实、数字准确、资料可靠。

真实性包括以下几个重要含义：

一是会计核算应当以真实发生的经济业务为核算依据，保证会计资料的真实性。

二是会计核算应当准确反映经济业务，保证会计信息的准确性。

三是会计核算应当具有可验证性，即会计信息应当源自可以被客观证据加以证明的经济活动信息，而不应建立在主观臆断和个人意见的基础上。

四是法律规定的会计核算是一种事后核算，是对已经发生的经济业务事项所进行的事后记录、计量和反映，不包括对经济活动事前的预测、决策和管理控制等内容。

（二）相关性

相关性要求企业提供的会计信息与财务报告使用者的经济决策需要相关，有助于财务报告使用者对企业过去和现在的情况作出评价或者对企业的发展作出预测。

会计信息是否有用，是否具有价值，关键在于其与使用者的决策需要是否相关，是否有助于使用者作出决策或者提高决策水平。如投资者要了解企业盈利能力的信息，以决定是否投资或继续投资；银行等金融机构要了解企业的偿债能力，以决定是否对企业贷款；税务部门要了解企业的盈利及生产经营情况，以确定企业的纳税情况是否合理等。

会计信息质量的相关性，要求企业在确认、计量和报告会计信息的过程中，充分考虑使用者的决策模式和信息需要。但是，相关性是以可靠性为基础的，会计信息应在保证可靠性的前提下尽可能具备相关性，以满足财务报告使用者的决策需要。

（三）可理解性

可理解性要求企业提供的会计信息清晰明了，便于财务报告使用者理解和使用。

企业编制财务报告、提供会计信息的目的在于使用，而要使用者有效利用会计信息，前提是要让其了解会计信息的内涵，弄懂会计信息的内容，这就要求财务报告所提供的会计信息清晰明了、易于理解。只有这样，才能帮助财务报告使用者了解企业的过去和现状，以及企业净资产或企业价值的变化过程，预测未来发展趋势，最终作出科学决策。

会计信息是一种专业性较强的信息产品，在强调会计信息的可理解要求的同时，还应假定使用者具备一定的企业经营活动和会计方面的知识，并且愿意付出努力去研究这些信息。对于某些复杂的但与使用者的经济决策密切相关的信息，企业也应当在财务报告中予以充分披露。

（四）可比性

可比性要求企业提供的会计信息是可比的，具体包括下列要求：

（1）同一企业不同时期可比（纵向可比）。会计信息质量的可比性要求同一企业对于不同时期发生的相同或者相似的交易或者事项采用一致的会计政策，不得随意变更。当然，这并不意味着不允许企业变更会计政策。当企业按照规定或者会计政策变更后可以提供更可靠、更相关的会计信息时，就有必要变更会计政策，以向使用者提供更为有用的信息，但是有关会计政策变更的情况，应当在附注中予以说明。

（2）不同企业相同会计期间可比（横向可比）。为了便于财务报告使用者了解企业财务状况、经营成果和现金流量及其变动情况，从而作出科学而合理的决策，会计信息质量的可比性要求对不同企业同一会计期间发生的相同或者相似的交易或者事项采用统一规定的会计政策，以确保会计信息口径一致、相互可比，即对于相同或者相似的交易或者事项，不同企业应当采用一致的会计政策，以使不同企业按照一致的确认、计量和报告基础提供有关会计信息。

（五）实质重于形式

实质重于形式要求企业按照交易或者事项的经济实质进行会计确认、计量和报告，而不仅仅以交易或者事项的法律形式为依据。

例如，销售商品的售后回购，如果企业已将商品所有权上的主要风险和报酬转移给购货方，并同时满足收入确认的其他条件，则销售实现，应当确认收入；否则，即使企业已将商品交付购货方，销售也没能实现，不应当确认收入。

例如，以融资租赁的形式租入的固定资产，虽然从法律形式上来讲，企业并不拥有其所有权，但是由于租赁合同中规定的租赁期相当长，接近于该资产的使用寿命，租赁期结束时承租企业有优先购买的选择权，在租赁期内承租企业有权支配资产并从中受益。从实质上看，企业控制了该项资产的使用权及其受益权。所以，在会计核算上，将融资租赁的固定资产视为企业的资产。

（六）重要性

重要性要求企业提供的会计信息反映与企业财务状况、经营成果和现金流量有关的所有重要交易或者事项。

如果财务报告中提供的会计信息的省略或者错报会对信息使用者作出的决策产生影响，那么该信息就具有重要性。重要性的应用需要依赖职业判断，企业应当根据其所处环境和实际情况，从项目的性质和金额两方面加以判断。

例如，企业购进 1 台价值 1 000 万元的大型设备，对该设备如何保管、使用、维护，对其使用过程中的损耗如何确认等，必将对企业的经营活动和财务成果产生重大影响。因此，对于这种大型设备就需要重点核算并单独反映。办公人员购买水笔或一包打印纸等，价值仅为几元或几十元的，显然不论如何处理，均不会对经营活动与经营成果产生大的影响。因此，在进行会计处理时，就不必单独核算，而将其与其他零星支出一起作为费用一并反映。

（七）谨慎性

谨慎性要求企业对交易或者事项进行会计确认、计量和报告时，尽可能谨慎，既不高估资产或者收益，也不低估负债或者费用。

在市场经济环境下，企业的生产经营活动面临许多风险和不确定性，如应收款项的可收回性、固定资产的使用寿命、无形资产的使用寿命、售出存货出现退货或者返修的可能性等。企业在面临不确定性因素的情况下做出职业判断时，应当保有谨慎的心态，充分估计到各种风险和损失。

例如，企业购入 10 000 股某股票，购入价为 10 元/股。假设编制会计报告时，每股市场价为 8 元，尽管下跌 2 元，由于股票并未抛出，即并未真正产生损失，按谨慎性要求，这 2 元仍要作为损失，将每股按市价改为 8 元，显然这样的资料是可靠的。但若每股涨到 15 元，按谨慎性要求则不将上涨的 5 元预计为收益，尽管这 5 元收益是“很可能”实现的。

由于谨慎性充分考虑了可能发生的损失和费用，而不考虑可能取得的收入或收益，就使得会计信息比较稳健或比较慎重，也就是做了最坏的估计。这样得出来的财务信息通常都比较保守、可靠，而且实际的结果往往都会比预期的好。这显然符合人们通常的习惯。

（八）及时性

及时性要求企业对于已经发生的交易或者事项及时进行确认、计量和报告，不得提前或者延后。信息具有时效性，其价值在于帮助信息使用者作出经济决策。即使是可靠、相关的会计信息，如果不及时提供，也就失去了时效性，对于使用者的效用就大大降低，甚至不再具有实际意义。在会计确认、计量和报告过程中贯彻及时性，及时性有两重含义：

（1）处理及时。对企业发生的经济活动应及时在本会计期间内进行会计处理，而不延至下期。

（2）报送及时。会计资料如会计报表等，应在会计期间结束后按规定日期及时报送出去。

【知识扩展】

会计基础——权责发生制、收付实现制

权责发生制是指凡是当期已经实现的收入和已经发生或应当负担的费用，不论款项是否收付，都应作为当期的收入或费用处理；凡是不属于当期的收入和费用，即使款项已经在当期收付，都不作为当期的收入和费用。如本月预收货款 10 000 元，本月并未实现收入，会计处理就不确认当月收入；反之，本月赊销 3 000 元，属于本月实现收入 3 000 元，尽管没有收到现金，会计处理确认为当月收入。

收付实现制是以款项的实际收付作为确认收入与费用的依据；凡是没有实际款项的收付，即使收入实现或费用发生，都不作为当期的收入和费用处理。如本月预收货款 10 000 元，会计处理就确认为当月收入；反之，本月赊销 3 000 元，由于没有收到现金，会计处理不确认为当月收入。

比较两种会计核算基础，收付实现制是根据收入费用的实际支付期来规定的会计确认基础；权责发生制是根据收入费用实际发生期来规定的会计确认基础。根据权责发生制进行收入和成本费用的核算，能够更加准确地反映特定会计期间真实的财务状况和经营成果。因此，我国《企业会计准则——基本准则》规

定，企业应当以权责发生制为基础进行会计确认、计量和报告。

【小思考1－2】我国《会计法》对会计分期有什么规定？在世界范围内，是否每个国家规定的会计分期都是一样的？

【任务评价】

本任务介绍了会计基本假设和会计信息质量要求。其中会计的四大假设和会计基础、会计计量属性有密切的关系。正是基于会计分期的假设，才产生了权责发生制和收付实现制；正是基于货币计量的假设，才有了会计五大计量属性。

任务三　会计要素与计量属性认知

【任务描述】

本任务主要阐述会计要素具体内容及确认条件；会计要素的各种计量方法。

【任务分析】

本任务要求学生掌握会计要素的具体内容及其关系；会计要素的各种计量方法。

【知识准备及应用】

一、会计要素及其确认

会计要素为会计核算提供了基础，依据各个要素的性质和特点分别对其进行记录、计量、报告，也为编制会计报表构筑了基本框架。

在我国，《企业会计准则》将会计要素分为六类：资产、负债、所有者权益、收入、费用、利润。

会计要素按其与财务报表的关系可分为两大类：一是与资产负债表中财务状况的计量直接相关的要素，有资产、负债和所有者权益；二是与利润表中经营成果的计量直接相关的要素，有收入、费用和利润。

（一）资产及其确认

（1）资产的定义。是指企业过去的交易或者事项形成的，由企业拥有或者控制的，预期会给企业带来经济利益的资源。资产具有以下几个特征：

第一，资产应为企业拥有或者控制的资源。作为一项资源，资产应当由企业拥有或者控制，具体是指企业享有某项资源的所有权，或者虽然不享有某项资源的所有权，但该资源能被企业所控制，也属于企业的资产。

例如，天成公司以融资租赁方式租入一处厂房，尽管企业并不拥有其所有权，但是如果租赁合同规定的租赁期相当长，接近于该厂房的使用寿命，企业控制了该资产的使用及其所能带来的经济利益，那么应当将其作为企业资产予以确认、计量和报告。

第二，资产预期会给企业带来的经济利益。资产预期会给企业带来经济利益，是指资产直接或者间接导致现金和现金等价物流入企业的潜力。

例如，天成公司采购的原材料、购置的固定资产等可以用于生产经营过程（制造商品或者提供劳务），对外出售后收回货款，此货款即为公司所获得的经济利益。如果某一项目预期不能给公司带来经济利益，那么就不能将其确认为企业的资产。如公司生产完成的未销售，存放于库仓的已经过期的食品。

第三，资产是由企业过去的交易或者事项形成的。资产应当由企业过去的交易或者事项所形成，过去的交易或者事项包括购买、生产、建造等行为。换句话说，预期在未来发生的交易或者事项不形成资产，即必须是现实的资产，而不能是预期的资产。

（2）资产的确认条件。将一项资源确认为资产，需要符合资产的定义，还应同时满足以下两个条件：

第一，与该资源有关的经济利益很可能流入企业。从资产的定义可以看到，能否带来经济利益是资产的一个本质特征，但在现实生活中，由于经济环境瞬息万变，与资源有关的经济利益能否流入企业或者能够流入多少具有不确定性。因此，资产的确认还应与对经济利益流入的不确定性程度的判断结合起来。如果根据编制财务报表时所取得的证据，与资源有关的经济利益很可能流入企业，那么就应当将其作为资产予以确认；反之，则不能确认为资产。

例如，天成公司赊销商品给 A 公司，从而形成了对 A 公司的应收账款，由于收款在未来期间，因此这具有一定的不确定性：如果天成公司在销售时判断未来很可能收到该款项或者能够确定收到该款项，就应当将应收款确认为一项资产；如果天成公司判断该款项在通常情况下很可能部分或者全部无法收回，则表明该部分或者全部应收款已经不符合资产的确认条件，应当计提坏账准备，减少资产的价值。

第二，该资源的成本或者价值能够可靠地计量。可计量性是所有会计要素确认的重要前提，资产的确认也是如此。只有当有关资源的成本或者价值能够可靠地计量时，资产才能予以确认。

例如，企业购买或者生产的存货，企业购置的厂房或者设备等，对于这些资产，只要实际发生的购买成本或者生产成本能够可靠计量，就应视其符合资产确认的可计量条件。如果该企业人力资源很丰富，也相对较稳定，但是因为没有标准去计量人力资源的成本或价值，所以该企业的人力资源就不能确认为资产。

（3）资产的分类。资产按照流动性分为流动资产和非流动资产。

资产满足下列条件之一的，应当归类为流动资产：①预计在一个正常营业周期中变现、出售或耗用；②主要为交易目的而持有；③预计在资产负债表日起一年内（含一年）变现的资产，以及自资产负债表日起一年内交换其他资产或清偿负债的能力不受限制的现金或现金等价物流动资产以外的资产应当归类为非流动资产。

其中，正常营业周期，通常是指企业从购买用于加工的资产起至实现现金或现金等价物的期间。正常营业周期通常短于一年，在一年内有几个营业周期。但是，也存在正常营业周期长于一年的情况，如房地产企业开发用于出售的房屋、造船企业制造用于出售的大型船只等，往往都超过一年才出售或耗用，仍应将其划分为流动资产。正常营业周期不能确定的，应当以一年（12 个月）作为正常营业周期。

（二）负债及其确认

（1）负债的定义。负债是指由企业过去的交易或者事项形成的，预期会导致经济利益流出企业的现时义务。负债具有以下几个特征：

第一，负债是企业承担的现时义务，这是负债的基本特征。其中，现时义务（不是潜在义务）是指企业在现行条件下已承担的义务。未来发生的交易或者事项形成的义务，不属于现时义务，不应当确认为负债。

第二，负债预期会导致经济利益流出企业。预期会导致经济利益流出企业是负债的本质特征，只有企业在履行义务时会导致经济利益流出企业的，才符合负债的定义。在履行现时义务清偿负债时，导致经济利益流出企业的形式多种多样，例如，用现金偿还或以实物资产形式偿还，以提供劳务形式偿还，以部分转移资产、部分提供劳务的形式偿还等。

第三，负债是由企业过去的交易或者事项形成的。换句话说，只有过去的交易或者事项才形成负债，企业将在未来发生的承诺、签订的合同等交易或者事项，不形成负债。如正在筹划的未来交易或事项，如企业的业务计划、购货合同（于3个月后购入一台10万元的设备）不属于负债。

（2）负债的确认条件。将一项现时义务确认为负债，需要符合负债的定义，还需要同时满足以下两个条件：

第一，与该义务有关的经济利益很可能流出企业。从负债的定义可以看出，预期会导致经济利益流出企业是负债的本质特征。如果有确凿证据表明，与现时义务有关的经济利益很可能流出企业，就应当将其作为负债予以确认；反之，就不符合负债的确认条件，不应将其作为负债予以确认。

第二，未来流出的经济利益的金额能够可靠地计量。负债的确认在考虑经济利益流出企业的同时，对于未来流出的经济利益的金额也应当能够可靠计量。

（3）负债的分类。负债按其流动性分为流动负债和非流动负债。

负债满足下列条件之一的，应当归类为流动负债：①预计在一个正常营业周期中偿还；②主要为交易目的而持有；③自资产负债表日起一年内（含一年）到期应予以清偿；④企业无权自主地将清偿推迟至资产负债表日以后一年以上的负债。

流动负债以外的负债应当归类为非流动负债。

（三）所有者权益及其确认

（1）所有者权益的含义。所有者权益是指企业资产扣除负债后，由所有者享有的剩余权益。所有者权益在数量上等于企业资产总额扣除债权人权益后的净额，即为企业的净资产，反映所有者（股东）在企业资产中享有的经济利益。所有者权益具有以下几个特征：

第一，除非发生减资、清算或分派现金股利，企业不需要偿还所有者权益。

第二，企业清算时，只有在清偿所有的负债后，所有者权益才返还给所有者。

第三，所有者凭借所有者权益能够参与企业利润的分配。

（2）所有者权益的来源构成。所有者权益的来源包括所有者投入的资本、直接计入所有者权益的利得和损失、留存收益等，通常由实收资本（或股本）、资本公积（含资本溢价或股本溢价、其他资本公积）、盈余公积和未分配利润构成。

（3）所有者权益的确认条件。由于所有者权益体现的是所有者在企业资产中的剩余权益，所以所有者权益的确认主要依赖于其他会计要素，尤其是资产和负债的确认。所有者权益金额的确定也主要取决于资产和负债的计量。例如，企业接受投资者投入的资产，在该资产符合企业资产确认条件时，也相应地符合了所有者权益的确认条件。

所有者权益反映的是企业所有者对企业资产的索取权，负债反映的是企业债权人对企业资产的索取权，而且通常债权人对企业资产的索取权要优先于所有者对企业资产的索取权，所有者享有的是企业资产的剩余索取权，两者在性质上有本质区别，因此企业在会计确认、计量和报告中应当严格区分负债和所有者权益，以如实反映企业的财务状况，尤其是企业的偿债能力和产权比率等。在具体实务中，企业某些交易或者事项可能同时具有负债和所有者权益的特征，在这种情况下，企业应当将属于负债和所有者权益的部分分开核算和列报。例如，企业发行的可转换公司债券，企业应当将其中的负债部分和权益性工具部分进行分拆，分别确认负债和所有者权益。

（四）收入及其确认

（1）收入的定义，收入是指企业在日常活动中形成的、会导致所有者权益增加的、与所有者投入资本无关的经济利益的总流入。收入具有以下几个特征：

第一，收入是企业在日常活动中形成的。日常活动是指企业为完成其经营目标所从事的经常性活动以及与之相关的活动。非日常活动所得，一般直接计入利得。例如，制造企业制造并销售产品、商业企业销售商品、搬运公司提供运输服务、安装公司提供安装服务、租赁公司出租资产等，均属于企业的日常活动。而非日常活动，例如，偶得一笔财政奖励，处置无形资产和固定资产所得，应当确认为利得。利得通常指不经过经营过程就能取得或企业不曾期望获得的收益。

第二，收入是与所有者投入资本无关的经济利益的总流入。收入应当会导致经济利益的流入，从而导致资产的增加。例如，企业销售商品或提供服务，收到现金或者在未来有权收到现金表明该交易符合收入的定义。而所有者投入资本的增加不应该确认为收入，应当将其直接确认为所有者权益。

第三，收入会导致所有者权益的增加。与收入相关的经济利益的流入，通过形成的利润及分配，应当最终会导致所有者权益的增加。

（2）收入的确认条件。企业收入的来源渠道多种多样，不同收入来源的特征有所不同，其收入确认条件也往往存在差别，如销售商品、提供劳务、让渡资产使用权等。一般而言，收入只有在经济利益很可能流入从而导致企业资产增加或者负债减少，且经济利益的流入额能够可靠计量时，才能予以确认。

收入的确认至少应当符合以下条件：①与收入相关的经济利益应当很可能流入企业；②经济利益流入企业的结果会导致资产的增加或者负债的减少；③经济利益的流入额能够可靠计量。

（五）费用及其确认

（1）费用的定义。费用是指企业在日常活动中发生的、会导致所有者权益减少的、与向所有者分配利润无关的经济利益的总流出。费用的特征：

第一，费用是在企业日常活动中发生的经济利益的流出，而不是从偶发的交易或事项中发生的经济利益的流出。

第二，费用会导致所有者权益的减少。

第三，费用是与向所有者分配利润无关的经济利益的流出。

费用只有在经济利益很可能流出从而导致企业资产减少或者负债增加且经济利益的流出额能够可靠计量时才能予以确认。

费用一般可以分为生产成本和期间费用两大类。生产成本是指应当计入所生产的产品、提供劳务的成本。期间费用是指直接计入当期损益的费用，包括销售费用、管理费用和财务费用。

企业为生产产品、提供劳务等发生的可归属于产品成本、劳务成本等的费用，应当在确认产品销售收入、劳务收入等时，将已销售产品、已提供劳务的成本等计入当期损益。企业发生的支出不产生经济利益的，或者即使能够产生经济利益但不符合或者不再符合资产确认条件的，应当在发生时确认为费用，计入当期损益。企业发生的交易或者事项导致其承担了一项负债而又不确认为一项资产的，应当在发生时确认为费用，计入当期损益。

（2）费用的确认条件。费用的确认除了应当符合定义外，也应当满足严格的条件，即费用只有在经济利益很可能流出从而导致企业资产减少或者负债增加，且经济利益的流出额能够可靠计量时，才能予以确认。

费用的确认至少应当符合以下条件：①与费用相关的经济利益应当很可能流出企业；②经济利益流出企业会导致资产的减少或者负债的增加；③经济利益的流出额能够可靠计量。

（六）利润及其确认

（1）利润的定义。利润是指企业在一定会计期间的经营成果。通常情况下，如果企业实现了利润，则表明企业的所有者权益将增加，业绩得到了提升；反之，如果企业发生了亏损（即利润为负数），则表明企业的所有者权益将减少，业绩下滑了。因此，利润往往是评价企业管理层业绩的一项重要指标，也是财务报告使用者进行决策的重要参考。

（2）利润的分类。利润包括收入减去费用后的净额、直接计入当期损益的利得和损失等。其中，收入减去费用后的净额反映企业日常活动的经营业绩；直接计入当期损益的利得和损失反映企业非日常活动的业绩。

直接计入当期损益的利得和损失，是指应当计入当期损益、最终会引起所有者权益发生增减变动的、与所有者投入资本或者向所有者分配利润无关的利得或者损失。如接受捐赠。

直接计入所有者权益的利得和损失，是指不应计入当期损益、会导致所有者权益发生增减变动的、与所有者投入资本或者向所有者分配利润无关的利得或者损失。如资本溢价。

（3）利润的确认条件。利润反映的是收入减去费用、利得减去损失后的净额，因此，利润的确认主要依赖于收入和费用以及利得和损失的确认，其金额的确定也主要取决于收入、费用、利得和损失金额的计量。

二、会计要素计量属性

会计要素的计量属性及其构成。会计计量是为了将符合确认条件的会计要素登记入账并列报于财务报表而确定其金额的过程。企业应当按照规定的会计计量属性进行计量，以确定相关金额。从会计角度，计量属性反映的是会计要素金额的确定基础，主要包括历史成本、重置成本、可变现净值、现值和公允价值等。

（1）历史成本。又称实际成本，是指取得或制造某项财产物资时所实际支付的现金或现金等价物。在历史成本计量下，资产按照其购置时支付的现金或者现金等价物的金额，或者按照购置资产时所付出的对价的公允价值计量。负债或者按照其因承担现时义务而实际收到的款项及资产的金额计量，或者按照承担现时义务的合同金额，或者按照日常活动中为偿还负债预期需要支付的现金或现金等价物的金额计量。

例如，设备价款300万元，运杂费2万元，安装调试费用13万元；固定资产成本为315万元。

（2）重置成本。重置成本，又称现行成本，是指按照当前市场条件，重新取得同一项资产所需支付的现金或现金等价物的金额。在重置成本计量下，资产按照现在购买相同或相似资产所需支付的现金或现金等价物的金额计量。负债按照现在偿付该项债务所需支付的现金或现金等价物的金额计量。重置成本常用于盘盈固定资产。

（3）可变现净值。可变现净值，是指在正常生产经营过程中，以预计售价减去进一步加工成本和销售所必需的预计税金、费用后的净值。在可变现净值计量下，资产按照其正常对外销售所能收到现金或现金等价物的金额扣减该资产至完工时估计将要发生的成本、销售费用以及相关税金后的金额计量。

例如，在产品100万元成本，加工后的商品估计售价150万元，预计的加工成本10万元，预计的销售费用10万元，可变现净值是130万元。可变现净值常用于存货的计量。

（4）现值。现值，是指对未来现金流量以恰当的折现率进行折现后的价值，是考虑货币时间价值等因素的一种计量属性。在现值计量下，资产按照预计从其持续使用和最终处置中所产生的未来净现金流入量的折现金额计量。负债按照预计期限内需要偿还的未来净现金流出量的折现金额计量。

（5）公允价值。公允价值，是指在公平交易中，熟悉情况的交易双方自愿进行资产交换或者债务清偿的金额。在公允价值计量下，资产和负债按照在公平交易中，熟悉情况的交易双方自愿进行资产交换或者债务清偿的金额计量。公允价值常应用于交易性金融资产。

【知识扩展】

所有者权益与负债（债权人权益）的区别（见表1－1）

表1－1

区别点	负债（债权人权益）	所有者权益
1. 对象不同	债权人	投资人
2. 性质不同	债权	所有权
3. 享受的权利不同	收回债务及利息，无参与管理及收益分配权	具有投资收益权及参与管理权
4. 偿还期限不同	有确定的偿还期限	无确定的偿还期限

【小思考1－3】企业发生的“待处理财产损失”是否属于资产？

【任务评价】

本任务介绍了会计的六大要素及五大计量属性，结合前面介绍的会计基本假设及信息质量要求等，构成了较完整的理论基础知识，只有训练掌握了这些内容，才能运用会计基本理论指导会计工作实务。

【复习思考题】

1. 企业编制财务报告的目标是什么？

2. 企业财务报告中提供的信息应具备哪些质量要求？这些质量要求的具体含义是什么？

3. 各会计要素的确认应当符合哪些条件？

4. 会计要素的计量属性包括哪些？应用这些计量属性应当遵循什么原则？

【练习题】

一、单项选择题

1. 确定会计核算空间范围的假设是（　　）。

A. 持续经营　　B. 会计主体　　C. 历史成本　　D. 会计分期

2. 企业发生的下列支出，可以作为资产核算的是（　　）。

A. 支付的业务招待费　　B. 支付的专利权研究支出

C. 支付的生产工人工资　　D. 支付的土地使用权出让金

3. 下列各项支出，属于费用的是（　　）。

A. 租入固定资产的改良支出　　B. 企业销售人员的工资支出

C. 购买土地使用权支出　　D. 在建工程人员工资支出

4. 导致权责发生制的产生以及应收、应付等会计处理方法的运用的基本前提或原则是（　　）。

A. 谨慎性原则　　B. 历史成本　　C. 会计分期　　D. 货币计量

5. 下列各项中，能够引起负债和所有者权益同时发生变化的是（　　）。

A. 摊销长期待摊费用　　B. 股东大会提出现金股利分配方案

C. 计提长期债券投资利息　　D. 以盈余公积转增资本

6. 企业计提固定资产折旧主要依据的会计核算基本前提或一般原则是（　　）。

A. 货币计量　　B. 持续经营　　C. 一贯性原则　　D. 可比性原则

7. 企业应当以实际发生的交易或者事项为依据进行会计确认、计量和报告，如实反映符合确认和计量要求的各项会计要素及其他相关信息，保证会计信息真实可靠、内容完整。这体现会计核算质量要求中的（　　）原则。

A. 谨慎性　　B. 可比性　　C. 相关性　　D. 可靠性

8. 强调同一企业各个会计期间提供的会计信息应当采用一致的会计政策，不得随意变更，这体现了会计核算质量要求中的（　　）原则。

A. 可靠性　　B. 相关性　　C. 可比性　　D. 谨慎性

9. 对期末存货采用成本与可变现净值孰低计价，其体现了会计核算质量要求中的（　　）原则。

A. 可靠性　　B. 及时性　　C. 谨慎性　　D. 重要性

10. 下列资产计量中，属于按历史成本计量的是（　　）。

A. 存货按扣减存货跌价准备后的净额列报

B. 固定资产按双倍余额递减法计提折旧

C. 按实际支付的全部价款作为取得资产的入账价值

D. 交易性金融资产期末按公允价值调整账面价值

11. 资产按照现在购买相同或者相似资产所需支付的现金或者现金等价物的金额计量被称为（　　）。

A. 历史成本　　B. 重置成本　　C. 计划成本　　D. 实际成本

12. 在日常活动中，存货的估计售价减去至完工时估计将要发生的成本和估计的销售费用以及相关税费后的金额被称为（　　）。

A. 账面价值　　B. 公允价值　　C. 可收回价值　　D. 可变现净值

13. 由企业非日常活动形成的、会导致所有者权益增加的、与所有者投入资本无关的经济利益的流入被称为（　　）。

A. 收入　　B. 支出　　C. 费用　　D. 损失

二、多项选择题

1. 下列各项中，可以作为一个会计主体的有（　　）。

A. 母公司　　B. 子公司

C. 母子公司组成的企业集团　　D. 子公司下设的分公司

2. 下列各项中，属于会计中期的有（　　）。

A. 年度　　B. 半年度　　C. 季度　　D. 月度

3. 下列各种会计处理方法，体现谨慎性原则的有（　　）。

A. 对无形资产计提减值准备　　B. 交易性金融资产采用公允价值计量

C. 长期股权投资采用成本法核算　　D. 存货计提跌价损失准备

4. 在财务会计中，会计核算的内容包括（　　）。

A. 会计确认　　B. 会计计量　　C. 会计记录　　D. 会计报告

5. 在确认资产要素时，应满足的条件有（　　）。

A. 符合资产要素的定义　　B. 经济利益很可能流入企业

C. 成本或价值能够可靠地计量　　D. 符合历史成本计量属性

6. 下列各项中，体现实质重于形式质量要求的有（　　）。

A. 商品售后租回不确认商品销售收入　　B. 融资租入固定资产视同自有固定资产

C. 售后回购业务不确认销售收入　　D. 材料按计划成本进行日常核算

7. 下列各项目中，属于企业其他业务收入范畴的有（　　）。

A. 出售包装物的收入　　B. 出租无形资产的租金收入

C. 出售无形资产的净损益　　D. 出售固定资产的净收益

8. 下列不属于会计信息质量要求的有（　　）。

A. 可理解性　　B. 公允价值　　C. 谨慎性　　D. 历史成本

9. 下列项目中属于流动资产的有（　　）。

A. 交易性金融资产　　B. 应收及预付款　　C. 货币资金　　D. 存货

10. 下列属于会计计量属性的有（　　）。

A. 历史成本　　B. 公允价值　　C. 可变现净值　　D. 一般市场价格

11. 所有者权益的来源包括（　　）。

A. 所有者投入的资本　　B. 直接计入所有者权益的利得

C. 直接计入所有者权益的损失　　D. 盈余公积和未分配利润

12. 属于反映企业财务状况的会计要素有（　　）。

A. 资产　　B. 所有者权益　　C. 费用　　D. 成本

13. 下列说法正确的有（　　）。

A. 法律主体必然是会计主体

B. 会计主体不一定是法律主体

C. 企业集团应作为一个会计主体来编制合并财务报表

D. 企业下属的分公司也可以成为会计主体

三、判断题

1. 利得和损失一定会影响当期损益。 ( )

2. 企业采用的会计政策前后各期应当保持一致，一经选定则不得变更。 ( )

3. 会计核算以人民币为本位币，业务收支以外币为主的企业，也可选择某种外币作为记账本位币，但编报的财务会计报表应当折算为以人民币反映。 ( )

4. 企业出售无形资产而取得的收入应在“其他业务收入”账户核算。 ( )

5. 公允价值是指资产和负债在公平交易中，熟悉情况的交易双方自愿进行资产交换或者债务清偿的金额。 ( )

6. 费用是指企业在日常活动中发生的、会导致所有者权益减少的、与向所有者分配利润有关的经济利益的总流出。 ( )

7. 符合资产定义的项目，也不一定就列入资产负债表。 ( )

8. 所有者权益的来源包括所有者投入的资本、直接计入所有者权益的利得和损失、法定公积金、法定公益金、任意盈余公积等。 ( )

9. 收入只有在经济利益很可能流入从而导致企业资产增加或者负债减少时才能予以确认。 ( )

10. 在采用重置成本、可变现净值、现值、公允价值等计量属性时，应当保证所确定的会计要素金额能够取得并可靠计量。 ( )

11. 可变现净值是对未来现金流量一适当的折现率进行折现后的价值，是考虑了货币时间价值的一种计量属性。 ( )

项目二

货币资金的核算

【学习目标】

知识目标：通过学习，你将会了解货币资金的管理与核算的知识。包括库存现金的管理制度、账务处理；银行存款的账务处理和其他货币资金的账务处理等基本知识。

能力目标：通过学习，能够根据库存现金的收入、支出和清查结果编制记账凭证，登记现金日记账和总分类账；能够根据银行存款的收、付和转账业务填制各种银行结算凭证，据以填制银行存款收付款凭证，并进行总分类核算和序时核算；能够根据不同的结算方式进行账务处理。

【情境导入】

该建立怎样的内部控制制度?

天成公司因业务发展需要，从人才市场招聘了一名具有中专学历的王×任出纳。开始他还勤恳敬业，公司领导和同事对他的工作都很满意。但受到同事在股市赚钱的影响，王×也开始涉足股市；然而事非所愿，进入股市后很快被套牢，想急于翻本又苦于没有资金，他开始对自己每天经手的现金动了邪念，凭着财务主管对他的信任，拿了财务主管的财务专用章在自己保管的空白现金支票上任意盖章取款。月底，银行对账单也是其到银行提取且自行核对，因此在很长一段时间未被发现。至案发，公司蒙受了巨大的经济损失。

任务提出：若你作为天成公司的财务主管，根据上述存在的问题，提出你货币资金管理的意见。

任务一　库存现金的核算

【任务描述】

本任务主要了解对库存现金的管理与核算。

【任务分析】

本任务要求学生通过学习库存现金的管理制度，掌握库存现金的账务处理方法。

【知识准备及应用】

货币资金是指企业生产经营过程中处于货币形态的资产，包括库存现金、银行存款和其他货币资金。

一、库存现金的管理制度

库存现金是指存放于企业财会部门、由出纳人员经管的货币。库存现金是企业流动性最强的资产，企业应当严格遵守国家有关现金管理制度，正确进行现金收支的核算，监督现金使用的合法性与合理性。

根据国务院发布的《现金管理暂行条例》的规定，企业现金管理制度主要包括现金使用范围、库存现金的限额和现金收支规定。

（一）现金的使用范围

企业可用现金支付的款项有：

（1）职工工资、津贴。

（2）个人劳务报酬。

（3）根据国家规定颁发给个人的科学技术、文化艺术、体育比赛等各种奖金。

（4）各种劳保、福利费用以及国家规定的对个人的其他支出。

（5）向个人收购农副产品和其他物资的价款。

（6）出差人员必须随身携带的差旅费。

（7）结算起点（1 000 元）以下的零星支出。

（8）中国人民银行确定需要支付现金的其他支出。

除上述情况可以用现金支付外，其他款项的支付应通过银行转账结算。

（二）现金收支的规定

开户单位现金收支应当依照下列规定办理：

（1）开户单位现金收入应当于当日送存开户银行，当日送存确有困难的，由开户银行确定送存时间。

（2）开户单位支付现金，可以从本单位库存现金限额中支付或从开户银行提取，不得从本单位的现金收入中直接支付（即坐支）。因特殊情况需要坐支现金的，应当事先报经开户银行审查批准，由开户银行核定坐支范围和限额。坐支单位应当定期向开户银行报送坐支金额和使用情况。

（3）开户单位从开户银行提取现金时，应当写明用途，由本单位财会部门负责人签字盖章，经开户银行审核后，予以支付。

（4）因采购地点不确定，交通不便，生产或市场急需，抢险救灾以及其他特殊情况必须使用现金的，开户单位应向开户银行提出申请，由本单位财会部门负责人签字盖章，经开户银行审核后，予以支付现金。

（三）现金的限额

现金的限额是指为了保证单位日常零星开支的需要，允许单位留存现金的最高数额。这一限额由开户银行根据单位的实际需要核定，现金限额一般按照单位 3 ~ 5 日日常零星开支所需确定，交通不便地区可按多于 5 日但不得超过 15 日的日常零星开支的需要确定。现金收支不得从本单位的现金收入中直接支付，即不得“坐支”现金。

二、库存现金的账务处理

为了反映和监督企业库存现金的收入、支出和结存情况，企业应当设置“库存现金”科目，借方登记企业库存现金的增加，贷方登记企业库存现金的减少，期末借方余额反映期末企业实际持有的库存现金的金额。企业内部各部门周转使用的备用金，可以单独设置“备用金”科目进行核算。

为了全面、连续地反映和监督库存现金的收支和结存情况，企业应当设置现金总账和现金日记账，分别进行库存现金的总分类核算和明细分类核算。

现金日记账由出纳人员根据收付款凭证，按照业务发生顺序逐笔登记。每日终了，应当在现金日记账上计算出当日的现金收入合计额、现金支出合计额和结余额，并将现金日记账的余额与实际库存现金额相核对，保证账款相符。月度终了，现金日记账的余额应当与现金总账的余额核对，做到账账相符。

【同步操练2－1】 天成公司于2014年1月2日从开户银行提取现金50 000元以备发放工资。

账务处理如下：

借：库存现金　　50 000

　　贷：银行存款　　50 000

【同步操练2－2】 天成公司于2014年1月3日零星销售产品取得销售收入800元，增值税136元，共计收入现金936元。

账务处理如下：

借：库存现金　　936

　　贷：主营业务收入　　800

　　　　应交税费——应交增值税（销项税额）　　136

【同步操练2－3】 职工李亚预借差旅费1 000元，以现金付讫。

账务处理如下：

借：其他应收款——李亚　　1 000

　　贷：库存现金　　1 000

【同步操练2－4】 管理部门职工郭飞出差借款2 000元，报销1 200元，交回现金800元。

账务处理如下：

借：管理费用　　1 200

　　库存现金　　800

　　贷：其他应收款——郭飞　　2 000

【同步操练2－5】 公司支付工资50 000元。

账务处理如下：

借：应付职工薪酬——工资　　50 000

　　贷：库存现金　　50 000

企业的现金除了由财会部门集中保管的库存现金以外，为了方便企业采购及满足办公室等部门日常零星开支的需要，减少审批、领用、报销等工作量，按照重要性原则经常提存一笔固定金额的零用现金，交由专人保管，以备日常零星开支之用。这部分现金通常称为备用金。备用金一般采取先领后用、定期报销的核算办法。

企业备用金的核算一般通过“其他应收款”账户，也可专设“备用金”账户进行核算。根据管理制度不同，备用金分为两种：定额备用金和非定额备用金。

（一）定额备用金的核算

【同步操练2－6】天成公司总务部门为满足日常零星开支的需要，于2014年1月1日申请批准实行备用金定额管理，核定数额为5 000元。假设该公司总务部门专设“备用金”户：

账务处理如下：

（1）设立备用金定额管理制度，会计部门开出现金支票给总务部门时：

借：其他应收款——总务部门　　5 000

　　贷：银行存款　　5 000

（2）10天后，总务部门凭各种发票报销金额为3 000元，开出现金支票3 000元补足备用金定额时：

借：管理费用　　3 000

　　贷：银行存款　　3 000

（3）公司因情况变化，决定于2015年1月1日取消备用金制度，总务部门最后一次报销1 500元，并将多余款项交还出纳员。

借：库存现金　　3 500

　　管理费用　　1 500

　　贷：其他应收款——总务部门　　5 000

（二）非定额备用金的核算

【同步操练2－7】2014年1月10日，供应部门张小兰预借差旅费2 000元，出纳人员以现金支付，1月20日张小兰出差回来报销差旅费1 250元，退回现金750元。

账务处理如下：

（1）1月10日，预借差旅费时：

借：其他应收款——张小兰　　2 000

　　贷：库存现金　　2 000

（2）1月20日，凭报销单据报销时：

借：管理费用　　1 250

　　库存现金　　750

　　贷：其他应收款——张小兰　　2 000

三、现金的清查

为了保证现金的安全完整，企业应当按规定对库存现金进行定期和不定期的清查，一般采用实地盘点法，对于清查的结果应当编制现金盘点报告单。如果有挪用现金、白条顶库的情况，应及时予以纠正；对于超限额留存的现金应及时送存银行。如果账款不符，发现有待查明原因的现金短缺或溢余，应先通过“待处理财产损溢”科目核算。按管理权限经批准后，分别按以下情况处理：

1. 如为现金短缺，属于应由责任人赔偿或保险公司赔偿的部分，计入其他应收款；属于无法查明的其他原因，计入管理费用。

2. 如为现金溢余，属于应支付给有关人员或单位的，计入其他应付款；属于无法查明原因的，计入营业外收入。

【同步操练2－8】 天成公司出纳人员清查账务时发现现金短缺200元，未查明原因。

在报经批准前，根据“现金盘点报告表”，确定现金盘亏数，账务处理如下：

（1）借：待处理财产损溢——待处理流动资产损溢 200

　　贷：库存现金 200

（2）按管理权限报经批准后，由出纳承担100元，剩下的由单位承担。

借：其他应收款——出纳 100

　　管理费用 100

　　贷：待处理财产损溢 200

【同步操练2－9】 天成公司出纳人员发现现金盘盈200元。

在报经批准前，根据“现金盘点报告表”，确定现金盘盈数，账务处理如下：

（1）借：库存现金 200

　　贷：待处理财产损溢——待处理流动资产损溢 200

（2）按管理权限报经批准后，发现其中100元应支付给郭飞。

借：待处理财产损溢——待处理流动资产损溢 200

　　贷：其他应付款——郭飞 100

　　　　营业外收入 100

【小思考2－1】 库存现金盘点出现盘盈或盘亏时，应如何分别进行账务处理？

【任务评价】

本任务介绍了库存现金的管理制度和账务处理方法。通过学习库存现金的管理制度和账务处理，能够了解库存现金管理制度，并掌握库存现金的账务处理方法。

任务二　银行存款的核算

【任务描述】

本任务主要了解对银行存款的管理与核算。

【任务分析】

本任务要求学生掌握银行存款的核算方式，银行存款的对账方法以及核对不符时的处理方法。

【知识准备】

一、银行存款的账务处理

银行存款是企业存放在银行或其他金融机构的货币资金。企业应当根据业务需要，按照规定在其所在地银行开设账户，运用所开设的账户，进行存款、取款以及各种收支转账业务的结算。银行存款的收付应严格执行银行结算制度的规定。

为了反映和监督企业银行存款的收入、支出和结存情况，企业应当设置“银行存款”科目，借方登记企业银行存款的减少，期末借方余额反映期末企业实际持有的银行存款的金额。

企业应当设置银行存款总账和银行存款日记账，分别进行银行存款的总分类核算和明细分类核算。企业可按开户银行和其他金融机构、存款种类等设置“银行存款日记账”，根据收付款凭证，按照业务的发生顺序逐笔登记。每日终了，应结出余额。

企业将款项存入银行时，借记“银行存款”科目，贷记有关科目；从银行存款科目付出款项时，借记有关科目，贷记“银行存款”科目。

（一）银行存款收入的核算

【同步操练2-10】天成公司2016年3月5日收到银行转来的B公司的前欠货款10 000元。

根据银行转来的收款通知单，编制会计分录：

借：银行存款　　10 000

　　贷：应收账款——B公司　　10 000

【同步操练2-11】3月8日，销售产品取得的销售款10 000元，增值税1 700元，共计11 700元。

填制“进账单”送存银行，根据“进账单”回单等原始凭证编制会计分录：

借：银行存款　　11 700

　　贷：主营业务收入　　10 000

　　　　应交税费——应交增值税（销项税额）　　1 700

（二）银行存款支付的核算

【同步操练2-12】天成公司2016年3月10日购进材料一批，价款8 000元，增值税1 360元，签发转账支票付讫。

根据转账支票存根、增值税专用发票及相关原始凭证，编制会计分录。

借：原材料　　8 000

　　应交税费——应交增值税（进项税额）　　1 360

贷：银行存款　　　　9 360

二、银行存款的核对

"银行存款日记账"应定期与"银行对账单"核对，至少每月核对一次。企业银行存款账面余额与银行对账单余额之间如有差额，应编制"银行存款余额调节表"调节，如没有记账错误，调节后的双方余额应相等。银行存款余额调节表只是为了核对账目，不能作为调整银行存款账面余额的记账依据。

企业进行账单核对时，往往会出现银行存款日记账余额与银行对账单同日余额不相符的情况。其原因可能有两种：一是记账错误；二是未达账项。所谓未达账项，是指企业与开户银行之间由于取得有关凭证的时间不同，而发生的一方已经登记入账，另一方却由于凭证未达而尚未入账的款项。归纳起来，未达账项有以下四种情况：

一是企业已收款入账，银行尚未收款入账；

二是企业已付款入账，银行尚未付款入账；

三是银行已收款入账，企业尚未收款入账；

四是银行已付款入账，企业尚未付款入账。

【同步操练2－13】天成公司2016年12月31日银行存款日记账的余额为5 400 000元，银行转采对账单的余额为8300 000元。经逐笔核对，发现以下未达账项：

(1) 企业送存转账支票6 000 000元，并已登记银行存款增加，但银行尚未记账。

(2) 企业开出转账支票4 500 000元，并已登记银行存款减少，但持票单位尚未到银行办理转账，银行尚未记账。

(3) 企业委托银行代收某公司购货款4 800 000元，银行已收妥并登记入账，但企业未收到收款通知，尚未记账。

(4) 银行代企业支付电话费400 000元，银行已登记减少企业银行存款，但企业未收到银行付款通知，尚未记账。

计算结果见表2－1。

表2－1　　**银行存款余额调节表**　　单位：元

项　目	金额	项　目	金额
企业银行存款日记账余额	5 400 000	银行对账单余额	8 300 000
加：银行已收、企业未收款	4 800 000	加：企业已收、银行未收款	6 000 000
减：银行已付、企业未付款	400 000	减：企业已付、银行未付款	4 500 000
调节后的存款余额	9 800 000	调节后的存款余额	9 800 000

在上例中，反映了企业银行存款账面余额与银行对账单余额之间不一致的原因，即存在未达账项。所谓未达账项，是由于结算凭证在企业与银行之间或收付款银行之间。传递需要时间，造成企业与银行之间入账的时间差，一方收到凭证并已入账，另一方未收到凭证因而

未能入账由此形成的账款。

【小思考2－2】银行存款日记账余额与银行对账单余额不相符的原因是什么？

【任务评价】

本任务介绍了银行存款的账务处理方法和对账方法。通过学习银行存款的账务处理，学生能够掌握银行存款的账务处理方法和对账方法。

任务三　其他货币资金的核算

【任务描述】

本任务主要学习其他货币资金的核算。

【任务分析】

本任务要求学生通过学习掌握其他货币资金的核算。

【知识准备及应用】

一、其他货币资金的内容

其他货币资金是指企业除现金、银行存款以外的其他各种货币资金，主要包括银行汇票存款、银行本票存款、信用卡存款、信用证保证金存款、存出投资款和外埠存款等。

（一）银行汇票存款

银行汇票是指由出票银行签发的，由其在见票时按照实际结算金额无条件支付给收款人或者持票人的票据。银行汇票的出票银行汇票的付款人、单位和个人各种款项的结算，均可使用银行汇票。银行汇票可以用于转账，填明“现金”字样的银行汇票也可以用于支取现金。

（二）银行本票存款

银行本票是指银行签发的，承诺自己在见票时无条件支付确定的金额给收款人或持票人的票据。单位和个人在同一票据交换区域需要支付的各种款项，均可使用银行本票。银行本票可以用于转账，注明“现金”字样的银行本票可以用于支取现金。

（三）信用卡存款

信用卡存款是指企业为取得信用卡而存入银行信用卡专户的款项。信用卡是银行卡的一种。

（四）信用证保证金存款

信用证保证金存款是指采用信用证结算方式的企业为开具信用证而存入银行信用证保证

金专户的款项。企业银行申请开立信用证，应按规定向银行提交开证申请书、信用证申请人承诺书和购销合同。

（五）存出投资款

存出投资款是指企业为购买股票、债券、基金等根据有关规定存入在证券公司指定银行开立的投资款专户的款项。

（六）外埠存款

外埠存款是指企业为了到外地进行临时或零星采购，而汇往采购地银行开立采购专户的款项。

二、其他货币资金的账务处理

为了反映和监督其他货币资金的收支和结存情况，企业应当设置“其他货币资金”科目，借方登记其他货币资金的增加，贷方登记其他货币资金的减少，期末余额在借方，反映企业实际持有的其他货币资金的金额。“其他货币资金”科目应当按照其他货币资金的种类设置明细科目进行核算。

（一）银行汇票存款

汇款单位（即申请人）使用银行汇票，应向出票银行填写“银行汇票申请书”，填明收款人名称、汇票金额、申请人名称、申请日期等事项并签章，签章是其预留银行的签章。出票银行受理银行汇票申请书，收妥款项后签发银行汇票，并用压数机压印出票金额，将银行汇票和解讫通知一并交给申请人。申请人应将银行汇票和解讫通知一并交付给汇票上记明的收款人。收款人受理申请人交付的银行汇票时，应在出票金额以内，根据实际需要的款项办理结算，并将实际结算的金额和多余金额准确、清晰地填入银行汇票和解讫通知的有关栏内，到银行办理款项入账手续。收款人可以将银行汇票背书转让给被背书人。银行汇票的背书转让以不超过出票金额的实际结算金额为准。未填写实际结算金额或实际结算金额超过出票金额的银行汇票，不得背书转让。银行汇票的提示付款期限为自出票日起一个月，持票人超过付款期限提示付款的，银行将不予受理。持票人向银行提示付款时，必须同时提交银行汇票和解讫通知，缺少任何一联，银行不予受理。

银行汇票丧失，失票人可以凭人民法院出具的其享有票据权利的证明，向出票银行请求付款或退款。

企业填写“银行汇票申请书”、将款项交存银行时，借记“其他货币资金——银行汇票”科目，贷记“银行存款”科目；企业持银行汇票购货，收到有关发票账单时，借记“材料采购”或“原材料”、“库存商品”、“应交税费——应交增值税（进项税额）”等科目，贷记“其他货币资金——银行汇票”科目，采购完毕收回剩余款项时，借记“银行存款”科目，贷记“其他货币资金——银行汇票”科目。

销货企业收到银行汇票、填制进账单到开户银行办理款项入账手续时，根据进账单及销货发票等，借记“银行存款”科目，贷记“主营业务收入”、“应交税费——应交增值税

（销项税额）”等科目。

【同步操练 2-14】 天成公司为增值税一般纳税人，向银行申请办理银行汇票用以购买原材料。将款项 300 000 元交存银行转作银行汇票存款。

根据银行盖章退回的申请书存根联，甲公司应编制如下会计分录：

借：其他货币资金——银行汇票　　300 000

　　贷：银行存款　　300 000

【同步操练 2-15】 天成公司购入原材料一批已验收入库，取得的增值税专用发票上的价款为 200 000 元，增值税税额为 34 000 元，已用银行汇票办理结算，多余款项 16 000 元退回开户银行，公司已收到开户行转来的银行汇票第四联（多余款收账通知）。

甲公司应编制如下会计分录：

（1）用银行汇票结算材料价款和增值税款时：

借：原材料　　200 000

　　应交税费——应交增值税（进项税额）　　34 000

　　贷：其他货币资金——银行汇票　　234 000

（2）收到退回的银行汇票多余款项时：

借：银行存款　　16 000

　　贷：其他货币资金——银行汇票　　16 000

（二）银行本票存款

银行本票分为不定期本票和定额本票两种。定额本票面额为 10 000 元和 50 000 元。银行本票的提示付款期：限自出票日起最长不得超过两个月，在有效付款期内，银行见票付款。持票人超过付款期限提示付款期，银行不予受理。

申请人使用银行本票，应向银行填写“银行本票申请书”。申请人或收款人为单位的，不得申请签发现金银行本票。出票银行受理银行本票申请书，收妥款项后签发银行本票，在本票上签章后交给申请人。申请人应将银行本票交付给本票上记明的收款人。收款人可以将银行本票背书转让给被背书人。

申请人因银行本票超过提示付款期限或其他原因要求退款时，应将银行本票提交到出票银行并出具单位证明。根据银行盖章退回的进账单第一联，借记“银行存款”科目，贷记“其他货币资金——银行本票”科目。出票银行对于在本行开立存款账户的申请人，只能将款项转入原申请人账户；对于现金银行本票和未到本行开立存款账户的申请人，才能退付现金。

银行本票丧失，失票人可以凭人民法院出具的其享有票据权利的证明，向出票银行请求付款或退款。

企业填写“银行本票申请书”、将款项交存银行时，借记“其他货币资金——银行本票”科目，贷记“银行存款”科目；企业持银行本票购货、收到有关发票账单时，借记“材料采购”或“原材料”、“库存商品”、“应交税费——应交增值税（进项税额）”等科目，贷记“其他货币资金——银行本票”科目。

销货企业收到银行本票、填制进账单到开户银行办理款项入账手续时，根据进账单及销货发票等，借记“银行存款”科目，贷记“主营业务收入”、“应交税费——应交增值税

（销项税额）”等科目。

【同步操练2－16】天成公司为取得银行本票，向银行填交“银行本票申请书”，并将10 000元银行存款转作银行本票存款。

企业取得银行本票后，应根据银行盖章退回的银行本票申请书存根联填制银行付款凭证。甲公司应编制如下会计分录：

借：其他货币资金——银行本票　　10 000

　贷：银行存款　　10 000

【同步操练2－17】天成公司用银行本票购买办公用品10 000元。

根据发票账单等有关凭证，编制如下会计分录：

借：管理费用　　10 000

　贷：其他货币资金——银行本票　　10 000

（三）信用卡存款

凡在中国境内金融机构开立基本存款账户的单位可申领单位卡。单位卡可申领若干张，持卡人资格由申领单位法定代表人或其委托的代理人书面指定和注销。单位卡账户的资金一律从其基本存款账户转账存入，不得交存现金，不得将销货收入的款项存入其账户。持卡人可持信用卡在特约单位购物、消费，但单位卡不得用于10万元以上的商品交易；劳务供应款项的结算，不得支取现金。特约单位在每日营业终了，应将当日受理的信用卡签购单汇总，计算手续费和净额，并填写汇（总）计账单和进账单，连同签购单一并送交收单银行办理进账。

企业应填制“信用卡申请表”，连同支票和有关资料一并送存发卡银行，根据银行盖章退回的进账单第一联，借记“其他货币资金——信用卡”科目，贷记“银行存款”科目；企业用信用卡购物或支付有关费用，收到开户银行转来的信用卡存款的付款凭证及所附发票账单：借记“管理费用”等科目，贷记“其他货币资金——信用卡”科目；企业信用卡在使用过程中，需要向其账户续存资金的，应借记“其他货币资金——信用卡”科目，贷记“银行存款”科目；企业的持卡人如不需要继续使用信用卡时，应持信用卡主动到发卡银行办理销户，销卡时，信用卡余额转入企业基本存款户，不得提取现金，借记“银行存款”科目，贷记“其他货币资金——信用卡”科目。

【同步操练2－18】天成公司于2016年3月5日向银行申领信用卡，向银行交存50 000元。2014年4月10日，该公司用信用卡向新华书店支付购书款3 000元。

甲公司应编制如下会计分录：

借：其他货币资金——信用卡　　50 000

　贷：银行存款　　50 000

借：管理费用　　3 000

　贷：其他货币资金——信用卡　　3 000

（四）信用证保证金存款

企业填写“信用证申请书”，将信用证保证金交存银行时，应根据银行盖章退回的“信用证申请书”回单，借记“其他货币资金——信用证保证金”科目，贷记“银行存款”科目；企业接到开证行通知，根据供货单位信用证结算凭证及所记“银行存款”科目；企业接到开证行通知，根据供货单位信用证结算凭证及所附发票账单，借记“材料采购”或“原材料”、“库存商品”、“应交税费——应交增值税（进项税额）”等科目，贷记“其他货币资金——信用证保证金”科目；将未用完的信用证保证金存款余额转回开户银行时，借记“银行存款”科目，贷记“其他货币资金——信用证保证金”科目。

【同步操练2-19】天成公司向银行申请开具信用证2 000 000元，用于支付境外采购材料价款；公司已向银行缴纳保证金，并收到银行盖章退回的进账单第一联。

甲公司应编制如下会计分录：

借：其他货币资金——信用证保证金　　2 000 000

　　贷：银行存款　　2 000 000

天成公司收到银行转来的境外销货单位信用证结算凭证以及所附发票账单、海关进项增值税专用缴款书等有关凭证，材料价款1 500 000元，增值税税额为255 000元。天成公司应编制如下会计分录：

借：原材料　　1 500 000

　　应交税费——应交增值税（进项税额）　　255 000

　　贷：其他货币资金——信用证保证金　　1 755 000

天成公司收到银行收款通知，对该境外销货单位开出的信用证余款245 000元已经转回银行账户。甲公司应编制如下会计分录：

借：银行存款　　245 000

　　贷：其他货币资金——信用证保证　　245 000

（五）存出投资款

企业向证券公司划出资金时，应按实际划出的金额，借记“其他货币资金——存出投资款”科目；贷记“银行存款”科目；购买股票、债券、基金时，借记“交易性金融资产”等科目，贷记“其他货币资金——存出投资款”科目。

（六）外埠存款

企业将款项汇往外地时，应填写汇款委托书，委托开户银行办理汇款。汇入地银行以汇款单位名义开立临时采购账户，该账户的存款不计利息、只付不收、付完清户，除了采购人员可从中提取少量现金外，一律采用转账结算。

企业将款项汇往外地开立采购专用账户，根据汇出款项凭证编制付款凭证时，借记“其他货币资金——外埠存款”科目，贷记“银行存款”科目；收到采购人员转来供应单位发票账单等报销凭证时，借记“材料采购”或“原材料”、“库存商品”、“应交税费——应交增值税（进项税额）”等科目，贷记“其他货币资金——外埠存款”科目；采购完毕收回剩余款项时，根据银行的收账通知，借记“银行存款”科目，贷记“其他货币资金——外埠存款”科目。

【同步操练2-20】天成公司派采购员到异地采购原材料，2016年8月10日委托开户银行汇款 100 000 元到采购地设立采购专户。

根据收到的银行汇款凭证回单联，甲公司应编制如下会计分录：

借：其他货币资金——外埠存款　　100 000

　　贷：银行存款　　100 000

2016 年 8 月 20 日，采购员交来从采购专户付款购入材料的有关凭证，增值税专用发票上注明的原材料价款为 80 000 元，增值税税额为 13 600 元，天成公司应编制如下会计分录：

借：原材料　　80 000

　　应交税费——应交增值税（进项税额）　　13 600

　　贷：其他货币资金——外埠存款　　93 600

2016 年 8 月 30 日，收到开户银行的收款通知，该采购专户中的结余款项已经转回。根据收账通知，天成公司应编制如下会计分录：

借：银行存款　　6 400

　　贷：其他货币资金——外埠存款　　6 400

【小思考 2－3】银行汇票存款、银行本票存款、外埠存款的账务处理方法是什么？

【任务评价】

本任务介绍了其他货币资金的种类和账务处理方法。通过学习其他货币资金的账务处理，学生能够掌握其他货币资金的账务处理方法。

【复习思考题】

1. 库存现金盘点出现盘盈时的账务处理。
2. 未达账项是什么？包括哪几类？

【练习题】

一、单项选择题

1. 下列各项中，不属于货币资金的是（　　）。

A. 银行存款　　B. 外埠存款　　C. 银行本票存款　　D. 银行承兑汇票

2. 下列项目中，企业可以用现金支付的是（　　）。

A. 支付个人劳动报酬　　B. 支付前欠某单位 1 300 元货款

C. 退还某单位多付货款 1 100 元　　D. 偿还银行小额借款

3. 下列不属于现金支付业务的原始凭证的是（　　）。

A. 车、船票　　B. 付款凭证　　C. 工资单　　D. 借款收据

4. 企业在进行现金清查时，查出现金溢余，并将溢余数记入“待处理财产损溢”科目。后经进一步核查，无法查明原因，经批准后，对该现金溢余正确的会计处理方法是（　　）。

A. 将其从“待处理财产损溢”科目转入“管理费用”科目

B. 将其从“待处理财产损溢”科目转入“营业外收入”科目

C. 将其从“待处理财产损溢”科目转入“其他应付款”科目

D. 将其从“待处理财产损溢”科目转入“其他应收款”科目

5. 不单独设置“备用金”账户的企业，内部各部门、各单位周转使用的备用金，应通过（　　）账户核算。

A. 其他货币资金　　B. 其他应收款　　C. 库存现金　　D. 银行存款

6. 对企业与银行之间的未达账项，进行账务处理的时间是（　　）。

A. 收到银行对账单时　　B. 查明未达账项时

C. 编制银行存款余额调节表时　　D. 待相关会计凭证到达时

7. 下列结算方式中，由付款人直接委托银行将款项支付给收款人的结算方式是（　　）。

A. 汇兑结算方式　　B. 支票方式

C. 银行本票结算方式　　D. 银行汇票结算方式

二、多项选择题

1. 下列符合库存现金坐支规定的有（　　）。

A. 企业的库存现金收入当日必须送存银行

B. 一般不允许坐支

C. 体现时开具库存现金支票

D. 各单位购买国家规定的专控商品一律采用转账的方式支付

2. “其他货币资金”科目可以用以核算企业的（　　）。

A. 库存现金　　B. 银行汇票存款　　C. 信用卡存款　　D. 银行本票存款

3. 办理异地托收承付的款项应该有（　　）。

A. 商品交易的款项　　B. 代销、寄销的款项

C. 债权债务款项　　D. 因商品交易而产生的劳务供应款项

4. 货币资金包括（　　）。

A. 硬币、纸币　　B. 银行活期存款　　C. 国库券　　D. 本票、汇票存款

5. 下列各项中，违背有关货币资金内部控制要求的有（　　）。

A. 采购人员超过授权限额采购原材料

B. 未经授权的机构和人员直接接触企业的现金

C. 出纳人员长期保管办理付款业务所使用的印章

D. 出纳人员兼管会计档案的保管工作和债权债务的登记工作

三、判断题

1. 企业不得从本单位的现金收入中直接支付现金。（　　）

2. 未达账项，是指银行与企业之间，由于结算凭证传递上的时间差，导致一方已入账而另一方未入账的款项。（　　）

3. 库存现金的清查包括出纳人员每日的清点核对和清查小组定期的不定期的清查。（　　）

4. 银行本票是有企业签发的见票时无条件支付确定的金额给持票人或收款人的票据。（　　）

5. 货币资金内部控制的根本目的是保证货币资金的安全，防止其被贪污、侵占和挪用。（　　）

四、计算分析题

1. 天成公司 2015 年 12 月发生如下业务：

（1）1 日，向 A 公司销售一批商品，货款为 500 000 元，增值税为 85 000 元，收到商业汇票一张。

（2）4 日，向南京某银行汇款 4 000 000 元，开立采购专户。

（3）7 日，采购员在南京以外埠存款购进 A 材料，价款 3 000 000 元，增值税 510 000 元，材料已入库。

（4）15 日，归还前欠 B 公司材料款 130 000 元。

（5）20 日，向 C 公司销售一批商品，价款为 340 000 元，增值税为 57 800 元，委托银行收款，款项已经收到。

（6）29 日，从银行提取现金 50 000 元备发工资。

（7）30 日，收到银行转来的收款通知单，系企业在外埠的存款余额。

要求：根据上述经济业务编制相关的会计分录。

2. 天成公司向银行申请办理银行汇票用以购买原材料。将款项250 000元交存银行转作银行汇票存款。收到银行盖章退回的申请书存根联。几天后，天成公司购买一批原材料已验收入库，取得的增值税专用发票上的价款为200 000元，增值税税额为34 000元，已用银行汇票办理结算，多余款项16 000元退回开户银行，天成公司已收到开户银行转来的多余款收账通知。

要求：根据上述经济业务编制相关的会计分录。

项目三

应收及预付款项的核算

【学习目标】

知识目标：通过学习，你将会了解应收及预付账款的内容；理解应收及预付账款的确认及初始计量；掌握应收及预付账款基本业务的核算及一般企业应收款项减值损失的计量及账务处理方法。

能力目标：通过学习，能计提带息应收票据的利息，会编制应收票据核算的会计分录；能准确确定应收账款的入账价值，会编制应收账款核算的会计分录；能准确计提坏账准备，并能作出账务处理。

【情境导入】

1. 天成公司销售给A公司产品一批，开出的增值税专用发票上注明的价款为200 000元，增值税税额为34 000元，销售当日，收到A公司签发的面值为234 000元的不带息商业汇票一张，该票据期限为6个月。

任务提出：什么是商业汇票？天成公司一定要在6个月之后取得该笔款项吗？如果票据尚未到期但天成公司急需资金，则可以对该票据作何处理？

2. 天成公司销售给B公司产品100件，增值税专用发票上注明的价款为300 000元，增值税税额为51 000元。销售合同中约定：B公司一次购买100件产品，天成公司将给予1%商业折扣；现金折扣条件为“2/10，1/20，n/30”。产品已经发出，款项尚未收到。

任务提出：什么是商业折扣和现金折扣？商业折扣和现金折扣影响应收账款的初始计量吗？

我国会计实务中对商业折扣和现金折扣的会计处理是如何规定的？上述交易事项B公司应作怎样的账务处理？

3. 李某应聘到C公司财务部，主要负责应收账款明细账的登记工作。上班第一天，李某仔细翻看了公司应收账款明细账，发现其中有一笔金额为50 000元的D公司欠款已经挂账3年，李某问前任会计，为什么这笔款迟迟不处理？得到的回答是D公司财务状况不好，催讨好几次都没有结果。

任务提出：C公司财务对该应收账款的处理是否得当？为什么？

任务一　应收票据的核算

【任务描述】

本任务主要掌握应收票据的含义、到期日的确定及其核算方法。

【任务分析】

本任务要求学生通过学习理解应收票据相关概念及核算方法，掌握办理取得应收票据的核算；办理票据到期收回款项的核算；办理应收票据转让的核算；办理应收票据贴现的核算。

【知识准备及应用】

一、应收票据的确认和初始计量

应收票据是指企业因销售商品或产品、提供劳务等而收到的商业汇票。商业汇票按承兑人的不同，分为商业承兑汇票和银行承兑汇票；按是否带息，分为带息商业汇票和不带息商业汇票。带息商业汇票的到期值是其面值加上按票据载明的利率计算的票据全部期间的利息；不带息商业汇票的到期值就是其面值。按是否带追索权，分为带追索权的商业汇票和不带追索权的商业汇票。追索权是指在金融活动和票据流通过程中，票据持有人在付款人拒绝付款时，向票据的背书人和出票人索回票款的权利。

应收票据应于销售商品或产品、提供劳务等而收到承兑的商业汇票时确认，并按票据面值予以计量。

二、应收票据到期日的确定

商业汇票的付款。款项期限由交易双方商定，最长不得超过6个月。商业汇票的提示付款期限自汇票到期日起10日内，商业汇票到期日的具体确定有两种情况。

（1）付款期限按月计算。付款期限若按月表示，以应到期月份中与出票日相同的那一天作为到期日。例如，一张商业汇票出票日为3月6日，4个月到期，则到期日应为7月6日。月末签发的票据，不论月份大小，以到期月份的月末一天为到期日。例如，一张商业汇票出票日为1月31日，3个月到期，则到期日应为4月30日。

（2）付款期限按日计算。票据期限若按日表示，出票日和到期日只能算其中的一天，即“算头不算尾”或“算尾不算头”。例如，一张商业汇票出票日为8月1日，80天到期，则到期日应为10月20日，其计算方法为（算头不算尾）：8月31天，9月30天，10月19天。

三、应收票据核算的会计科目设置

为了反映和监督应收票据的取得、票款收回等经济业务，企业应当设置“应收票据”科目。该科目借方登记应收票据的面值；贷方登记到期前向银行贴现，背书转让，到期收回或因未能收回票款而转作应收账款的应收票据账面金额；期末余额在借方，反映企业持有的未到期商业汇票的票面金额。本科目可按开出、承兑商业汇票的单位进行明细核算，逐笔登记商业汇票的种类、号数和出票日、票面金额、交易合同号和付款人、承兑人、背书人的姓名或单位名称、到期日、背书转让日、贴现日、贴现率和贴现净额、收款日和收回金额、退票情况等资料。商业汇票到期结清票款或退票后，在备查簿中应予注销。

四、应收票据的账务处理

1. 带息应收票据的账务处理。

（1）收到带息商业汇票时。企业取得应收票据的原因不同，其会计处理也有所区别。

因销售商品、提供劳务等而收到带息商业汇票时，应按照商业汇票的面值借记“应收票据”科目，按实现的收入贷记“主营业务收入”科目，按增值税专用发票上注明的税款贷记“应交税费——应交增值税（销项税额）”等科目。企业收到因债务人抵偿前欠货款而签发的商业汇票时，借记“应收票据”科目，贷记“应收账款”科目。

（2）带息商业汇票期末计息时。对于带息票据，应在半年末或年末根据商业汇票的面值和票面利率计算并提取利息，按照计提的利息借记“应收利息”科目，贷记“财务费用”科目。

（3）带息商业汇票到期收回票款时。带息商业汇票到期收回票据款项时，应按实际收到的金额，借记“银行存款”科目；按应收票据的账面余额，贷记“应收票据”科目；按其差额贷记“财务费用”科目（未计提利息部分）和“应收利息”（已计提利息部分）。

票据到期值 = 票据面值 + 面值 × 票面利率 × 票据期限

贴现息 = 票据到期值 × 贴现率 × 贴现期

贴现实收金额 = 票据到期值 − 贴现息

带息商业汇票到期，因付款人无力支付票据款项，收到银行退回的商业承兑汇票、委托收款凭证、未付款通知书或拒绝付款理由书等，按应收票据的账面余额转入“应收账款”账户，借记“应收账款”科目，贷记“应收票据”科目，其所包含的利息，在实际收到时计入当期的财务费用。

【同步操练 3－1】2014 年 11 月 1 日，天成公司向 A 公司出售甲产品一批，货款总计 100 000 元，增值税税率为 17%，已开出增值税专用发票，并于当日收到该公司已经承兑的商业汇票一张，面值 117 000 元，期限为 4 个月，票面利率为 5%。天成公司应作会计处理如下：

（1）11 月 1 日收到商业汇票时：

	借方	贷方
借：应收票据——A 公司	117 000	
贷：主营业务收入——甲产品		100 000
应交税费——应交增值税（销项税额）		17 000

（2）12 月 31 日，计提票据利息时：

本年度应确认的利息 = 117 000 × 5% ÷ 12 × 2 = 975（元）

	借方	贷方
借：应收利息	975	
贷：财务费用		975

（3）2015 年 2 月票据到期收票款时：

票据到期值 = 117 000 + 117 000 × 5% ÷ 12 × 4 = 118 950（元）

	借方	贷方
借：银行存款	118 950	
贷：应收票据		117 000
财务费用		975
应收利息		975

2. 不带息应收票据的账务处理。不带息应收票据是指商业汇票票面上未注明利率，只按照票面金额结算票款的商业汇票。不带息商业汇票的到期值等于票据面值。企业在收到商业汇票时，按面值借记“应收票据”科目，到期收回票款时，贷记“应收票据”科目。如

果到期无法收回票据款时，应将应收票据的面值从“应收票据”账户转入“应收账款”账户。

【同步操练 3－2】 天成公司 2014 年 3 月 1 日向 B 公司销售一批甲产品，价款为 1 500 000 元，尚未收到，已办妥托收手续，适用的增值税税率为 17%。天成公司应编制如下会计分录：

（1）借：应收账款——B 公司　　1 755 000
　　贷：主营业务收入——甲产品　　1 500 000
　　　　应交税费——应交增值税（销项税额）　　255 000

2014 年 3 月 15 日，天成公司收到 B 公司寄来的一张 3 个月期限的银行承兑汇票。面值为 1 755 000 元，抵付销售产品的价款和增值税款。天成公司应编制如下会计分录：

（2）借：应收票据——B 公司　　1 755 000
　　贷：应收账款——B 公司　　1 755 000

2014 年 6 月 15 日，天成公司上述应收票据到期，收回票面金额 1 755 000 元存入银行。天成公司应编制如下会计分录：

（3）借：银行存款　　1 755 000
　　贷：应收票据——B 公司　　1 755 000

五、应收票据的背书转让

企业可以将持有的未到期的商业汇票背书转让以取得所需要的材料物资。此时，根据增值税专用发票上注明的货款和税款及其他原始凭证，按应计入取得物资成本的金额，借记“材料采购”、“原材料”或“库存商品”等科目，借记“应交税费——应交增值税（进项税额）”科目；按应收票据的账面余额，贷记“应收票据”科目；按尚未计提的利息，贷记“财务费用”科目，如有差额，借记或贷记“银行存款”等科目。

【同步操练 3－3】 天成公司将一张不计息的商业汇票背书转让，以取得生产经营所需的 H 材料，该材料金额为 100 000 元，适用增值税税率为 17%。

天成公司相关的会计处理如下：

借：原材料——H 材料　　100 000
　　应交税费——应交增值税（进项税额）　　17 000
　　贷：应收票据　　117 000

六、应收票据的贴现

企业持有的商业汇票在到期前，如果需要资金，可将未到期的商业汇票向银行申请贴现。应收票据贴现是指持票人因急需资金，将未到期的商业汇票背书后转让给银行，银行受理后，从到期值中扣除按银行的贴现率计算确定的贴现息后，将余额付给贴现企业的业务活动。票据贴现实质上是企业融通资金的一种形式，银行付给企业的贴现款项实质上相当于以票据为担保的一笔短期贷款。

1. 应收票据贴现的计算。在贴现中，企业付给银行的利息称为贴现利息，银行计算贴现利息的利率称为贴现率，企业从银行获得的票据到期值扣除贴现利息后的货币收入称为贴现所得。应收票据贴现利息及贴现所得的计算如下。

第一步，计算票据到期值：

票据到期值 = 票据面值 + 票据利息
= 票据面值 ×（1 + 票面利率）× 票据期限

第二步，计算票据贴现利息：

贴现利息 = 到期值 × 贴现率 × 贴现期限

第三步，计算票据贴现所得：

贴现所得 = 到期值 – 贴现利息

【同步操练 3 – 4】 天成公司于 2016 年 4 月 8 日将一张出票日为 2 月 5 日，4 个月期限，面值为 80 000 元的商业承兑汇票向银行申请贴现，银行贴现率为 12%。该企业与承兑企业均在同一交换区域内。该票据的到期日为 6 月 5 日，则：

贴现期 =（30 – 8）+ 31 + 5 = 58（天）

贴现利息 = 80 000 × 12% ÷ 360 × 58 = 1 546. 67（元）

贴现净额 = 80 000 – 1 546. 67 = 78 453. 33（元）

2. 应收票据贴现的账务处理。应收票据贴现一般有两种情形：一种是带追索权的票据贴现；另一种是不带追索权的票据贴现。带追索权的票据贴现时，贴现企业因背书而在法律上负有连带偿债责任，票据所有权上风险没有完全转移，票据到期付款人无力支付票据款项时，贴现企业会因此产生一笔或有负债，因此，不符合金融资产转移终止确认的条件。不带追索权的票据贴现时，票据一经贴现，企业将应收票据上的风险（不可收回账款的可能性）和报酬全部转移给银行，因此，符合金融资产转移终止确认的条件。目前，在我国应收票据的贴现一般都带有追索权，商业承兑汇票贴现就是一种典型的带追索权的票据贴现业务。

接【同步操练 3 – 4】：根据计算结果，编制下列会计分录：

借：银行存款　　78 453. 33
　　财务费用　　1 546. 67
　　贷：应收票据　　80 000

【知识扩展】

票据到期无法收回款项的核算

票据到期时，如因付款人无力支付票款而收到银行退回的商业承兑汇票、委托收款凭证、未付票款通知书或拒绝付款等证明的，应按应收票据的账面余额借记“应收账款”科目，贷记“应收票据”科目。如果是银行承兑汇票，付款人到期无法付款，企业在票据到期后按照票面金额，借记“应付票据”科目，贷记“短期借款”科目；收款人借记“银行存款”科目，贷记“应收票据”科目。

【小思考 3 – 1】 已贴现的应收票据到期时，应如何处理？

【任务评价】

应收票据的基本账务处理：

借：应收票据

　　贷：应收账款（或主营业务收入等）

借：银行存款

　　贷：应收票据

无力支付的商业承兑汇票到期时，收款人编制下列会计分录：

借：应收账款

　　贷：应收票据

付款人编制下列会计分录：

借：应付票据

　　贷：应付账款

无力支付的银行承兑汇票到期时，收款人编制下列会计分录：

借：银行存款

　　贷：应收票据

付款人编制下列会计分录：

借：应付票据

　　贷：短期借款

任务二　应收账款的核算

【任务描述】

本任务主要理解应收账款的含义；掌握商业折扣、现金折扣的计算及核算方法；掌握应收账款的核算方法。

【任务分析】

本任务要求学生通过学习掌握商业折扣、现金折扣的计算；办理取得应收账款的核算；办理收回应收账款的核算。

【知识准备及应用】

一、应收账款的确认和初始计量

1. 应收账款的确认。应收账款是指企业因销售商品、产品或提供劳务等原因，应向购货客户或接受劳务的客户收取的款项或代垫的运杂费。

2. 应收账款的初始计量。通常情况下，应收账款的入账价值应根据买卖双方成交时的实际金额（包括发票金额和代购货单位垫付的运杂费）确定。若涉及商业折扣，则企业应按扣除商业折扣以后的实际售价确定应收账款的入账价值。在有现金折扣的情况下，企业应按总价法入账，实际发生现金折扣，作为当期理财费用，计入发生当期的损益。

（1）商业折扣是指商品交易时从价格中扣减的一定数额，是卖方视买方购买的数量而给予的价格优惠，通常以百分比来表示。如某商品在价目单上的价格为 100 元/件，买方一次性购买100件，卖方给予的折扣为10%，则实际价格（发票价格）为9 000元（100×100×90%）。由于商业折扣在交易成立及实际付款之前予以扣除，因此，买卖双方均无须在账上反映商业折扣。

（2）现金折扣是指企业为了鼓励客户在一定时期内早日偿还货款而给予的一种折扣优待，通常表示为：2/10，1/20，N/30（即信用期为30天，且10天内付款，折扣为2%；超过10天，但在20天内付款，折扣为1%；超过20天，则全价付款）。

二、应收账款核算的会计科目设置

为总括反映和监督企业应收账款的发生和收回情况，企业应设置“应收账款”科目，进行总分类核算。不单独设置“预收账款”科目的企业，预收的账款也在“应收账款”科目核算，借方登记赊销时发生的应收账款金额，贷方登记客户归还或已结转坏账损失或转作商业汇票结算，反映企业尚未收回的应收账款；期末如为贷方余额，反映企业预收的账款。该科目应按对方单位名称设置明细科目，进行明细核算。

三、应收账款的核算方法

企业发生应收账款，按应收金额借记“应收账款”科目，按确认的收入，贷记“主营业务收入”等科目，涉及增值税销项税额的，还应贷记“应交税费——应交增值税（销项税额）”科目。代购货单位垫付的包装费、运杂费等款项，借记“应收账款”科目，贷记“银行存款”等科目。

收回应收账款时，借记“银行存款”等科目，贷记“应收账款”科目。存在现金折扣时，按实际收到的款项，借记“银行存款”等科目，按实际发生的现金折扣借记“财务费用”科目，按照实际结清的款项贷记“应收账款”科目。

【同步操练3－5】天成公司采用托收承付结算方式向A公司销售商品一批，价款300 000元，增值税税额51 000元，以银行存款代垫运杂费6 000元。已办理托收手续。天成公司应编制如下会计分录：

（1）借：应收账款——A公司　357 000
　　贷：主营业务收入　300 000
　　　　应交税费——应交增值税（销项税额）　51 000
　　　　银行存款　6 000

需要说明的是，企业代购货单位垫付包装费、运杂费也应计入应收账款，通过“应收账款”科目核算。

（2）天成公司实际收到款项对，应编制如下会计分录：

借：银行存款　357 000
　　贷：应收账款——A公司　357 000

企业应收账款改用应收票据结算，在收到承兑的商业汇票时，借记“应收票据”科目，贷记“应收账款”科目。

（3）天成公司收到B公司交来商业承兑汇票一张，面值10 000元，用以偿还其前欠货款。天成公司应编制如下会计分录：

借：应收票据——B 公司 10 000

　　贷：应收账款——B 公司 10 000

【同步操练 3－6】天成公司销售商品一批，增值税税率为 17%，按价目表标明的价格计算，金额为 80 000 元，由于成批购进，决定给予购货方 10% 的商业折扣。

借：应收账款 84 240

　　贷：主营业务收入 72 000

　　　　应交税费——应交增值税（销项税额） 12 240

【同步操练 3－7】天成公司销售商品，增值税专用发票上注明价款 80 000 元，增值税 13 600 元。双方签订的交易合同中规定了现金折扣条款：2/10、n/30。假定计算现金折扣时不考虑增值税。

（1）销售商品时，应编制下列会计分录：

借：应收账款 93 600

　　贷：主营业务收入 80 000

　　　　应交税费——应交增值税（销项税额） 13 600

（2）如果付款人在 10 日内付款，应编制下列会计分录：

借：银行存款 92 000

　　财务费用 1 600

　　贷：应收账款 93 600

（3）如果付款人在 30 日以后付款，则企业不给付款人现金折扣，应编制下列会计分录：

借：银行存款 93 600

　　贷：应收账款 93 600

现金折扣是按照货款收入的一定比例计算，还是按照含税价款的一定比例或其他方式计算，由交易双方商定。

如果在收回账款前发生销售折让或退回，应借记“主营业务收入”等科目，贷记“应收账款”科目，涉及增值税销项税额的，还应进行相应的处理。

【知识扩展】

存在现金折扣的情况下，对应收账款入账金额的处理有两种方法。

（1）总价法。总价法是指将扣除折扣前的总金额作为应收账款的入账价值。现金折扣只有买方在折扣期内支付货款时才予以确认。收款方以实际支付的现金折扣数作理财支出计入当期的财务费用。而付款方以实际享有的现金折扣数作理财收益计入当期的收益。我国的会计实务通常采用此方法。

（2）净价法。净价法是指将扣除折扣后的金额作为应收账款的入账价值。如果买方超过付款折扣期限丧失折扣而多付的金额，销售方视为提供信贷获得的收入，冲减财务费用。

【小思考 3－2】商业折扣和现金折扣有何区别？两者对会计处理有何影响？

【任务评价】

应收账款的基本账务处理为：

借：应收账款
　　贷：主营业务收入（等）
借：银行存款
　　贷：应收账款
对方以商业票据来支付账款时：
借：应收票据
　　贷：应收账款

任务三　预付账款的核算

【任务描述】

本任务主要理解预付账款的含义；掌握预付账款的核算方法。

【任务分析】

本任务要求学生通过学习能够掌握发生预付账款的核算；购货或接受劳务时结转预付账款的核算；预付账款多退少补的核算。

【知识准备及应用】

一、预付账款的含义

预付账款是指企业按照有关合同，预先支付给供货方或劳务提供方的款项，如预付的材料货款、商品采购货款、在建工程价款等。

预付账款和应收账款一样，都是企业的短期债权，但是两者又有区别。应收账款是企业因对外销售商品（或提供劳务）引起的，是应向购货方或劳务接受方收取的款项；而预付账款是企业因购货或接受劳务引起的，是预先付给供货方或劳务提供方的款项。故两者应分别进行核算。

二、预付账款核算的会计科目设置

为了反映预付账款的增减变动及其结存情况，企业应设置“预付账款”科目进行核算。本科目属于资产类科目，借方登记向供应单位预付的货款，贷方登记企业收到所购货物或接受劳务时结转的预付款项。本科目期末借方余额，反映企业预付的款项；期末如为贷方余额，则反映企业尚未补付的款项。

三、预付账款的核算方法

企业因购货而预付的款项，借记本科目，贷记“银行存款”等科目。收到所购物资，按应计购入物资成本的金额，借记“材料采购”或“原材料”、“库存商品”等科目，按应支付的金额，贷记本科目。补付的款项，借记本科目，贷记“银行存款”等科目；退回多付的款项作相反的会计分录。涉及增值税进项税额的，还应进行相应的处理。

企业进行在建工程预付的工程价款，借记本科目，贷记“银行存款”等科目。按工程进度结算工程价款，借记“在建工程”科目，贷记本科目或“银行存款”等科目。

【同步操练3-8】天成公司向A公司采购材料5 000千克，每千克单价10元，所需支付的款项总额50 000元。按照合同规定向A公司预付货款的50%，验收货物后补付其余款项。天成公司应编制如下会计分录：

（1）预付50%的货款时：

借：预付账款——A公司　　25 000

　　贷：银行存款　　25 000

（2）收到A公司发来的5 000千克材料，验收无误，增值税专用发票上记载的价款为50 000元，增值税税额为8 500元，以银行存款补付所欠款项33 500元。天成公司应编制如下会计分录：

借：原材料　　50 000

　　应交税费——应交增值税（进项税额）　　8 500

　　贷：预付账款——A公司　　58 500

借：预付账款——A公司　　33 500

　　贷：银行存款　　33 500

【知识扩展】

预付账款业务不多的企业，可以不设置“预付账款”账户，发生预付账款业务时，直接记入“应付账款”账户的借方；收到货物时，再将相应的预付账款从“应付账款”账户的贷方转销。此时，“应付账款”账户具有双重性质，因此，期末编制资产负债表时，应分析“预付账款”和“应付账款”明细账余额的方向，确定应填入“预付款项”项目还是“应付账款”项目。

【小思考3-3】如果“预付账款”明细账户借方余额，则在期末编制资产负债表时，填入哪个项目？

【任务评价】

预付账款的基本账务处理为：

预付货款时，应编制下列会计分录：

借：预付账款

　　贷：银行存款

借：原材料（等）

　　贷：预付账款

补付货款时，应编制下列会计分录：

借：预付账款

　　贷：银行存款

任务四　其他应收款的核算

【任务描述】

本任务主要理解其他应收款的含义；熟悉其他应收款的范围；掌握其他应收款的核算方法。

【任务分析】

本任务要求学生通过学习能够掌握发生其他应收款的核算；结清其他应收款的核算。

【知识准备及应用】

一、其他应收款的含义

其他应收款是指企业除应收票据、应收账款、预付账款、应收股利、应收利息、长期应收款等以外的各种应收、暂付给其他单位和个人的款项。

二、其他应收款的范围

其他应收款的范围包括：应收的各种赔款、罚款，如因企业财产等遭受意外损失而应向有关保险公司收取的赔款等；应收的出租包装物租金；应向职工收取的各种垫付款项，如为职工垫付的水电费、应由职工负担的医药费、房租费等；存出保证金，如租入包装物支付的押金；其他各种应收、暂付款项。

三、其他应收款核算的会计科目设置

为反映和监督其他应收款项的结算情况，企业应设置“其他应收款”科目对其他应收款项目进行核算。

“其他应收款”科目属于资产类科目，借方登记企业发生的各种其他应收款，贷方登记企业收到的款项和结转情况。余额一般在借方，反映企业应收而未收的其他应收款项。该科目应按债务人名称设置明细账。

四、其他应收款的核算方法

企业发生其他各种应收、暂付款项时，借记本科目，贷记“银行存款”、“固定资产清理”、“待处理财产损溢”等科目；收回或转销各种款项时，借记“库存现金”、“银行存款”等科目，贷记本科目。

【同步操练3-9】天成公司在采购过程中发生材料毁损，按保险合同规定，应由保险公司赔偿损失30 000元，赔款尚未收到。假定天成公司对原材料采用计划成本进行日常核算，

天成公司应编制如下会计分录：

（1）借：其他应收款——保险公司　　30 000

　　贷：材料采购　　30 000

天成公司如数收到上述保险公司的赔款，甲公司应编制如下会计分录：

（2）借：银行存款　　30 000

　　贷：其他应收款——保险公司　　30 000

【同步操练 3－10】 天成公司以银行存款替职工李某垫付应由其个人负担的医疗费 5 000 元，拟从其工资中扣回。天成公司应编制如下会计分录：

（1）垫付时：

借：其他应收款——李某　　5 000

　　贷：银行存款　　5 000

（2）扣款时：

借：应付职工薪酬　　5 000

　　贷：其他应收款——李某　　5 000

【同步操练 3－11】 天成公司向 A 公司租入包装物一批，以银行存款向 A 公司支付押金 10 000 元，天成公司应编制如下会计分录：

（1）借：其他应收款——A 公司　　10 000

　　贷：银行存款　　10 000

天成公司按期如数向 A 公司退回所租包装物，并收到 A 公司退还的押金 10 000 元，已存入银行。天成公司应编制如下会计分录：

（2）借：银行存款　　10 000

　　贷：其他应收款——A 公司　　10 000

【知识扩展】

企业拨出用于投资、购买物资的各种款项，不得列入其他应收款。发生其他应收款按实际发生的金额入账，其他应收款在资产负债表日的计量与应收款相同。

【小思考 3－4】 应收账款和其他应收款在核算内容上有何区别？

【任务评价】

其他应收款的基本账务处理为：

借：其他应收款

　　贷：银行存款

借：管理费用（等）

　　贷：其他应收款

任务五　应收款项减值的核算

【任务描述】

本任务主要理解应收款项减值损失的含义；理解应收款项减值的估计方法；掌握应收款

项减值的核算方法。

【任务分析】

本任务要求学生通过学习能够办理应收款项减值损失估算；办理应收款项减值损失的核算。

【知识准备及应用】

一、应收款项减值损失的含义

应收款项减值损失也称坏账损失，是指企业无法收回或收回的可能性极小的应收款项。企业应当在资产负债表日对应收款项的账面价值进行检查，若证明应收款项发生减值的，应当将该应收款项的账面价值减记至预计未来现金流量现值，减记的金额确认为减值损失，计提坏账准备。

二、应收款项减值损失的估计方法

企业可以选用的应收款项减值损失（或坏账准备）的估计方法有三种，即应收款项余额百分比法、账龄分析法和个别认定法。

1. 应收款项余额百分比法。这一方法是根据期末应收款项余额和估计的坏账率，预估应收款项减值损失、计提坏账准备的方法。

当期按照应收款项计算应有坏账准备余额＝期末应收款项余额×估计的坏账率

2. 账龄分析法。这一方法是根据应收款项账龄的长短以及当前的具体情况，估计应收款项减值损失的方法。通常情况下，账龄长短与发生坏账的可能性是成正比的。

采用账龄分析法，企业应先将期末应收款项按账龄长短划分为若干区段，计算各个区段上应收款项的金额，并为每一个区段估计一个坏账损失的百分比，在此基础上，进行应收款项减值损失的估计。

需要说明的是，采用账龄分析法估计应收款项减值损失时，收到债务单位当期偿还的部分货款后，剩余的应收款项，不应改变其账龄，仍应按原账龄加上本期应增加的账龄确定。在存在多笔应收款项，且各笔应收款项账龄不同的情况下，收到债务单位当期偿还的部分债务，应当逐笔认定收到的是哪一笔应收款项；如果确实无法认定的，按照先发生先收回的原则确定，剩余应收款项的账龄按上述同一原则确定。

3. 个别认定法。个别认定法就是根据每一项应收款项的情况来估计坏账损失的方法。

在采用应收款项余额百分比法和账龄分析法估计坏账损失时，如果某项应收款项的可收回性与其他各项应收款项存在明显的差别，导致该项应收款项如果按照与其他应收款项采用同样的方法或比率估计减值损失，将无法真实反映其可收回金额的，可采用个别认定法估计该项应收款项的坏账损失。在同一会计期间内运用个别认定法的应收款项，应从用其他方法估计坏账损失的应收款项中剔除。

需要说明的是，应收款项减值损失的估计方法一经确定，不得随意变更。在确定应收款项减值损失的计提比率时，企业应根据以往的经验、债务单位的实际财务状况和现金流量等相关信息予以合理估计。

三、应收款项减值损失核算的会计科目设置

企业应当设置“坏账准备”科目，核算应收款项的坏账准备计提、转销等情况。企业当期计提的坏账准备应当计入资产减值损失。“坏账准备”科目的贷方登记当期计提的坏账准备金额，借方登记实际发生的坏账损失金额和冲减的坏账准备金额。该科目期末贷方余额，反映企业已计提但尚未转销的坏账准备。“坏账准备”科目可按应收款项的类别进行明细核算。

四、当期应计提的坏账准备的计算方法

当期应计提的坏账准备可以按照以下公式计算：

当期应计提的坏账准备 = 当期按照应收账款计算应有坏账准备余额
± 调整前“坏账准备”科目的借方(或贷方)余额

计算结果为正，表示当期应当计提的坏账准备金额；计算结果为负，表示当期应当冲减的坏账准备金额。

五、应收款项损失的核算方法

在资产负债表日，应收款项发生减值的，按应减记的金额，借记“资产减值损失”科目，贷记“坏账准备”科目。本期应计提的坏账准备大于其账面余额的，应按其差额计提；应计提的坏账准备小于其账面余额的，差额做相反的会计分录。

对于确实无法收回的应收款项，按管理权限报经批准后作为坏账，转销应收款项，借记“坏账准备”科目，贷记“应收票据”、“应收账款”、“预付账款”、“其他应收款”等科目。

已确认并转销的应收款项之后又收回的，应按实际收回的金额，借记“应收票据”、“应收账款”、“预付账款”、“其他应收款”等科目，贷记“坏账准备”科目；同时，借记“银行存款”科目，贷记“应收票据”、“应收账款”、“预付账款”、“其他应收款”等科目。

对于已确认并转销的应收款项之后又收回的，也可以按照实际收回的金额，借记“银行存款”科目，贷记“坏账准备”科目。

【同步操练 3-12】2016 年 12 月 31 日，天成公司对应收 A 公司的账款进行减值测试。应收账款余额合计为 1 000 000 元，天成公司根据 A 公司的资信情况确定按应收账款账面余额的 10% 计提坏账准备，期初坏账准备余额为 0。2016 年末天成公司计提坏账准备的会计分录如下：

借：资产减值损失 100 000
　　贷：坏账准备 100 000

【同步操练 3－13】 天成公司 2017 年对 A 公司的应收账款实际发生坏账损失 30 000 元。确认坏账损失时，天成公司应编制如下会计分录：

借：坏账准备　　30 000

　　贷：应收账款　　30 000

【同步操练 3－14】 天成公司 2017 年 4 月 20 日收到 2016 年已转销的坏账 20 000 元，已存入银行。天成公司应编制如下会计分录：

借：应收账款　　20 000

　　贷：坏账准备　　20 000

借：银行存款　　20 000

　　贷：应收账款　　20 000

或：

借：银行存款　　20 000

　　贷：坏账准备　　20 000

【同步操练 3－15】 天成公司 2017 年末应收 A 公司的账款余额为 1 200 000 元，经减值测试，天成公司决定仍按 10% 计提坏账准备。

"坏账准备"科目应保持的贷方余额为 120 000 元（1 200 000 × 10%），计提坏账准备前，"坏账准备"科目的实际余额为贷方 90 000 元。年末应计提的坏账准备金额为 30 000 元（120 000 − 90 000）。

天成公司应编制如下会计分录：

借：资产减值损失　　30 000

　　贷：坏账准备　　30 000

坏账准备账户：贷方登记当期计提的坏账准备金额，借方登记实际发生的坏账损失金额和冲减的坏账准备金额。期末余额一般在贷方，反映企业已计提但尚未转销的坏账准备。

【知识扩展】

会计实务中，企业对应收款项提取坏账准备金的方法一般有三种：应收款项余额百分比法、账龄分析法和个别认定法。工业企业一般采用应收款项余额百分比法来提取坏账准备金。应收款项余额百分比法，即根据年末应收款项的一定比例计提坏账准备。这里的应收款项包括应收账款、其他应收款、应收票据、预付账款、长期应收款等。

【小思考 3－5】 按照现行会计制度，企业应对所有应收款项均需要计提减值准备吗？

【任务评价】

应收款项减值的基本账务处理为：

借：资产减值损失

　　贷：坏账准备

借：坏账准备

　　贷：应收账款

收回已确认的坏账时，应编制下列会计分录：

借：应收账款

贷：坏账准备

借：银行存款

贷：应收账款

【复习思考题】

1. 什么是贴现？简述应收票据贴现的账务处理。
2. 如何确定应收账款的入账价值？影响应收账款入账价值的因素有哪些？
3. 简述商业折扣和现金折扣的区别。
4. 什么是应收款项减值损失？应收款项减值损失如何计量？

【练习题】

一、单项选择题

1. 下列应收、暂付款项中，不通过“其他应收款”科目核算的是（　　）。

A. 应收保险公司的赔款　　B. 存出包装物押金

C. 应向职工收取的各种代付款项　　D. 应向购货方收取的代垫运杂费

2. 计提的坏账准备应借记的会计科目是（　　）。

A. 管理费用　　B. 财务费用　　C. 营业外支出　　D. 资产减值损失

3. 现金折扣采用总价法核算，应将作为应收账款入账价值的是（　　）。

A. 未扣减商业折扣前的金额　　B. 未扣减现金折扣前的金额

C. 扣减现金折扣后的金额　　D. 扣减商业折扣和现金折扣后的金额

4. 企业预收款项情况不多的可以将预收款项直接记入（　　）科目。

A. 应收账款　　B. 应收票据　　C. 应付账款　　D. 应付票据

5. 企业某项应收账款为 50 000 元，现金折扣条件为 2/10，1/20，n/30，客户在第 20 天付款，应给予客户的现金折扣是（　　）元。

A. 1 000　　B. 750　　C. 500　　D. 0

6. 企业持有的商业汇票面值为 100 000 元，票面利率为 8%，期限为 3 个月，该票据的到期值是（　　）元。

A. 100 000　　B. 108 000　　C. 102 000　　D. 124 000

7. 企业赊销商品一批，标价 20 000 元，商业折扣为 10%，增值税税率为 17%，现金折扣条件为 2/10，1/20，n/30。企业销售商品时代垫运杂费 400 元，若企业按总价法核算，则应收账款的入账金额是（　　）元。

A. 21 060　　B. 200 000　　C. 21 460　　D. 23 400

8. 企业 2010 年 2 月 10 日销售商品一批，应收账款为 1200 万元，2010 年 12 月 31 日该笔应收账款的未来现金流量现值为 950 元。在此之前未计提坏账准备，2010 年 12 月 31 日该笔应收账款应计提的坏账准备是（　　）万元。

A. 300　　B. 100　　C. 250　　D. 0

9. 甲企业销售一批商品给乙企业，收到乙企业商业承兑汇票一张，甲企业在该票据到期前向银行贴现，且银行拥有追索权，则是甲企业实际收到的金额与票据金额之间的差额应确认为（　　）。

A. 应收账款　　B. 投资收益　　C. 财务费用　　D. 应收票据

10. 甲公司 2011 年 3 月 2 日向乙公司销售一批产品，应收账款 12 000 元。2011 年 6 月 30 日计提坏账准备 1 500 元，2011 年 12 月 31 日该笔应收账款的未来现金流量现值为 9 500 元，2011 年 12 月 31 日该笔应收账款应计提的坏账准备为（　　）元。

A. 3 000　　B. 1 000　　C. 2 500　　D. 0

11. 甲企业2012年10月1日销售商品，并于当日收到面值50 000元、期限3个月的商业承兑汇票一张。2012年12月31日应收票据的账面余额应为（　　）元。

A. 50 000　　B. 50 250　　C. 50 500　　D. 50 750

12. 某企业销售商品一批，增值税专用发票上标明价款为60万元，适用的增值税税率为17%。为购买方垫付的运杂费2万元，款项尚未收回，该企业确认的应收账款应该是（　　）万元。

A. 60　　B. 62　　C. 70.2　　D. 72.2

13. 2012年12月31日，甲公司对应收A公司的账款进行减值测试。应收账款余额为1 000 000元，已提坏账准备40 000元，甲公司根据A公司的资信情况确定按应收账款期末余额的10%提取坏账准备。则甲公司2012年末提取坏账准备的会计分录为（　　）。

A. 借：资产减值损失——计提的坏账准备　140 000
　　贷：坏账准备　140 000

B. 借：资产减值损失——计提的坏账准备　100 000
　　贷：坏账准备　100 000

C. 借：资产减值损失——计提的坏账准备　60 000
　　贷：坏账准备　60 000

D. 借：资产减值损失——计提的坏账准备　40 000
　　贷：坏账准备　40 000

二、多项选择题

1. 应收账款核算的内容包括（　　）。

A. 企业销售商品应收的货款　　B. 企业提供劳务应收的款项

C. 代购货方垫付的运杂费　　D. 销售货物发生的增值税销项税额

2. 关于应收款项，下列说法中正确的有（　　）。

A. 企业对外销售商品形成的债权，通常按从购货方应收的合同或协议价作为初始确认金额

B. 企业收回应收款项时，应将取得的价款与该应收款项账面价值之间的差额计入当期损益

C. 企业收回应收款项时，应将取得的价款与该应收款项账面余额之间的差额计入当期损益

D. 企业收回应收款项时，应将取得的价款与该应收款项账面价值之间的差额计入所有者权益

3. 下列各项中构成应收账款入账价值的有（　　）。

A. 销售商品时尚未收到的价款　　B. 代购货方垫付的包装费

C. 代购货方垫付的运杂费　　D. 销售商品发生的商业折扣

4. 下列各项中应通过“其他应收款”科目核算的有（　　）。

A. 代购货单位垫付的运杂费　　B. 收到的包装物押金

C. 应收的各种赔款　　D. 应向职工收取的各种垫付款

5. 下列各项业务中应记入“坏账准备”科目贷方的有（　　）。

A. 冲回多提的坏账准备　　B. 当期确认的坏账损失

C. 当期应补提的坏账准备　　D. 已转销的坏账当期又收回

6. 按现行企业会计制度的规定，不能用“应收票据”、“应付票据”核算的票据有（　　）。

A. 银行汇票　　B. 银行承兑汇票　　C. 银行本票　　D. 商业承兑汇票

7. 甲企业2015年12月1日，向A公司赊销商品100件，每件原价1 000元，由于是批量销售，甲企业同意给A公司20%的商业折扣，增值税税率为17%，现金折扣条件为2/10，1/20，N/30（不考虑增值税）；A公司12月9日支付了全部款项。对上述业务的表述中，恰当的有（　　）。

A. 确定应收账款入账价值时，应扣除可能发生的现金折扣

B. 确定应收账款入账价值时，不应考虑预计可能发生的现金折扣

C. 在确认销售商品收入时，应扣除已发生的商业折扣

D. 在确认销售商品收入时，不应扣除已发生的商业折扣

8. 下列各项中，会引起应收账款账面价值发生变化的有（　　）。

A. 计提坏账准备　　B. 收回应收账款

C. 确认坏账损失　　D. 收回已转销的坏账

9. 甲企业为增值税一般纳税人，增值税税率为17%。2015年12月1日，甲企业“应收账款”科目借方余额为500万元，“坏账准备”科目贷方余额为25万元，企业通过对应收款项的信用风险特征进行分析，确定计提坏账准备的比例为期末应收账款余额的5%。

12月，甲企业发生如下经济业务：

（1）12月5日，向乙企业赊销商品一批，商品价目表标明的价格计算的金额为1 000万元（不含增值税），由于是成批销售，甲企业给予乙企业10%的商业折扣。

（2）12月9日，一客户破产，根据清算程序，有应收账款40万元不能收回，确认为坏账。

（3）12月11日，收到乙企业的销货款500万元，存入银行。

（4）12月21日，收到2008年已转销为坏账的应收账款10万元，存入银行。

（5）12月30日，向丙企业销售商品一批，增值税专用发票上注明的售价为100万元，增值税税额为17万元，货款尚未收到。甲企业为了及早收回货款在合同中规定的现金折扣条件为2/10，1/20，n/30（假定计算现金折扣不考虑增值税）。

要求：根据上述资料回答下列问题。

（1）对业务（1）的会计处理中，正确的是（　　）。

A. 借：银行存款　　10 000 000
　　贷：主营业务收入　　10 000 000

B. 借：银行存款　　11 700 000
　　贷：主营业务收入　　10 000 000
　　　　应交税费——应交增值税（销项）　　1 700 000

C. 借：应收账款　　11 700 000
　　贷：主营业务收入　　10 000 000
　　　　应交税费——应交增值税（销项）　　1 700 000

D. 借：应收账款　　10 530 000
　　贷：主营业务收入　　9 000 000
　　　　应交税费——应交增值税（销项）　　1 530 000

（2）对业务（2）的会计处理中，正确的是（　　）。

A. 借：应收账款　　400 000
　　贷：坏账准备　　400 000

B. 借：坏账准备　　400 000
　　贷：应收账款　　400 000

C. 借：资产减值损失　　400 000
　　贷：应收账款　　400 000

D. 借：管理费用　　400 000
　　贷：应收账款　　400 000

（3）对业务（4）的会计处理中，正确的是（　　）。

A. 借：应收账款　　100 000
　　贷：坏账准备　　100 000

B. 借：坏账准备　　100 000
　　贷：应收账款　　100 000

C. 借：银行存款　　100 000
　　贷：应收账款　　100 000
D. 借：银行存款　　100 000
　　贷：坏账准备　　100 000

（4）对业务（5）的表述中，不正确的是（　　）。

A. 应确认 100 万元销售商品收入

B. 应确认 98 万元销售商品收入

C. 应收账款的入账金额应为 117 万元

D. 应收账款的入账金额应为 115 万元

（5）2015 年 12 月 31 日，应计提的坏账准备为（　　）万元。

A. 25　　B. 81.5　　C. 61.5　　D. 56.5

三、判断题

1. 一般企业对应收款项进行减值测试，应根据本单位的实际情况分为单项金额重大和非重大的应收账款。对于单项金额重大的应收款项，应当单独进行减值测试，有客观证据表明其发生了减值的，应当根据未来现金流量现值低于其账面价值的差额，确认减值损失，计提坏账准备。（　　）

2. 在存在商业折扣的情况下，企业应收账款入账金额应按扣除商业折扣后的实际售价确认。（　　）

3. 已确认并转销的坏账损失以后又收回的，应借记“银行存款”科目，贷记“坏账准备”科目。（　　）

4. “坏账准备”账户期末余额在贷方，在资产负债表上列示时，应列示于流动负债项目中。（　　）

5. 代购货单位垫付的包装费、运杂费应通过“其他应收款”科目核算。（　　）

四、计算分析题

1. 不带息应收票据的会计核算。

资料：甲、乙、丙公司均为增值税一般纳税人，本年度发生业务如下：

（1）2015 年 5 月 10 日甲公司销售给乙公司商品一批，开出增值税发票，价款 200 万元，增值税税额为 34 万元，当即收到一张已承兑的不带息商业承兑汇票，期限 6 个月，面值 234 万元。11 月 10 日票据到期时乙公司无力支付票款。

（2）甲公司收到丙公司开来的增值税专业发票上注明的 A 材料价款为 60 000 元、增值税为 10 200 元，款项已于上月预付 75 000 元，余款退回存入银行。

要求：根据资料编制甲公司的会计分录。

2. 带息应收票据款业务的核算。

资料：天成公司发生下列经济业务。

天成公司于 2015 年 6 月 5 日收到甲公司当日签发带息商业承兑汇票一张，用以抵付前欠货款，该票据面值 800 000 元，期限 90 天，年利率 2%。2015 年 7 月 15 日，天成公司因急需资金，将该商业汇票向银行贴现，年贴现率为 3%，贴现款已存入天成公司的银行账户。

（1）计算天成公司该项应收票据的到期值、贴现值、贴现利息和贴现净额。

（2）编制天成公司收到票据以及贴现票据的会计分录。

（3）编制天成公司在票据到期甲公司未能付款时的会计处理。

3. 坏账准备的计提及其会计核算。

资料：天成公司 2015 年有关资料如下：

（1）2015 年 12 月 1 日应收甲公司账款期初余额为 125 万元，其坏账准备贷方余额为 5 万元。

（2）2015 年 12 月 5 日，向甲公司销售商品 110 件，单价为 1 万元，增值税税率为 17%，单位成本为 0.8 万元。

（3）2015 年 12 月 25 日，因商品质量问题，甲公司要求退回本月 5 日购买的 10 件商品，华润公司同意甲公司的退货要求，办理退货手续并开具红字增值税专业发票，华润公司收到甲公司退回的商品。

（4）2015 年 12 月 26 日，应收甲公司的款项发生坏账损失 2 万元。

（5）2015 年 12 月 28 日，收回前期已确认应收甲公司账款的坏账 1 万元，存入银行。

（6）2015 年 12 月 31 日，华润公司对甲公司账款进行减值测试，确定计提坏账准备的比例为 5%。

要求：根据资料编制有关的会计分录。

项目四

交易性金融资产的核算

【学习目标】

知识目标：通过学习，熟悉并掌握交易性金融资产的概念，交易性金融资产取得、持有、期末计价、处置四个环节核算过程，掌握交易性金融资产的核算方法。

能力目标：通过学习，能够运用会计确认、计量的方法，按照规范流程进行取得交易性金融资产业务的核算、交易性金融资产的现金股利与利息业务的核算、处置交易性金融资产业务的核算、交易性金融资产期末计价业务的核算。

【情境导入】

2010 年 1 月 20 日，东方股份有限公司委托某证券公司从上海证券交易所购入 A 上市公司股票 100 万股，该笔股票投资在购买日的公允价值为 1 000 万元。另支付相关交易费用金额为 2. 8 万元。但公司并未打算长期持有该公司的股票，只是希望充分利用闲置资金、在股市中获取短期收益，作为企业的财务人员，你该如何进行账务处理呢?

【知识准备及应用】

企业金融资产主要包括库存现金、应收账款、应收票据、贷款、垫款、其他应收款、应收利息、债权投资、股权投资、基金投资及衍生金融资产等。企业应当结合自身业务特点和风险管理要求，将取得的金融资产分类核算。本任务只涉及以公允价值计量且其变动计入当期损益的金融资产中的交易性金融资产和账务处理。

一、交易性金融资产的概念及确认

交易性金融资产，是指企业为了近期内出售、以赚取差价为目的，并有活跃市场的金融资产，包括为交易目的所持有的债券投资、股票投资、基金投资、权证投资等。例如，企业为充分利用闲置资金、以短期获利为目的而从二级市场购入的股票、债券、基金等。

二、账户设置

为了核算以公允价值计量且变动计入当期损益的金融资产的取得、收取现金股利或利置、处置等业务，企业应当设置“交易性金融资产”、“公允价值变动损益”、“投资收益”等账户。

1. “交易性金融资产”账户。该账户属于资产类账户，用来核算企业为交易目的所持有的债券投资、股票投资、基金投资等交易性金融资产的公允价值。企业持有的直接指定为以公允价值计量且其变动记入当期损益的金融资产也在该账户核算。借方登记交易性金融资产的取得成本、资产负债表日其公允价值高于账面余额的差额等；贷方登记资产负债表日其公允价值低于账面余额的差额，以及企业出售交易性金融资产时结转的成本和公允价值变动损益。余额在借方，反映企业持有的交易性金融资产的公允价值。企业应当按照交易性金融资产的类别和品种，分别设置“成本”、“公允价值变动”等明细账户进行核算。

2. “公允价值变动损益”账户。该账户属于损益类账户，用来核算企业持有的交易性金融资产等公允价值变动而形成的应记入当期损益的所得或损失。贷方登记资产负债表日企业持有的交易性金融资产等的公允价值高于账面余额的差额，借方登记资产负债表日企业持有的交易性金融资产等的公允余额。本账户可按交易性金融资产、交易性金融负债、投资性房地产等进行明细核算。

3. “投资收益”账户。该账户属于损益类账户，用来核算企业持有交易性金融资产等期间取得的投资收益以及处置交易性金融资产等实现的投资收益或投资损失。贷方登记企业持有期间和出售交易性金融资产等实现的投资收益，借方登记企业出售交易性金融资产等发生的投资损失。期末，应将本账户的余额转入“本年利润”账户，结转后本账户无余额。

任务一 交易性股票投资的核算

【任务描述】

本任务主要讲授股票型交易性金融资产取得的核算、现金股利的核算、期末公允价值变动的核算以及交易性金融资产处置时的核算。

【任务分析】

本任务要求学生通过学习股票型交易性金融资产的概念、科目设置及核算要求，掌握股票型交易性金融资产在取得时的核算、持有期间的核算、期末公允价值变动的核算和交易性金融资产处置时的核算。

一、交易性金融资产的账务处理

以公允价值计量且变动记入当期损益的金融资产的会计处理，着重于该金融资产与金融市场的紧密结合性，反映该类金融资产相关市场变量变化对其价值的影响，进而对企业财务状况和经营成果的影响。

1. 交易性金融资产的取得。企业取得交易性金融资产时，应当将该金融资产取得时的公允价值作为其初始确认金额，记入“交易性金融资产——成本”账户。取得交易性金融资产所支付价款中包含的已宣告但尚未发放的现金股利，应当单独确认为应收项目，记入“应收股利”账户。取得交易性金融资产所发生的相关交易费用应当在发生时记入投资收益。交易费用是指可直接归属于购买、发行或处置金融工具新增的外部费用，包括支付给代理机构、咨询公司、券商等的手续费和佣金及其他必要支出。

（1）取得交易性金融资产（股票）时的处理：

借：交易性金融资产——成本（公允价值）
　　投资收益（发生的交易费用）
　　应收股利（已宣告但尚未发放的现金股利）
　　贷：银行存款等

（2）收到取得金融资产时的应收现金股利的处理：

借：银行存款
　　贷：应收股利（或应收利息）

【同步操练4－1】 2016年5月20日，天成公司从深圳证券交易所购入乙公司股票1 000 000股，占乙公司有表决权股份的5%，支付价款合计5 080 000元，其中，证券交易费用8 000元，已宣告发放现金股利72 000元。甲公司没有在乙公司董事会中派出代表，甲公司将其划分为交易性金融资产。

2016年6月20日，甲公司收到乙公司发放的2015年的现金股利72 000元。

（1）2016年5月20日，购入乙公司股票1 000 000股时：

天成公司应编制如下会计分录：

借：交易性金融资产——成本——乙公司	5 000 000	
应收股利——乙公司	72 000	
投资收益	8 000	
贷：银行存款		5 080 000

乙公司股票的单位成本＝(5 080 000－72 000－8 000)÷1 000 000＝5元/股

（2）2016年6月20日，收到乙公司发放的2015年的现金股利72 000元时：

借：银行存款	72 000	
贷：应收股利——乙公司		72 000

2. 交易性金融资产的期末计量。资产负债表日，交易性金融资产应当按照公允价值计量，公允价值与账面余额之间的差额计入当期损益。资产负债表日交易性金融资产公允价值高于其账面余额的差额，借记“交易性金融资产——公允价值变动”科目，贷记“公允价值变动损益”科目；公允价值低于其账面余额的差额做相反的会计分录。

资产负债表日公允价值变动时的处理：

（1）公允价值上升：

借：交易性金融资产——公允价值变动
　　贷：公允价值变动损益

（2）公允价值下降：

借：公允价值变动损益
　　贷：交易性金融资产——公允价值变动

【同步操练4－2】 承【同步操练4－1】，2016年6月30日，乙公司股票收盘价为每股5.2元。2016年12月31日，天成公司仍持有乙公司股票，当日乙公司股票收盘价为每股4.9元。

（3）2016年6月30日，确认公允价值变动时：

天成公司应编制如下会计分录：

公允价值变动＝(5.2－5.0)×1 000 000＝200 000（元）

借：交易性金融资产——公允价值变动——乙公司　　200 000

　　贷：公允价值变动损益——乙公司　　200 000

（4）2016 年 12 月 31 日，确认公允价值变动时：

天成公司应编制如下会计分录：

公允价值变动 =（4.90 －5.20）×1 000 000 = －300 000（元）

借：公允价值变动损益——乙公司股票　　300 000

　　贷：交易性金融资产——公允价值变动——乙公司　　300 000

3. 持有交易性金融资产期间的现金股利。企业持有交易性金融资产期间对于被投资单位宣告发放的现金股利收入，应当确认为应收项目，记入“应收股利”账户，并记入投资收益。

借：应收股利

　　贷：投资收益

借：银行存款

　　贷：应收股利

【同步操练 4 －3】 承【同步操练 4 －2】，2017 年 4 月 20 日，乙公司宣告发放 2016 年现金股利 2 000 000 元。2017 年 5 月 10 日，天成公司收到乙公司发放的 2016 年的现金股利。

（5）2017 年 4 月 20 日，确认现金股利时：

天成公司应编制如下会计分录：

应收股利 =2 000 000 × 5% =100 000（元）

借：应收股利——乙公司　　100 000

　　贷：投资收益　　100 000

（6）2017 年 5 月 10 日，收到现金股利时：

借：银行存款　　100 000

　　贷：应收股利——乙公司　　100 000

4. 交易性金融资产的处置。出售交易性金融资产时，应将该金融资产出售时的公允价值与其初始入账金额之间的差额确认为投资收益，同时调整公允价值变动损益。

企业应按实际收到的金额，借记“银行存款”等科目；按该金融资产的账面余额，贷记“交易性金融资产”科目；按其差额，贷记或借记“投资收益”科目。同时，将原记入该金融资产的公允价值变动转出，借记或贷记“公允价值变动损益”科目，贷记或借记“投资收益”科目。

出售交易性金融资产时：

借：银行存款

　　贷：交易性金融资产——成本

　　　　　　　　　　　——公允价值变动（也可能在借方）

　　　　投资收益（差额，也可能在借方）

注意：处置时应将该金融资产持有期间形成的“公允价值变动损益”科目累计发生额转入“投资收益”科目：

借：公允价值变动损益

　　贷：投资收益

【同步操练 4-4】承【同步案例 4-3】，2017 年 5 月 19 日，天成公司以每股 4.5 元的价格将股票全部出售，同时支付税金等费用 7 200 元。

假定不考虑其他因素，天成公司的相关账务处理如下。

（7）2017 年 5 月 19 日，出售乙公司股票时：

天成公司应编制如下会计分录：

股票出售收入 =4.5 ×1 000 000 =4 500 000（元）

出售股票取得的价款 =4.5 ×1 000 000 -7 200 =4 492 800（元）

股票持有期间公允价值变动记入当期损益的金额 =200 000 -300 000 = -100 000（元）

股票出售时的账面余额 =5 000 000 +（ -100 000）=4 900 000（元）

股票出售的损益 =4 492 800 -4 900 000 = -407 200（元）

借：银行存款　　44 920 800

　　投资收益　　407 200

　　交易性金融资产——公允价值变动（乙公司）　　100 000

　　贷：交易性金融资产——成本（乙公司）　　5 000 000

同时，结转公允价值变动损益。

借：投资收益　　100 000

　　贷：公允价值变动损益——乙公司股票　　100 000

【任务评价】

本任务主要介绍了交易性金融资产中关于股票投资的相关核算，主要对交易性金融资产业务中股票的取得、现金股利业务的核算、处置股票型交易性金融资产业务的核算以及股票型交易性金融资产期末计价业务的核算。作为初学者，要注重对股票型交易性金融资产四个环节的理解，需要在运用中反复演练，才能加以掌握。

任务二　交易性债券投资的核算

【任务描述】

本任务主要讲授债券型交易性金融资产取得的核算、利息的核算、期末公允价值变动的核算以及交易性金融资产处置时的核算。

【任务分析】

本任务要求学生通过学习债券型交易性金融资产的概念、科目设置及核算要求，掌握股票型交易性金融资产在取得时的核算、持有期间的核算、期末公允价值变动的核算和交易性金融资产处置时的核算。

【知识准备及应用】

一、交易性金融资产的账务处理

以公允价值计量及变动计入当期损益的金融资产的会计处理，着重于该金融资产与金融市场的紧密结合性，反映该类金融资产相关市场变量变化对其价值的影响，进而对企业财务状况和经营成果的影响。

1. 交易性金融资产的取得。企业取得交易性金融资产时，应当将该金融资产取得时的公允价值作为其初始确认金额，记入“交易性金融资产——成本”账户。取得交易性金融资产所支付价款中已到付息期但尚未领取的债券利息，应当单独确认为应收项目，记入“应收利息”账户。取得交易性金融资产所发生的相关交易费用应当在发生时记入投资收益。交易费用是指可直接归属于购买、发行或处置金融工具新增的外部费用，包括支付给代理机构、咨询公司、券商等的手续费和佣金及其他必要支出。

借：交易性金融资产——成本（公允价值）

　　投资收益（发生的交易费用）

　　应收利息（已到付息期但尚未领取的利息）

　　贷：银行存款等

收到取得金融资产时的应收现金股利或利息：

借：银行存款

　　贷：应收利息

【同步操练4－5】2016年1月8日，天成公司购入丙公司发行的公司债券，该笔债券于2015年7月1日发行，面值为2 500万元，票面利率为4%，债券利息按年支付。天成公司将其划分为交易性金融资产，支付价款为2 600万元（其中包含已到付息期但尚未领取的债券利息50万元），另支付交易费用30万元。2016年2月5日，甲公司收到该笔债券利息50万元。2017年2月10日，天成公司收到债券利息100万元。

天成公司应编制如下会计分录：

（1）2016年1月8日，购入丙公司的公司债券时：

	借方	贷方
借：交易性金融资产——成本	25 500 000	
应收利息	500 000	
投资收益	300 000	
贷：其他货币资金——存出投资款		26 300 000

（2）2016年2月5日，收到购买价款中包含的已宣告发放的债券利息时：

	借方	贷方
借：其他货币资金——存出投资款	500 000	
贷：应收利息		500 000

2. 持有交易性金融资产期间的现金股利和利息。企业持有交易性金融资产期间对于被投资单位宣告发放的现金股利或企业在资产负债表日按分期付息、一次还本债券投资的票面利率计算的利息收入，应当确认为应收项目，记入“应收股利”或“应收利息”账户，并计入投资收益。

被投资方在持有期间宣告发放的现金股利或持有期间产生的利息，应记入投资收益。

借：应收利息

　　贷：投资收益

借：银行存款

　　贷：应收利息

【同步操练4－6】 承【同步操练4－5】，2016年12月31日，确认丙公司的公司债券利息收入时：

天成公司应编制如下会计分录：

借：应收利息　　1 000 000

　　贷：投资收益　　1 000 000

2017年2月10日，收到持有丙公司的公司债券利息时：

天成公司应编制如下会计分录：

借：其他货币资金——存出投资款　　1 000 000

　　贷：应收利息　　1 000 000

3. 交易性金融资产的期末计量。资产负债表日，交易性金融资产应当按照公允价值计量，公允价值与账面余额之间的差额记入当期损益。资产负债表日交易性金融资产公允价值高于其账面余额的差额，借记“交易性金融资产——公允价值变动”科目，贷记“公允价值变动损益”科目；公允价值低于其账面余额的差额做相反的会计分录。

资产负债表日公允价值变动时：

（1）公允价值上升：

借：交易性金融资产——公允价值变动

　　贷：公允价值变动损益

（2）公允价值下降：

借：公允价值变动损益

　　贷：交易性金融资产——公允价值变动

【同步操练4－7】 承【同步操练4－6】，2016年6月30日，天成公司购买的该笔债券的市价为2 780万元；2016年12月31日，购买的该笔债券的市价为2 560万元。要求：根据给出的资料，编制相关会计分录。

天成公司应编制如下会计分录：

（1）2016年6月30日，确认该笔债券的公允价值变动损益时：

借：交易性金融资产——公允价值变动　　2 300 000

　　贷：公允价值变动损益　　2 300 000

（2）2016年12月31日，确认该笔债券的公允价值变动损益时：

借：公允价值变动损益　　2 200 000

　　贷：交易性金融资产——公允价值变动　　2 200 000

4. 交易性金融资产的处置。出售交易性金融资产时，应当将该金融资产出售时的公允价值与其初始入账金额之间的差额确认为投资收益，同时调整公允价值变动损益。企业应按实际收到的金额，借记“银行存款”等科目；按该金融资产的账面余额，贷记“交易性金融资产”科目；按其差额，贷记或借记“投资收益”科目。同时，将原记入该金融资产的公允价值变动转出，借记或贷记“公允价值变动损益”科目，贷记或借记“投资收益”科目。

出售交易性金融资产时：

借：银行存款

贷：交易性金融资产——成本

——公允价值变动（也可能在借方）

投资收益（差额，也可能在借方）

注意：处置时应将该金融资产持有期间形成的“公允价值变动损益”科目累计发生额转入“投资收益”科目：

借：公允价值变动损益

贷：投资收益

【同步操练4-8】 承【同步操练4-7】，假定2017年1月15日，天成公司出售了所持有的丙公司债券，售价为2 565万元。

天成公司应编制如下会计分录：

	借方	贷方
借：其他货币资金	25 650 000	
贷：交易性金融资产——成本		25 500 000
——公允价值变动		100 000
投资收益		50 000
借：公允价值变动损益	100 000	
贷：投资收益		100 000

【任务评价】

本任务主要介绍了交易性金融资产中关于债券投资的相关核算，主要对交易性金融资产业务中债券的取得、利息的核算、处置债券型交易性金融资产业务的核算以及债券型交易性金融资产期末计价业务的核算。作为初学者，要注重对债券型交易性金融资产四个环节的理解，区分股票型交易性金融资产和债券型交易性金融资产。

【复习思考题】

1. 交易性金融资产的初始计量原则是什么？
2. 企业持有交易性金融资产，在期末应如何进行计量？

【练习题】

一、单项选择题

1. 天成公司于2016年3月30日购入某上市公司股票50万股，划分为交易性金融资产。该股票在购买日的公允价值为600万元。购买该股票另支付的手续费为10万元，5月22日收到该上市公司按每股0.5元发放的现金股利，12月31日该股票市价为550万元，2016年12月31日该交易性金融资产的账面价值为（　　）万元。

A. 550　　B. 575　　C. 585　　D. 610

2. 天成公司购入A股票10万股，划分为交易性金融资产，支付的价款为103万元，其中包含已宣告发放的现金股利3万元，另支付交易费用2万元。该项交易性金融资产的入账价值为（　　）万元。

A. 103　　B. 100　　C. 102　　D. 105

3. 天成公司于2016年1月5日购入A公司一年前发行的五年期，面值为100万元，年利率为10%的债券，该债券每年年初付息，到期一次还本，该公司将其划分为交易性金融资产。实际买入价为112万元（包含已到付息期但尚未领取的利息10万元），另支付手续费等相关费用2万元。该项金融资产的入账价值为（　　）万元。

A. 102　　B. 104　　C. 112　　D. 114

4. 天成公司于2016年2月20日从证券市场购入A公司股票50 000股，划分为交易性金融资产，每股买价8元，另外支付印花税及佣金4 000元。A公司于2016年4月10日按每股0.30元宣告发放现金股利。天成公司于2016年5月20日收到该现金股利15 000元并存入银行。至12月31日，该股票的市价为450 000元。天成公司2016年对该项金融资产应确认的投资收益为（　　）元。

A. 15 000　　B. 11 000　　C. 50 000　　D. 61 000

5. 天成公司在发生以公允价值计量且其变动计入当期损益的金融资产的下列有关业务中，不应贷记“投资收益”的是（　　）。

A. 收到持有期间获得的现金股利

B. 收到持有期间获得的债券利息

C. 资产负债表日，持有的股票市价大于其账面价值

D. 企业转让交易性金融资产收到的价款大于其账面价值的差额

6. 企业发生的下列有关交易性金融资产的事项中，影响投资收益科目金额的是（　　）。

A. 交易性金融资产在持有期间取得的现金股利

B. 期末交易性金融资产公允价值大于账面余额

C. 期末交易性金融资产公允价值小于账面余额

D. 交易性金融资产持有期间收到的包含在买价当中的现金股利

7. 天成公司2015年10月10日自证券市场购入乙公司发行的股票100万股，共支付价款860万元，其中包括交易费用4万元。购入时，乙公司已宣告但尚未发放的现金股利为每股0.16元。天成公司将购入的乙公司股票作为交易性金融资产核算。2015年12月2日，天成公司出售该交易性金融资产，收到价款960万元。天成公司2015年利润表中因该交易性金融资产应确认的投资收益为（　　）万元。

A. 100　　B. 116　　C. 120　　D. 132

8. 天成公司2015年3月25日购入乙公司股票20万股划分为交易性金融资产，支付价款总额为175.52万元，其中包括支付的证券交易印花税0.17万元，支付手续费0.35万元，购买价款中包含已宣告尚未发放的现金股利4万元。4月10日，天成公司收到乙公司3月19日宣告派发的2014年度现金股利4万元。2015年6月30日，乙公司股票收盘价为每股6.25元。2015年11月10日，天成公司将乙公司股票全部对外出售，价格为每股9.18元，支付证券交易印花税0.18万元，支付手续费0.36万元。天成公司2015年度对乙公司股票投资应确认的投资收益为（　　）万元。

A. 7.54　　B. 11.54　　C. 12.59　　D. 12.60

9. 2015年5月4日，天成公司以银行存款10 000万元购买B公司800万股普通股，每股含有已宣告尚未领取的现金股利0.05元，共计40万元，另支付交易费10万元。天成公司将其作为交易性金融资产，该资产的入账价值是（　　）万元。

A. 9 950　　B. 9 960　　C. 9 970　　D. 10 000

10. 除取得时已记入应收项目的现金股利或利息外，交易性金融资产持有期间获得的现金股利或利息应（　　）。

A. 冲减交易性金融资产　　B. 冲减财务费用

C. 冲减应收股利　　D. 记入投资收益

11. 天成公司购入交易性金融资产，支付的价款为100万元，其中包含已到期尚未领取的利息5万元，另支付交易费用3万元。该项交易性金融资产的入账价值为（　　）万元。

A. 92　　B. 95　　C. 100　　D. 105

12. 天成公司2015年1月1日购入面值为200万元，年利率为4%的A债券；取得时支付价款208万元（含已到付息期尚未发放的利息8万元），另支付交易费用1万元，天成公司将该项金融资产划分为交易性金融资产。2015年1月5日，收到购买时价款中所含的利息8万元，2015年12月31日，A债券的公允价值为212万元，2016年1月5日，收到A债券2015年度的利息8万元；2016年4月20日，天成公司

出售 A 债券售价为 216 万元。天成公司出售 A 债券时应确认投资收益的金额为（　　）万元。

A. 4　　B. 12　　C. 16　　D. 3

13. 关于交易性金融资产的计量，下列说法正确的是（　　）。

A. 应当按取得该项金融资产的公允价值和相关交易费用之和作为初始确认金额

B. 应当按取得该项金融资产的公允价值作为初始确认金额，相关交易费用在发生时记入当期损益

C. 资产负债表日，企业应将金融资产的公允价值变动记入所有者权益

D. 处置该金融资产时，其公允价值与初始入账金额之间的差额应确认为投资收益，不调整公允价值变动损益

14. 2016 年 1 月 8 日，天成公司以赚取差价为目的从二级市场购入一批债券作为交易性金融资产核算，面值总额为 2 000 万元，票面年利率为 4%，3 年期，每年付息一次，该债券为 2015 年 1 月 1 日发行，天成公司取得债券的购买价款为 2 100 万元，含已到付息期但尚未领取的 2015 年度的利息，另支付交易费用 20 万元，全部价款以银行存款支付。则天成公司取得该交易性金融资产的入账价值为（　　）万元。

A. 2 100　　B. 2 000　　C. 2 020　　D. 2 040

15. 天成公司 2015 年 10 月 10 日自证券市场购入乙公司发行的股票 100 万股，共支付价款 860 万元，其中包括交易费用 4 万元。购入时，乙公司已宣告但尚未发放的现金股利为每股 0.16 元。天成公司将购入的乙公司股票作为交易性金融资产核算。2015 年 12 月 2 日，甲公司出售该交易性金融资产，收到价款 960 万元，假定现金股利已于出售金融资产前收到。天成公司 2015 年利润表中因该交易性金融资产应确认的投资收益为（　　）万元。

A. 100　　B. 116　　C. 120　　D. 96

16. 天成公司 2015 年 1 月 1 日购入面值总额为 200 万元，票面年利率为 4% 的 A 债券，取得时支付价款 208 万元（含已到付息期但尚未领取的利息 8 万元），另支付交易费用 1 万元，天成公司将该金融资产划分为交易性金融资产。2015 年 1 月 5 日，收到购买时价款中所含的利息 8 万元；2015 年 12 月 31 日，A 债券的公允价值为 212 万元（不含利息）；2016 年 1 月 5 日，收到 A 债券 2015 年度的利息 8 万元；2016 年 4 月 20 日，天成公司出售 A 债券，售价为 216 万元。则天成公司出售 A 债券时应确认投资收益的金额为（　　）万元。

A. 16　　B. 12　　C. 4　　D. 2

17. 天成公司于 2015 年 11 月 5 日从证券市场购入 B 公司发行在外的股票 400 万股作为交易性金融资产，每股支付价款 5 元，另支付相关交易费用 40 万元。2015 年 12 月 31 日，这部分股票的公允价值为 2 080 万元。天成公司 2015 年 12 月 31 日因该交易性金融资产应确认的公允价值变动损益为（　　）万元。

A. 损失 80　　B. 收益 80　　C. 收益 40　　D. 损失 40

二、多项选择题

1. 对于交易性金融资产，正确的会计处理方法有（　　）。

A. 企业划分为交易性金融资产的股票、债券、基金，应当按照取得时的公允价值和相关的交易费用作为初始确认金额

B. 支付的价款中包含已宣告发放的现金股利或债券利息，应当单独确认为应收项目

C. 企业在持有交易性金融资产期间取得的利息或现金股利，应当确认为投资收益

D. 资产负债表日，企业应将交易性金融资产的公允价值变动记入当期损益

E. 资产负债表日，企业应将交易性金融资产的公允价值变动记入资本公积

2. 交易性金融资产科目贷方登记的内容有（　　）。

A. 出售的交易性金融资产

B. 资产负债表日公允价值高于账面价值的差额

C. 取得交易性金融资产所发生的相关交易费用

D. 资产负债表日公允价值低于账面价值的差额

3. 下列项目中，可作为交易性金融资产的有（　　）。

A. 企业以赚取差价为目的从二级市场购入的股票、债券和基金

B. 属于进行集中管理的可辨认金融工具组合的一部分，且有客观证据表明企业近期采用短期获利方式对该组合进行管理

C. 属于财务担保合同的衍生工具

D. 与在活跃市场中没有报价且其公允价值不能可靠计量的权益工具投资挂钩并须通过交付该权益工具结算的衍生工具

4. 取得交易性金融资产所发生的相关交易费用不应记入的科目有（　　）。

A. 交易性金融资产　　B. 投资收益　　C. 公允价值变动损益　　D. 营业外支出

5. 交易性金融资产，是指企业为了近期内出售、以赚取差价为目的，并有活跃市场的金融资产，包括为交易目的所持有的（　　）。

A. 债券投资　　B. 股票投资　　C. 基金投资　　D. 权证投资

三、判断题

1. 企业购入的股票作为交易性金融资产，发生的初始直接费用应计入初始投资成本。（　　）

2. 出售交易性金融资产的时候，确认的投资收益数额一定是取得的价款和交易性金融资产账面价值的差额。（　　）

3. 企业持有交易性金融资产期间，对于被投资单位宣告发放的现金股利应当确认为当期的投资收益。（　　）

4. 交易性金融资产处置时，只需要将公允价值变动损益当期的发生额转入投资收益科目即可。（　　）

5. 企业在持有以公允价值计量且其变动计入当期损益的金融资产期间取得的利息或现金股利，应当确认为投资收益。（　　）

6. 处置交易性金融资产时，其公允价值与初始入账金额之间的差额应确认为投资收益，不调整公允价值变动损益。（　　）

7. 企业取得的交易性金融资产为债券投资的，应当按照面值，借记“交易性金融资产——成本”科目。（　　）

四、计算分析题

1. 天成公司在2015年6月10日以每股15元的价格（其中包含已宣告但尚未发放的现金股利0.2元）购进某股票20万股确认为交易性金融资产，另支付相关税费1.2万元，6月15日如数收到宣告发放的现金股利，6月20日以每股13元又购进该股票10万股，支付相关税费0.6万元，6月30日该股票价格下跌到每股12元；9月20日以每股16元的价格将该股票18万股出售，支付相关税费1万元，2015年12月31日该股票剩余12万股，每股公允价值为17元，要求对该交易性金融资产计算：

（1）2015年末该交易性金融资产账面价值和“成本”明细科目、“公允价值变动”明细科目的金额。

（2）2015年发生的投资收益金额。

（3）2015年发生的“公允价值变动损益”金额。

（4）2015年上述业务对损益的总体影响。

（5）编制天成公司上述有关经济业务的会计分录。

2. 天成公司为工业生产企业，2015年1月1日，从二级市场支付价款204万元（含已到付息期但尚未领取的利息4万元）购入某公司发行的债券，另发生交易费用4万元。该批债券面值总额200万元，剩余期限为2年，票面年利率为4%，每半年付息一次，天成公司将其划分为交易性金融资产。其他资料如下：

（1）2015年1月5日，收到该债券2014年下半年利息4万元。

（2）2015年6月30日，该债券的公允价值为230万元（不含利息）。

（3）2015年7月5日，收到该债券当年上半年的利息。

（4）2015年12月31日，该债券的公允价值为220万元（不含利息）。

（5）2016 年 1 月 5 日，收到该债券 2015 年下半年的利息。

（6）2016 年 3 月 31 日，甲企业将该债券出售，取得价款 236 万元。

假定天成公司对外提供半年报，按半年确认公允价值变动损益并计提债券利息，不考虑其他因素。

要求：编制天成公司上述有关经济业务的会计分录。

3. 天成公司从市场上购入债券作为交易性金融资产，有关情况如下：

（1）2015 年 1 月 1 日购入某公司债券，共支付价款 1 025 万元（含债券应该发放的 2014 年下半年的利息），另支付交易费用 4 万元。该债券面值为 1 000 万元，于 2014 年 1 月 1 日发行，4 年期，票面利率为 5%，每年 1 月 2 日和 7 月 2 日付息，到期时归还本金和最后一次利息。

（2）天成公司于 2015 年 1 月 2 日收到该债券 2014 年下半年的利息。

（3）2015 年 6 月 30 日，该债券的公允价值为 990 万元（不含利息）。

（4）2015 年 7 月 2 日，收到该债券 2015 年上半年的利息。

（5）2015 年 12 月 31 日，该债券的公允价值为 980 万元（不含利息）。

（6）2016 年 1 月 2 日，收到该债券 2015 年下半年的利息。

（7）2016 年 3 月 31 日，天成公司将该债券以 1 015 万元价格售出，扣除手续费 5 万元后，将收款净额 1 010 万元存入银行。假定天成公司每年 6 月 30 日和 12 月 31 日对外提供财务报告。

要求：编制天成公司上述经济业务有关的会计分录。

4. 2015 年 5 月，天成公司以 240 万元购入乙公司股票 30 万股作为交易性金融资产，另支付手续费 5 万元。2015 年 6 月 30 日该股票每股市价为 7.5 元。2015 年 8 月 10 日，乙公司宣告分派现金股利，每股 0.20 元，8 月 20 日，天成公司收到分派的现金股利。至 2015 年 12 月 31 日，天成公司仍持有该项交易性金融资产，期末每股市价为 8.5 元。2016 年 1 月 5 日以 250 万元出售该交易性金融资产，扣除手续费 1 万元后，实际收到款项 249 万元存入银行。假定天成公司每年 6 月 30 日和 12 月 31 日对外提供财务报告。

要求：编制上述经济业务的会计分录。

5. 2015 年 5 月 10 日，天成公司以 620 万元（含已宣告但尚未领取的现金股利 20 万元）购入乙公司股票 200 万股作为交易性金融资产，另支付手续费 6 万元。5 月 30 日，天成公司收到现金股利 20 万元。2015 年 6 月 30 日，该股票每股市价为 3.2 元。2015 年 8 月 10 日，乙公司宣告分派现金股利，每股 0.20 元。8 月 20 日，天成公司收到分派的现金股利。至 12 月 31 日，天成公司仍持有该交易性金融资产，期末每股市价为 3.6 元。2016 年 1 月 3 日以 630 万元出售该交易性金融资产。假定天成公司每年 6 月 30 日和 12 月 31 日对外提供财务报告。

要求：

（1）编制上述经济业务的会计分录。

（2）计算该交易性金融资产的累计损益（答案中金额单位用万元表示）。

6. 2015 年 5 月 13 日，天成公司支付价款 1 060 000 元从二级市场购入乙公司发行的股票 100 000 股，每股价格 10.60 元（含已宣告但尚未发放的现金股利 0.60 元），另支付交易费用 1 000 元。天成公司将持有的乙公司股权划分为交易性金融资产。

甲公司其他相关资料如下：

（1）5 月 23 日，收到乙公司发放的现金股利。

（2）6 月 30 日，乙公司股票价格涨到每股 13 元。

（3）8 月 15 日，将持有的乙公司股票全部售出，每股售价 15 元。

要求：

编制天成公司上述有关经济业务的会计分录。

7. 天成公司有关投资资料如下：

（1）2015 年 3 月 1 日，以银行存款购入 A 公司股票 50 000 股，划分为交易性金融资产，每股买价 16 元，同时支付相关税费 4 000 元。

（2）2015 年 4 月 20 日，A 公司宣告发放现金股利，每股 0.4 元。

（3）2015 年 4 月 22 日，天成公司又购入 A 公司股票 50 000 股，划分为交易性金融资产，每股买价 18.4 元（其中包含已宣告发放尚未支取的股利每股 0.4 元），同时支付相关税费 6 000 元。

（4）2015 年 4 月 25 日，收到 A 公司发放的现金股利 40 000 元。

（5）2015 年 12 月 31 日，A 公司股票市价为每股 20 元。

（6）2016 年 2 月 20 日，天成公司出售其持有的 A 公司股票 100 000 股，实际收到现金 210 万元。

要求：

编制天成公司上述有关经济业务的会计分录。

8. 天成公司系上市公司，6 月 30 日、12 月 31 日对外提供财务报表。有关业务如下：

（1）1 月 6 日天成公司以赚取差价为目的从二级市场购入的一批债券作为交易性金融资产，面值总额为 100 万元，利率为 6%，3 年期，每半年付息一次，该债券为 2015 年 1 月 1 日发行。取得时公允价值为 115 万元，含已到付息期但尚未领取的 2015 年下半年的利息 3 万元，另支付交易费用 2 万元，全部价款以银行存款支付。

（2）1 月 16 日，收到 2015 年下半年的利息 3 万元。

（3）6 月 30 日，按债券票面利率计算利息。

（4）6 月 30 日，该债券公允价值为 122 万元。

（5）7 月 16 日，收到 2016 年上半年的利息 3 万元。

（6）12 月 31 日，按债券票面利率计算利息。

（7）12 月 31 日，该债券公允价值为 96 万元。

（8）2017 年 2 月 16 日，将该债券全部处置，实际收到价款 120 万元。

要求：

编制天成公司上述有关经济业务的会计分录。

项目五

存货的核算

【学习目标】

知识目标：了解存货的分类；理解存货的概念和确认的条件；掌握存货的初始计量、期末计量、发出存货的计量；掌握存货收发或领用、摊销的账务处理。

能力目标：能制定存货的相关管理制度；能简述存货与其他有形资产的区别；能做出原材料收、发、存的账务处理。

【情境导入】

天成公司为增值税一般纳税人，2012 年 10 月 9 日购入材料一批，取得的增值税专用发票上注明的价款和增值税税额见图 5－1。材料入库前的挑选整理费为 1 000 元，材料已验收入库。则该企业取得的该材料入账价值应为多少？

浙江增值税专用发票 No. 5724048

发 票 联

开票日期：2012 年 10 月 9 日

购货单位	名　　称：天成公司 纳税人登记号：329753665858657 地址、电话：绍兴市西山路 186 号　0575－88642165 开户行及账号：工商银行越城支行　23658205878365					密码区	（略）
货物或应税劳务名称	规格型号	单位	数量	单价	金额	税率	税额
纤维板		张	5 000	23	115 000	17	19 550
合计					115 000		19 550
价税合计（大写）	壹拾叁万肆仟伍佰伍拾元整				（小写）￥134 550.00		
销货单位	名　　称：临安木材有限责任公司 纳税人登记号：568127842301202 地址、电话：略 开户行及账号：工商银行临安支行					备注	临安木材有限责任公司 3301068889666 发票专用章

第二联：发票联　购货方记账

收款人：××　　复核：××　　开票人：××　　销货单位：（章）

图 5－1

任务一　原材料的核算

【任务描述】

本任务主要了解原材料的初始计量、期末计量、发出存货的计量。

【任务分析】

本任务要求学生通过学习原材料的收、发、存业务，掌握原材料的账务处理方法。

【知识准备及应用】

一、存货的内容

存货是指企业在日常活动中持有以备出售的产品或商品、处在生产过程中的在产品、在生产过程或提供劳务过程中耗用的材料或物料等，包括各类材料、在产品、半成品、产成品、商品以及包装物、低值易耗品、委托代销商品等。

二、存货成本的确定

存货应当按照成本进行初始计量。存货成本包括采购成本、加工成本和其他成本。

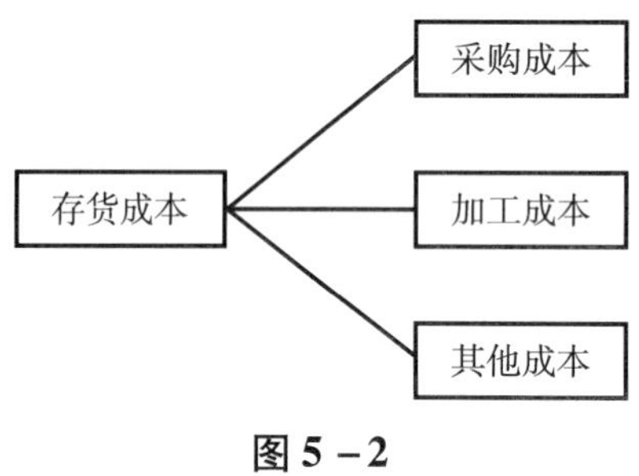

图5－2

1. 存货的采购成本。存货的采购成本，包括购买价款、相关税费、运输费、装卸费、保险费以及其他可归属于存货采购成本的费用。

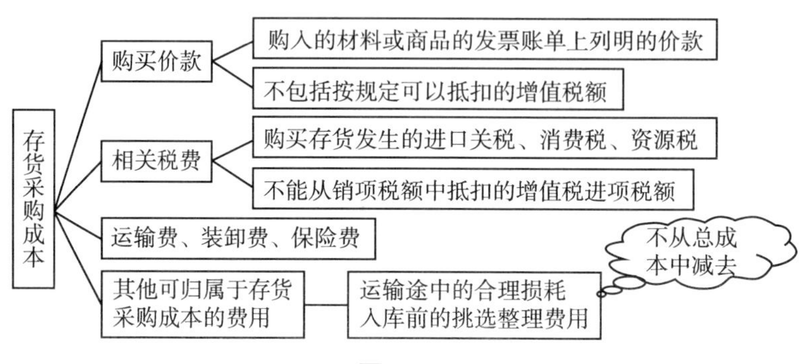

图5－3

其中，存货的购买价款是指企业购入的材料或商品的发票账单上列明的价款，但不包括按照规定可以抵扣的增值税税额。

存货的相关税费是指企业购买存货发生的进口关税、消费税、资源税不能抵扣的增值税进项税额以及相应的教育费附加等应计入存货采购成本的税费。

其他可归属于存货采购成本的费用是指采购成本中除上述各项以外的可归属于存货采购的费用，如在存货采购过程中发生的仓储费、包装费、运输途中合理损耗、入库前的挑选整理费用等。运输途中的合理损耗，是指商品在运输过程中，因商品性质、自然条件及技术设备等因素，所发生的自然的或不可避免的损耗。例如，汽车在运输煤炭、化肥等过程中自然散落以及易挥发产品在运输过程中的自然挥发。

商品流通企业在采购商品过程中发生的运输费、装卸费、保险费以及其他可归属于存货采购成本的费用等进货费用，应当计入存货采购成本，也可以先进行归集，期末根据所购商品的存销情况进行分摊。对于已售商品的进货费用，计入主营业务成本；对于未售商品的进货费用，计入期末存货成本。企业采购商品的进货费用金额较小的，可以在发生时直接计入当期损益。

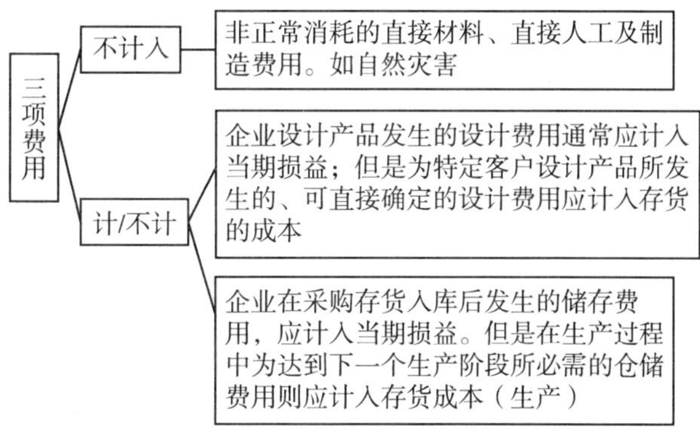

图 5－4

【同步操练 5－1】 下列税金中，不应计入存货成本的是（　　）。

A. 一般纳税企业进口原材料支付的关税

B. 一般纳税企业购进原材料支付的增值税

C. 小规模纳税企业购进原材料支付的增值税

D. 一般纳税企业进口应税消费品支付的消费税

一般纳税企业购进原材料支付的增值税不计入存货成本，小规模纳税企业购进原材料支付的增值税计入存货成本。购入存货发生的相关的税费归属于存货采购成本费用包括企业购买存货发生的进口关税、消费税、资源税和不能抵扣的增值税进项税额以及相应的教育费附加等应计入存货采购成本的税费。

【同步操练 5－2】 下列各项中，构成工业企业外购存货入账价值的有（　　）。

A. 买价　　B. 运杂费

C. 运输途中的合理损耗　　D. 入库前的挑选整理费用

购入的存货，其实际成本包括买价、运杂费、运输途中的合理损耗，入库前的挑选整理费用等。

2. 存货的加工成本。存货的加工成本是指在存货的加工过程中发生的追加费用，包括直接人工以及按照一定方法分配的制造费用。

3. 存货的其他成本。存货的其他成本是指除采购成本、加工成本以外的，使存货达到目前场所和状态所发生的其他支出。

企业设计产品发生的设计费用通常应计入当期损益，但是为特定客户设计产品所发生的、可直接确定的设计费用应计入存货的成本。

【任务评价】

存货的成本，实务中具体按以下原则确定：

（1）购入的存货，其成本包括：买价、运杂费（包括运输费、装卸费、保险费、包装费、仓储费等）、运输途中的合理损耗、入库前的挑选整理费用以及按规定应计入成本的税费和其他费用。

（2）自制的存货，其成本包括直接材料、直接人工和制造费用等的各项实际支出。

（3）委托外单位加工完成的存货，其成本包括实际耗用的原材料或者半成品、加工费、装卸费、保险费、委托加工的往返运输费等费用以及按规定应计入成本的税费。

下列费用不应计入存货成本，而应在其发生时计入当期损益：

（1）非正常消耗的直接材料、直接人工和制造费用，应在发生时计入当期损益，不应计入存货成本。

（2）仓储费用，指企业在存货采购入库后发生的储存费用，应在发生时计入当期损益。

（3）不能归属于使存货达到目前场所和状态的其他支出，应在发生时计入当期损益，不得计入存货成本。

【同步操练 5-3】 某企业为增值税小规模纳税人，本月购入甲材料 2 060 公斤，每公斤单价（含增值税）50 元，另外支付运杂费 3 500 元，运输途中发生合理损耗 60 公斤，入库前发生挑选整理费用 620 元。该批材料入库的实际单位成本为每公斤（　　）元。

A. 50　　B. 51.81　　C. 52　　D. 53.56

三、发出存货的计价方法

日常工作中，企业发出的存货，可以按实际成本核算，也可以按计划成本核算。如采用计划成本核算，会计期末应调整为实际成本。

在实际成本核算方式下，企业可以采用的发出存货成本的计价方法包括个别计价法、先进先出法、月末一次加权平均法、移动加权平均法等（见图 5-5）。

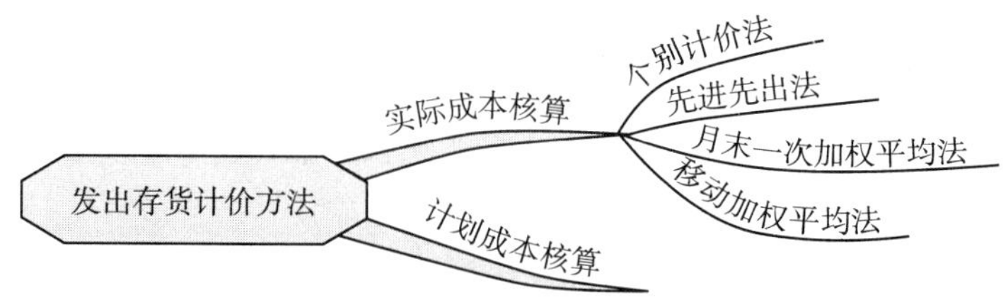

图 5-5

1. 个别计价法。按照各种存货逐一辨认各批发出存货和期末存货所属的购进批别或生产批别。

个别计价法的成本计算准确，但工作量较大。因此，这种方法适用于一般不能替代使用的存货、为特定项目专门购入或制造的存货以及提供的劳务，如珠宝、名画等贵重物品。

【同步操练 5-4】 甲公司 2016 年 5 月 D 商品的收入、发出及购进单位成本如表 5-1 所示。

表 5-1　　D 商品购销明细账　　单位：元

日期		摘要	收入			发出			结存		
月	日		数量（件）	单价	金额	数量（件）	单价	金额	数量（件）	单价	金额
5	1	期初余额							150	10	1 500
	5	购入	100	12	1 200				250		
	11	销售				200			50		
	16	购入	200	14	2 800				250		
	20	销售				100			150		
	23	购入	100	15	1 500				250		
	27	销售				100			150		
	30	本期合计	400	—	5 500	400	—		150		

假设经过具体辨认，本期发出存货的单位成本如下：5 月 11 日发出的 200 件存货中，100 件系期初结存存货，单位成本为 10 元，100 件作为 5 日购入存货，单位成本为 12 元；5 月 20 日发出的 100 件存货系 16 日购入，单位成本为 14 元；5 月 27 日发出的 100 件存货中，50 件为期初结存，单位成本为 10 元，50 件为 23 日购入，单位成本为 15 元。按照个别认定法，甲公司 5 月 D 商品收入、发出与结存情况如表 5-2 所示。

表 5-2　　D 商品购销明细账（个别认定法）　　单位：元

日期		摘要	收入			发出			结存		
月	日		数量（件）	单价	金额	数量（件）	单价	金额	数量（件）	单价	金额
5	1	期初余额							150	10	1 500
	5	购入	100	12	1 200				150 100	10 12	1 500 1 200
	11	销售				100 100	10 12	1 000 1 200	50	10	500
	16	购入	200	14	2 800				50 200	10 14	500 2 800
	20	销售				100	14	1 400	50 100	10 14	500 1 400

续表

日期		摘要	收入			发出			结存		
月	日		数量（件）	单价	金额	数量（件）	单价	金额	数量（件）	单价	金额
	23	购入	100	15	1 500				50 100 100	10 14 15	500 1 400 1 500
	27	销售				50 50	10 15	500 750	100 50	14 15	1 400 750
	30	本期合计	400	—	5 500	400	—	4 850	100 50	14 15	1 400 750

从表 5－2 可知，天成公司本期发出存货成本及期末结转存货成本如下：

本期发出存货成本 $=100\times10+100\times12+100\times14+50\times10+50\times15=4\ 850$（元）

期末结存存货成本 = 期初结存存货成本 + 本期购入存货成本 － 本期发出存货成本 = $150\times10+100\times12+200\times14+100\times15-4\ 850=2\ 150$（元）

2. 先进先出法，是指以先购入的存货应先发出（销售或耗用）这样一种存货实物流动假设为前提，对发出存货进行计价的一种方法。采用这种方法，先购入的存货成本在后购入存货成本之前转出，据此确定发出存货和期末存货的成本。具体方法是：收入存货时，逐笔登记收入存货的数量、单价和金额；发出存货时，按照先进先出的原则逐笔登记存货的发出成本和结存金额。

先进先出法可以随时结转存货发出成本，但较烦琐；如果存货收发业务较多且存货单价不稳定时，其工作量较大。在物价持续上升时，期末存货成本接近于市价，而发出成本偏低，会高估企业当期利润和库存存货价值；反之，会低估企业存货价值和当期利润。

【同步操练 5－5】 假设天成公司 D 商品本期收入、发出和结存情况如表 5－3 所示。从表 5－3 可以看出存货成本的计价顺序，如 11 日发出的 200 件存货，按先进先出法的流转顺序，应先发出期初库存存货 1 500（150 × 10）元，然后再发出 5 日购入的 50 件，即 600（50 × 12）元，其他以此类推。从表 5－3 可以看出，使用先进先出法得出的发出存货成本和期末存货成本分别为 4 800 元和 2 200 元。

表 5－3　　D 商品购销明细账（先进先出法）　　单位：元

日期		摘要	收入			发出			结存		
月	日		数量（件）	单价	金额	数量（件）	单价	金额	数量（件）	单价	金额
5	1	期初余额							150	10	1 500
	5	购入	100	12	1 200				150 100	10 12	1 500 1 200
	11	销售				150 50	10 12	1 500 600	50	12	600

续表

日期		摘要	收入			发出			结存		
月	日		数量（件）	单价	金额	数量（件）	单价	金额	数量（件）	单价	金额
	16	购入	200	14	2 800				50 200	12 14	600 2 800
	20	销售				50 50	12 14	600 700	150	14	2 100
	23	购入	100	15	1 500				150 100	14 15	2 100 1 500
	27	销售				100	14	1 400	50 100	14 15	700 1 500
	30	本期合计	400	—	5 500	400	—	4 800	50 100	14 15	700 1 500

天成公司日常账面记录显示，D 商品期初结存存货为 1 500（150×10）元，本期购入存货三批，按先后顺序分别为：100×12、200×14、100×15。假设经过盘点，发现期末库存 150 件。则本期发出存货为 400 件。

发出存货成本＝150×10＋50×12＋50×12＋50×14＋100×14＝4 800（元）

期末存货成本＝50×14＋100×15＝2 200（元）

【同步操练 5－6】 某企业采用先进先出法计算发出原材料的成本。2016 年 9 月 1 日，甲材料结存 200 千克，每千克实际成本为 300 元；9 月 7 日购入甲材料 350 千克，每千克实际成本为 310 元；9 月 21 日购入甲材料 400 千克，每千克实际成本为 290 元；9 月 28 日发出甲材料 500 千克。9 月甲材料发出成本为（　　）元。

A. 145 000　　B. 150 000　　C. 153 000　　D. 155 000

【同步操练 5－7】 某企业采用先进先出法计算发出甲材料的成本，2016 年 2 月 1 日，结存甲材料 200 千克，每千克实际成本 100 元；2 月 10 日购入甲材料 300 千克，每千克实际成本 110 元；2 月 15 日发出甲材料 400 千克。2 月末，库存甲材料的实际成本为（　　）元。

A. 10 000　　B. 10 500　　C. 10 600　　D. 11 000

3. 月末一次加权平均法，是指以本月全部进货数量加上月初存货数量作为权数，去除本月全部进货成本加上月初存货成本，计算出存货的加权平均单位成本，以此为基础计算本月发出存货的成本和期末存货的成本的一种方法。计算公式如下：

$$存货单位成本=[月初库存存货+\sum(本月各批进货的实际单位成本\times本月各批进货的数量)]\div(月初库存存货的数量+本月各批进货数量之和)$$

$$本月发出存货的成本=本月发出存货的数量\times存货单位成本$$

$$本月月末库存存货成本=月末库存存货的数量\times存货单位成本$$

或：

$$本月月末库存存货成本=月初库存存货的实际成本+本月收入存货的实际成本$$

－本月发出存货的实际成本

【同步操练5－8】假设天成公司采用加权平均法，则5月D商品的平均单位成本为：

5月D商品平均单位成本

＝(期初结存存货金额＋本期购入存货金额)÷(期初存货结存数量＋本期购入存货数量)

＝(150×10＋100×12＋200×14＋100×15)÷(150＋100＋200＋100)≈12.727（元）

5月D商品的发出存货成本＝400×12.727＝5 090.8（元）

【同步操练5－9】天成公司采用月末一次加权平均法计算发出原材料的成本。2016年2月1日，甲材料结存200千克，每千克实际成本为100元；2月10日购入甲材料300千克，每千克实际成本为110元；2月25日发出甲材料400千克。2月末，甲材料的库存余额为（　　）元。

A. 10 000　　B. 10 500　　C. 10 600　　D. 11 000

【同步操练5－10】天成公司2016年7月1日结存甲材料100千克，每千克实际成本1 000元。本月发生如下有关业务：

(1) 3日，购入甲材料50千克，每千克实际成本1 050元，材料已验收入库。

(2) 5日，发出甲材料80千克。

(3) 7日，购入甲材料70千克，每千克实际成本980元，材料已验收入库。

(4) 12日，发出甲材料130千克。

(5) 20日，购入甲材料80千克，每千克实际成本1 100元，材料已验收入库。

(6) 25日，发出甲材料30千克。

要求：

(1) 假定天成公司原材料采用实际成本核算，发出材料采用先进先出法，请根据上述资料，计算甲材料5日、25日发出材料的成本以及期末结存的成本。

(2) 假定天成公司原材料采用实际成本核算，发出材料采用加权平均法，请根据上述资料计算天成公司当月结存材料的实际成本和发出材料的实际成本（小数点后保留两位）。

(1) 先进先出法：

甲材料5日发出的成本＝80×1 000＝80 000（元）

甲材料25日发出的成本＝10×980＋20×1 100＝31 800（元）

期末结存的成本＝60×1 100＝66 000（元）

(2) 加权平均法：

甲材料的加权平均单价＝(100×1 000＋50×1 050＋70×980＋80×1 100)÷(100＋50＋70＋80)＝1 030.33（元/公斤）

月末结存材料的实际成本＝(100＋50＋70＋80－80－130－30)×1 030.33＝61 819.8（元）

当月发出材料的实际成本＝(100×1 000＋50×1 050＋70×980＋80×1 100)－61 819.8＝247 280.2（元）

4. 移动加权平均法，是指以每次进货的成本加上原有库存存货的成本，除以每次进货数量加上原有库存存货的数量，据以计算加权平均单位成本，作为在下次进货前计算各次发出存货成本依据的一种方法。计算公式如下：

$$存货单位成本=\frac{库存原有存货的实际成本+本次进货的实际成本}{原有库存存货数量+本次进货数量}$$

本次发出存货的成本 = 本次发出存货的数量 × 本次发货前存货的单位成本

本月月末库存存货成本 = 月末库存存货的数量 × 本月月末存货单位成本

【同步操练 5 - 11】 承【同步操练 5 - 5】假设天成公司采用移动加权平均法核算企业存货，作为 D 商品本期收入、发出和结存情况如表 5 - 4 所示。从表 5 - 4 可以看出，存货的平均成本从期初的 10 元变为期中的 10.8 元、13.36 元，再变成期末的 14.016 元。各平均成本计算如下：

5 月 5 日购入存货后的平均单位成本 = (150 × 10 + 100 × 12) ÷ (150 + 100) = 10.8（元）

5 月 16 日购入存货后的平均单位成本 = (50 × 10.8 + 200 × 14) ÷ (50 + 200) = 13.36（元）

5 月 23 日购入存货后的平均单位成本 = (150 × 13.36 + 100 × 15) ÷ (150 + 100) = 14.016（元）

如表 5 - 4 所示，采用加权平均成本法得出的本期发出存货成本和期末结存存货成本分别为 4 897.36 元和 2 102.4 元。

表 5 - 4　D 商品购销明细账（移动加权平均法）　单位：元

日期		摘要	收入			发出			结存		
月	日		数量（件）	单价	金额	数量（件）	单价	金额	数量（件）	单价	金额
5	1	期初余额							150	10	1 500
	5	购入	100	12	1 200				250	10.8	2 700
	11	销售				200	10.8	2 160	50	10.8	540
	16	购入	200	14	2 800				250	13.36	3 340
	20	销售				100	13.36	1 336	150	13.36	2 004
	23	购入	100	15	1 500				250	14.016	3 504
	27	销售				100	14.016	1 401.6	150	14.016	2 102.4
	30	本期合计	400	—	5 500	400	—	4 897.6	150	14.016	2 102.4

【任务评价】

存货发出计价方法见表 5 - 5。

表 5 - 5　存货发出计价方法比较

方　法	比　较
个别计价法	适用于一般不能替代使用的存货、为特定项目专门购入或制造的存货以及提供的劳务，如珠宝、名画等贵重物品
先进先出法	在物价持续上升时，而发出成本偏低，会高估企业当期利润和库存存货价值；反之，会低估企业存货价值和当期利润。期末存货成本接近于市价
加权平均法	= (月初存货结存金额 + 本期购入存货金额) ÷ (月初存货结存数量 + 本期购入存货数量)
移动加权平均法	= (原有库存的实际成本 + 本次进货的实际成本) ÷ (原有存货数量 + 本次进货数量)

四、原材料的核算

原材料是指企业在生产过程中经过加工改变其形态或性质并构成产品主要实体的各种原料、主要材料和外购半成品，以及不构成产品实体但有助于产品形成的辅助材料。原材料具体包括原料及主要材料、辅助材料、外购半成品（外购件）、修理用备件（备品备件）、包装材料、燃料等。

原材料的日常收发及结存可以采用实际成本核算，也可以采用计划成本核算。

（一）采用实际成本核算

1. 原材料核算应设置的会计科目。材料采用实际成本核算时，材料的收发及结存，无论总分类核算还是明细分类核算，均按照实际成本计价。使用的会计科目有“原材料”、“在途物资”等，“原材料”科目的借方、贷方及余额均以实际成本计价，不存在成本差异的计算与结转问题。但采用实际成本核算，日常反映不出材料成本是节约还是超支，从而不能反映和考核物资采购业务的经营成果。因此这种方法通常适用于材料收发业务较少的企业。在实务工作中，对于材料收发业务较多并且计划成本资料较为健全、准确的企业，一般可以采用计划成本进行材料收发的核算。

原材料

入库材料的实际成本	发出材料的实际成本
期末余额：反映企业库存材料的实际成本	

在途物资

在途物资的实际成本	验收入库的在途物资的实际成本
期末余额：反映在途物资的实际成本	

2. 货款已支付，货未收到。

【同步操练 5－12】天成公司采用汇兑结算方式购入 F 材料一批，发票及账单已收到，增值税专用发票上记载的货款为 20 000 元，增值税税额为 3 400 元。支付保险费 1 000 元，材料尚未到达。天成公司应编制如下会计分录：

借：在途物资　　21 000

　　应交税费——应交增值税（进项税额）　　3 400

　　贷：银行存款　　24 400

上述购入的 F 材料已收到，并验收入库。天成公司应编制如下会计分录：

借：原材料——F 材料　　21 000

　　贷：在途物资　　21 000

货款尚未支付，材料已经验收入库。

【同步操练5－13】天成公司采用托收承付结算方式购入G材料一批，增值税专用发票上记载的货款为50 000元，增值税税额为8 500元，对方代垫包装费1 000元。银行转来的结算凭证已到，款项尚未支付，材料已验收入库。天成公司应编制如下会计分录：

借：原材料——G材料　　51 000
　　应交税费——应交增值税（进项税额）　　8 500
　　贷：应付账款　　59 500

【同步操练5－14】天成公司购入H材料一批，材料已验收入库，月末发票账单尚未收到也无法确定其实际成本，暂估价值为30 000元。天成公司应编制如下会计分录：

借：原材料——H材料　　30 000
　　贷：应付账款——暂估应付账款　　30 000

下月初作相反的会计分录予以冲回：

借：应付账款——暂估应付账款　　30 000
　　贷：原材料——H材料　　30 000

在这种情况下，发票账单未到也无法确定实际成本，期末应按照暂估价值先入账，但在下月初作相反的会计分录予以冲回，收到发票账单后再按照实际金额记账。即对于材料已到达并已验收入库，但发票账单等结算凭证未到，货款尚未支付的采购业务，应于期末按材料的暂估价值，借记"原材料"科目，贷记"应付账款——暂估应付账款"科目。下月初作相反的会计分录予以冲回，以便下月付款或开出、承兑商业汇票后，按正常程序，借记"原材料"、"应交税费——应交增值税（进项税额）"科目，贷记"银行存款"或"应付票据"等科目。

【同步操练5－15】上述购入的H材料于次月收到发票账单，增值税专用发票上记载的货款为31 000元，增值税税额为5 270元，对方代垫保险费2 000元，已用银行存款付讫。天成公司应编制如下会计分录：

借：原材料——H材料　　33 000
　　应交税费——应交增值税（进项税额）　　5 270
　　贷：银行存款　　38 270

3. 货款已经预付，材料尚未验收入库。

【同步操练5－16】根据与××钢厂的购销合同规定，天成公司为购买J材料向该钢厂预付100 000元货款的80%，计80 000元，已通过汇兑方式汇出。天成公司应编制如下会计分录：

借：预付账款——××钢厂　　80 000
　　贷：银行存款　　80 000

【同步操练5－17】天成公司收到该钢厂发来的J材料，已验收入库。增值税专用发票上注明该批货物的货款100 000元，增值税税额为17 000元，对方代垫包装费3 000元，所欠款项以银行存款付讫。天成公司应编制如下会计分录：

（1）材料入库时：

借：原材料——J材料　　103 000
　　应交税费——应交增值税（进项税额）　　17 000

贷：预付账款　　120 000

（2）补付货款时：

借：预付账款　　40 000

贷：银行存款　　40 000

4. 发出材料。企业各生产单位及有关部门领用的材料具有种类多、业务频繁等特点。为了简化核算，可以在月末根据“领料单”或“限额领料单”中有关领料的单位、部门等加以归类，编制“发料凭证汇总表”，据以编制记账凭证、登记入账。发出材料实际成本的确定，可以由企业从上述个别计价法、先进先出法、月末一次加权平均法、移动加权平均法等方法中选择。计价方法一经确定，不得随意变更。如需变更，应在财务报表附注中予以说明。

【同步操练5－18】 天成公司根据“发料凭证汇总表”的记录。1月基本生产车间领用K材料500 000元，辅助生产车间领用K材料40 000元，车间管理部门领用K材料5 000元，企业行政管理部门领用K材料4 000元，计549 000元。天成公司应编制如下会计分录：

借：生产成本——基本生产成本　　500 000

——辅助生产成本　　40 000

制造费用　　5 000

管理费用　　4 000

贷：原材料——K材料　　549 000

（二）采用计划成本核算

1. 原材料核算应设置的会计科目。材料采用计划成本核算时，材料的收发及结存，无论总分类核算还是明细分类核算，均按照计划成本计价。使用的会计科目有“原材料”、“材料采购”、“材料成本差异”等。材料实际成本与计划成本的差异，通过“材料成本差异”科目核算。月末，计算本月发出材料应负担的成本差异并进行分摊，根据领用材料的用途计入相关资产的成本或者当期损益，从而将发出材料的计划成本调整为实际成本。

“原材料”科目用于核算库存各种材料的收发与结存情况。在材料采用计划成本核算时，本科目的借方登记入库材料的计划成本，贷方登记发出材料的计划成本，期末余额在借方，反映企业库存材料的计划成本。

“材料采购”科目借方登记采购材料的实际成本，贷方登记入库材料的计划成本。借方大于贷方表示超支，从“材料采购”科目贷方转入“材料成本差异”科目的借方；贷方大于借方表示节约，从“材料采购”科目借方转入“材料成本差异”科目的贷方；期末为借方余额，反映企业材料的采购成本。

“材料成本差异”科目反映企业已入库各种材料的实际成本与计划成本的差异，借方登记超支差异及发出材料应负担的节约差异，贷方登记节约差异及发出材料应负担的超支差异。期末如为借方余额，反映企业库存材料的实际成本大于计划成本的差异（即超支差异）；如为贷方余额，反映企业库存材料实际成本小于计划成本的差异（即节约差异）。

2. 原材料的账务处理。

（1）购入材料。

① 货款已经支付，同时材料验收入库。

【同步操练 5－19】天成公司购入 L 材料一批，增值税专用发票上注明的价款为 3 000 000 元，增值税税额为 510 000 元，发票账单已收到，计划成本为 3 200 000 元，已验收入库，全部款项以银行存款支付。天成公司应编制如下会计分录：

借：材料采购——L 材料　　3 000 000
　　应交税费——应交增值税（进项税额）　　510 000
　　贷：银行存款　　3 510 000

在计划成本法下，购入的材料无论是否验收入库，都要先通过“材料采购”科目进行核算，以反映企业所购材料的实际成本，从而与“原材料”科目相比较，计算确定材料差异成本。

② 货款已经支付，材料尚未验收入库。

【同步操练 5－20】天成公司采用汇兑结算方式购入 M1 材料一批，增值税专用发票上注明的价款为 200 000 元，增值税税额为 34 000 元，发票账单已收到，计划成本为 180 000 元，材料尚未入库，款项已用银行存款支付。天成公司应编制如下会计分录：

借：材料采购——M1 材料　　200 000
　　应交税费——应交增值税（进项税额）　　34 000
　　贷：银行存款　　234 000

③ 货款尚未支付，材料已经验收入库。

【同步操练 5－21】天成公司采用商业承兑汇票支付方式购入 M2 材料一批，增值税专用发票上注明的价款为 500 000 元，增值税税额为 85 000 元，发票账单已收到，计划成本为 520 000 元，材料已验收入库。天成公司应编制如下会计分录：

借：材料采购——M2 材料　　500 000
　　应交税费——应交增值税（进项税额）　　85 000
　　贷：应付票据　　585 000

【同步操练 5－22】天成公司购入 M3 材料一批，材料已验收入库，发票账单未到，月末应按照计划成本 600 000 元估价入账。天成公司应编制如下会计分录：

借：原材料　　600 000
　　贷：应付账款——暂估应付账款　　600 000

下月初作相反的会计分录予以冲回：

借：应付账款——暂估应付账款　　600 000
　　贷：原材料　　600 000

在这种情况下，对于尚未收到发票账单的收料凭证，月末应按计划成本暂估入账，借记“原材料”等科目，贷记“应付账款——暂估应付账款”科目，下月初作相反分录予以冲回，借记“应付账款——暂估应付账款”科目，贷记“原材料”科目。

企业购入验收入库的材料，按计划成本，借记“原材料”科目，贷记“材料采购”科目，按实际成本大于计划成本的差异，借记“材料成本差异”科目，贷记“材料采购”科目；实际成本小于计划成本的差异，借记“材料采购”科目，贷记“材料成本差异”科目。

【同步操练 5－23】月末，天成公司汇总本月已付款或已开出并承兑商业汇票的入库材料的计划成本 3 720 000（3 200 000＋520 000）元。天成公司应编制如下会计分录：

借：原材料——L 材料　　3 200 000
　　　　　——M2 材料　　520 000
　　贷：材料采购——L 材料　　3 200 000
　　　　　　　　——M2 材料　　520 000

上述入库材料的实际成本为 3 500 000（3 000 000 + 500 000）元，入库材料的成本差异为节约 220 000（3 500 000 - 3 720 000）元。

借：材料采购——L 材料　　200 000
　　　　　　——M2 材料　　20 000
　　贷：材料成本差异——L 材料　　200 000
　　　　　　　　　　——M2 材料　　20 000

或：

借：原材料——L 材料　　3 200 000
　　　　　——M2 材料　　520 000
　　贷：材料采购——L 材料　　3 000 000
　　　　　　　　——M2 材料　　500 000
材料成本差异——L 材料　　200 000
　　　　　　——M2 材料　　20 000

（2）发出材料。月末，天成公司根据领料单等编制“发料凭证汇总表”结转发出材料的计划成本，应当根据所发出材料的用途，按计划成本分别记入“生产成本”、“制造费用”、“销售费用”、“管理费用”等科目，同时结转材料成本差异。

【同步操练 5 - 24】 天成公司根据“发料凭证汇总表”的记录，某月 L 材料的消耗（计划成本）为：基本生产车间领用 2 000 000 元，辅助生产车间领用 600 000 元，车间管理部门领用 250 000 元，企业行政管理部门领用 50 000 元。天成公司应编制如下会计分录：

借：生产成本——基本生产成本　　2 000 000
　　　　　　——辅助生产成本　　600 000
　　制造费用　　250 000
　　管理费用　　50 000
　　贷：原材料——L 材料　　2 900 000

根据《企业会计准则第 1 号——存货》的规定，企业日常采用计划成本核算的，发出的材料成本应由计划成本调整为实际成本，通过“材料成本差异”科目进行结转，按照所发出材料的用途，分别记入“生产成本”、“制造费用”、“销售费用”、“管理费用”等科目。发出材料应负担的成本差异应当按期（月）分摊，不得在季末或年末一次计算。

本期材料成本差异率 =（期初结存材料的成本差异 + 本期验收入库材料的成本差异）/（期初结存材料的计划成本 + 本期验收入库材料的计划成本）× 100%

发出材料应负担的成本差异 = 发出材料的计划成本 × 本期材料成本差异率

如果企业的材料成本差异率各期之间是比较均衡的，也可以采用期初材料成本率分摊本期的材料成本差异。年度终了，应对材料成本差异率进行核实调整。

期初材料成本差异率＝期初结存材料的成本差异/期初结存材料的计划成本×100%

发出材料应负担的成本差异＝发出材料的计划成本×期初材料成本差异率

【同步操练5－25】 天成公司某月月初结存L材料的计划成本为1 000 000元，成本差异为超支30 740元；当月入库L材料的计划成本3 200 000元，成本差异为节约200 000元。则：

材料成本差异率＝(30 740－200 000)/(1 000 000＋3 200 000)×100%＝－4.03%

结转发出材料的成本差异，天成公司应编制如下会计分录：

借：材料成本差异——L材料　　116 870

　　贷：生产成本——基本生产成本　　80 600

　　　　　　　　——辅助生产成本　　24 180

　　　　制造费用　　10 075

　　　　管理费用　　2 015

本例中，基本生产成本应分摊的材料成本差异节约额为80 600（2 000 000×4.03%）元，辅助生产成本应分摊的材料成本差异节约额为24 180（600 000×4.03%）元，制造费用应分摊的材料成本差异节约额为10 075（250 000×4.03%）元，管理费用应分摊的材料成本差异节约额为2 015（50 000×4.03%）元。

【任务评价】

1. 办理实际成本法下原材料取得、发出的计价与核算。
2. 办理计划成本法下原材料取得、发出的计价与核算。

任务二　周转材料的核算

【任务描述】

本任务主要了解周转材料的初始计量、期末计量、发出的计量。

【任务分析】

本任务要求学生通过学习周转材料的收、发、存业务，掌握周转材料的财务处理。

【知识准备及应用】

一、包装物核算

（一）包装物的内容

包装物是指为了包装本企业商品而储备的各种包装容器，如桶、箱、瓶、坛、袋等。其核算内容包括：

1. 生产过程中用于包装产品作为产品组成部分的包装物。
2. 随同商品出售而不单独计价的包装物。
3. 随同商品出售单独计价的包装物。
4. 出租或出借给购买单位使用的包装物。

（二）包装物的账务处理

为了反映和监督包装物的增减变动及其价值损耗、结存等情况，企业应当设置“周转材料——包装物”科目进行核算，借方登记包装物的增加，贷方登记包装物的减少，期末余额在借方，通常反映企业期末结存包装物的金额。

对于生产领用包装物，应根据领用包装物的实际成本或计划成本，借记“生产成本”科目，贷记“周转材料——包装物”、“材料成本差异”等科目。随同商品出售而不单独计价的包装物，应于包装物发出时，按其实际成本计入销售费用。随同商品出售而单独计价的包装物，一方面应反映其销售收入，计入其他业务收入；另一方面应反映其实际销售成本，计入其他业务成本。多次使用的包装物应当根据使用次数分次进行摊销。

1. 生产领用包装物，应按照领用包装物的实际成本，借记“生产成本”科目，按照领用包装物的计划成本，贷记“周转材料——包装物”科目，按照其差额，借记或贷记“材料成本差异”科目。

【同步操练 5－26】 天成公司对包装物采用计划成本核算，某月生产产品领用包装物的计划成本为 100 000 元，材料成本差异率为 －3%。天成公司应编制如下会计分录：

借：生产成本　　97 000
　　材料成本差异　　3 000
　　贷：周转材料——包装物　　100 000

2. 随同商品出售包装物。随同商品出售而不单独计价的包装物，应按其实际成本计入销售费用，借记“销售费用”科目，按其计划成本，贷记“周转材料——包装物”科目，按其差额，借记或贷记“材料成本差异”科目。

【同步操练 5－27】 天成公司某月销售商品领用不单独计价包装物的计划成本为 50 000 元。材料成本差异率为 －3%。天成公司应编制如下会计分录：

借：销售费用　　48 500
　　材料成本差异　　1 500
　　贷：周转材料——包装物　　50 000

【同步操练 5－28】 甲公司某月销售商品领用单独计价包装物的计划成本为 80 000 元，销售收入为 100 000 元，增值税税额为 17 000 元，款项已存入银行。该包装物的材料成本差异率为 3%。甲公司应编制如下会计分录：

（1）出售单独计价包装物时：

借：银行存款　　1 17 000
　　贷：其他业务收入　　100 000
　　　　应交税费——应交增值税（销项税额）　　17 000

（2）结转所售单独计价包装物的成本：

借：其他业务成本　　82 400
　　贷：周转材料——包装物　　80 000
　　　　材料成本差异　　2 400

二、低值易耗品的核算

（一）低值易耗品的内容

作为存货核算和管理的低值易耗品，一般划分为一般工具、专用工具、替换设备、管理用具、劳动保护用品和其他低值易耗品。

（二）低值易耗品的账务处理

为了反映和监督低值易耗品的增减变动及其结存情况，企业应当设置“周转材料——低值易耗品”科目，借方登记低值易耗品的增加，贷方登记低值易耗品的减少，期末余额在借方，通常反映企业期末结存低值易耗品的金额。

低值易耗品等企业的周转材料符合存货定义和条件的，按照使用次数分次计入成本费用。金额较小的，可在领用时一次计入成本费用，以简化核算，但为加强实物管理，应当在备查簿上进行登记。

采用分次摊销法摊销低值易耗品，低值易耗品在领用时摊销其账面价值的单次平均摊销额。分次摊销法适用于可供多次反复使用的低值易耗品。在采用分次摊销法的情况下，需要单独设置“周转材料——低值易耗品——在用”、“周转材料——低值易耗品——在库”和“周转材料——低值易耗品——摊销”明细科目。

【同步操练 5－29】 天成公司的基本生产车间领用专用工具一批，实际成本为100 000元，不符合固定资产定义，采用分次摊销法进行摊销。该专用工具的估计使用次数为两次。天成公司应编制如下会计分录：

（1）领用专用工具时：

借：周转材料——低值易耗品——在用　　100 000

　　贷：周转材料——低值易耗品——在库　　100 000

（2）第一次领用时摊销其价值的一半：

借：制造费用　　50 000

　　贷：周转材料——低值易耗品——摊销　　50 000

（3）第二次领用时摊销其价值的一半：

借：制造费用　　50 000

　　贷：周转材料——低值易耗品——摊销　　50 000

同时：

借：周转材料——低值易耗品——摊销　　100 000

　　贷：周转材料——低值易耗品——在用　　100 000

【同步操练 5－30】 下列各项中，关于周转材料会计处理表述正确的有（　　）。

A. 多次使用的包装物应根据使用次数分次进行摊销

B. 低值易耗品金额较小的可在领用时一次计入成本费用

C. 随同商品销售出借的包装物的摊销额应计入管理费用

D. 随同商品出售单独计价的包装物取得的收入应计入其他业务收入

【任务评价】

包装物，是指为了包装本企业商品而储备的各种包装容器，如桶、箱、瓶、坛、袋等。其核算内容包括：

1. 生产过程中用于包装产品作为产品组成部分的包装物，记入“生产成本”科目。
2. 随同商品出售而不单独计价的包装物，记入“销售费用”科目（促销）。
3. 随同商品出售单独计价的包装物，记入“其他业务成本”科目；销售收入记入“其他业务收入”（其他业务）。
4. 出租（其他业务）或出借（促销）给购买单位使用的包装物，记入“其他业务成本”或“销售费用”科目。

任务三　委托加工物资的核算

【任务描述】

本任务主要了解委托加工的初始计量、期末计量、加工的计量。

【任务分析】

本任务要求学生通过学习委托加工物资的收、发、加工业务，掌握委托加工物资的账务处理方法。

【知识准备及应用】

了解委托加工的内容和加工物资的核算。

一、委托加工物资的内容和成本

委托加工物资是指企业委托外单位加工的各种材料、商品等物资。

企业委托外单位加工物资的成本包括加工中实际耗用物资的成本、支付的加工费用及应负担的运杂费，支付的税费等（见图5－6）。

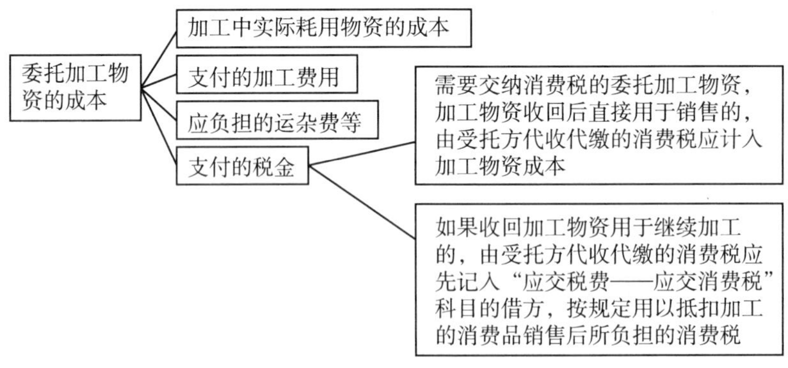

图5－6

二、委托加工物资的账务处理

为了反映和监督委托加工物资增减变动及其结存情况，企业应当设置“委托加工物资”科目，借方登记委托加工物资的实际成本，贷方登记加工完成验收入库的物资的实际成本和剩余物资的实际成本，期末余额在借方，反映企业尚未完工的委托加工物资的实际成本等。委托加工物资也可以采用计划成本或售价进行核算，其方法与库存商品相似。

（一）发出物资

【同步操练5－31】 天成公司委托某量具厂加工一批量具，发出材料的计划成本为70 000元，材料成本差异率为4%，以银行存款支付运杂费2 200元，假定不考虑相关税费。天成公司应编制如下会计分录：

发出材料时：

借：委托加工物资	72 800	
贷：原材料		70 000
材料成本差异		2 800

支付运杂费时：

借：委托加工物资	2 200	
贷：银行存款		2 200

需要说明的是，企业发给外单位加工物资时，如果采用计划成本或售价核算的，还应同时结转材料成本差异或商品进销差价，贷记或借记“材料成本差异”，或借记“商品进销差价”科目。

（二）支付加工费、运杂费等

【同步操练5－32】 天成公司以银行存款支付上述量具的加工费用20 000元，假定不考虑相关税费。天成公司应编制如下会计分录：

借：委托加工物资	20 000	
贷：银行存款		20 000

（三）加工完成验收入库

【同步操练5－33】 天成公司收回由某量具厂代加工的量具，以银行存款支付运杂费2 500元。该量具已验收入库，其计划成本为1 10 000元。天成公司应编制如下会计分录：

支付运杂费时：

借：委托加工物资	2 500	
贷：银行存款		2 500

入库时：

借：周转材料——低值易耗品	1 10 000	
贷：委托加工物资		97 500
材料成本差异		12 500

本例中，加工完成的委托加工物资的实际成本为 97 500[(72 800 + 2 200) + 20 000 + 2 500] 元，计划成本为 1 10 000 元，成本差异为 -12 500 (97 500 - 110 000) 元。

【同步操练 5 -34】 天成公司委托丁公司加工商品一批（属于应税消费品）100 000 件，有关经济业务如下：

（1）1 月 20 日，发出材料一批，计划成本为 6 000 000 元，材料成本差异率为 -3%。天成公司应编制如下会计分录：

① 发出委托加工材料时：

借：委托加工物资　　6 000 000

　　贷：原材料　　6 000 000

② 结转发出材料应分摊的材料成本差异时：

借：材料成本差异　　180 000

　　贷：委托加工物资　　180 000

（2）2 月 20 日，支付商品加工费 120 000 元，支付应当交纳的消费税为 660 000 元，该商品收回后用于连续生产，消费税可抵扣，甲公司和丁公司均为一般纳税人，适用增值税税率为 17%。甲公司应编制如下会计分录：

借：委托加工物资　　120 000

　　应交税费——应交消费税　　660 000

　　　　　　——应交增值税（进项税额）　　20 400

　　贷：银行存款　　800 400

（3）3 月 4 日，用银行存款支付往返运杂费 10 000 元。

借：委托加工物资　　10 000

　　贷：银行存款　　10 000

（4）3 月 5 日，上述商品 100 000 件（每件计划成本为 65 元）加工完毕，甲公司已办理验收入库手续。

借：库存商品　　6 500 000

　　贷：委托加工物资　　5 950 000

　　　　材料成本差异　　550 000

本例中，加工完成的委托加工物资的实际成本为 5 950 000 [(6 000 000 - 180 000) + 120 000 + 10 000] 元，计划成本为 6 500 000 (1 000 000 × 65) 元，成本差异为 -550 000 (5 950 000 - 6 500 000) 元（节约额）。

需要注意的是，需要交纳消费税的委托加工物资，由受托方代收代缴的消费税，收回后用于直接销售的，记入“委托加工物资”科目；收回后用于继续加工的，记入“应交税费——应交消费税”科目。

【任务评价】

1. 拨付委托加工物资。
2. 支付加工费、增值税、运杂费等。
3. 交纳消费税。
4. 加工完成收回加工物资。

任务四 库存商品的核算

【任务描述】

本任务主要了解库存商品的初始计量、期末计量、发出的计量。

【任务分析】

本任务要求学生通过学习库存商品的收、发、存业务，掌握库存商品的账务处理方法。

【知识准备及应用】

一、库存商品的内容

库存商品是指企业已完成全部生产过程并已验收入库、合乎标准规格和技术条件，可以按照合同规定的条件送交订货单位，或可以作为商品对外销售的产品以及外购或委托加工完成验收入库用于销售的各种商品。

库存商品具体包括库存产成品、外购商品、存放在门市部准备出售的商品、发出展览的商品、寄存在外的商品、接受来料加工制造的代制品和为外单位加工修理的代修品等。已完成销售手续但购买单位在月末未提取的产品，不应作为企业的库存商品，而应作为代管商品处理，单独设置代管商品备查账簿进行登记。

库存商品可以采用实际成本核算，也可以采用计划成本核算，其方法与原材料相似。采用计划成本核算时，库存商品实际成本与计划成本的差异，可单独设置“产品成本差异”科目核算。

为了反映和监督库存商品的增减变动及其结存情况，企业应当设置“库存商品”科目，借方登记验收入库的库存商品成本，贷方登记发出的库存商品成本，期末余额在借方，反映各种库存商品的实际成本或计划成本。

二、库存商品的账务处理

（一）验收入库商品

对于库存商品采用实际成本核算的企业，当库存商品生产完成并验收入库时，应按实际成本，借记“库存商品”科目，贷记“生产成本——基本生产成本”科目。

【同步操练 5－35】天成公司“商品入库汇总表”记载，某月已验收入库 Y 产品 1 000 台，实际单位成本 5 000 元，计 5 000 000 元；Z 产品 2 000 台，实际单位成本 1 000 元，计 2 000 000 元。天成公司应编制如下会计分录：

借：库存商品——Y 产品	5 000 000	
——Z 产品	2 000 000	
贷：生产成本——基本生产成本——Y 产品		5 000 000
——基本生产成本——Z 产品		2 000 000

（二）发出商品

企业销售商品、确认收入结转销售成本，借记“主营业务成本”等科目，贷记“库存商品”科目。

商品流通企业购入的商品可以采用进价或售价核算。采用售价核算的，商品售价和进价的差额，可通过“商品进销差价”科目核算。月末，应分摊已销商品的进销差价，将已销商品的销售成本调整为实际成本，借记“商品进销差价”科目，贷记“主营业务成本”科目。

商品流通企业的库存商品还可以采用毛利率法和售价金额核算法进行日常核算。

1. 毛利率法，是指根据本期销售净额乘以上期实际（或本期计划）毛利率匡算本期销售毛利，并据以计算发出存货和期末存货成本的一种方法。其计算公式如下：

$$毛利率=(销售毛利/销售额)\times 100\%$$
$$销售毛利=销售额\times 毛利率$$
$$销售成本=销售额-销售毛利$$
$$期末存货成本=期初存货成本+本期购货成本-本期销售成本$$

这一方法是商品流通企业，尤其是商业批发企业常用的计算本期商品销售成本和期末库存商品成本的方法。商品流通企业由于经营商品的品种繁多，如果分品种计算商品成本，工作量将大大增加，而且一般来讲，商品流通企业同类商品的毛利率大致相同，采用这种存货计价方法既能减轻工作量，也能满足对存货管理的需要。

【同步操练 5-36】天成公司采用毛利率法进行核算，2016 年 4 月 1 日针织品库存余额 18 000 000 元，本月购进 30 000 000 元，本月销售收入 34 000 000 元，上季度该类商品毛利率为 25%。本月已销商品和月末库存商品的成本计算如下：

销售毛利 = 34 000 000 × 25% = 8 500 000（元）

本月销售成本 = 34 000 000 - 8 500 000 = 25 500 000（元）

月末库存商品成本 = 18 000 000 + 30 000 000 - 25 500 000 = 22 500 000（元）

2. 售价金额核算法，是指平时商品的购入、加工收回、销售均按售价记账，售价与进价的差额通过“商品进销差价”科目核算，期末计算进销差价率和本期已销售商品应分摊的进销差价，并据以调整本期销售成本的一种方法。计算公式如下：

$$\begin{aligned}商品进销差价率=&(期初库存商品进销差价+本期购入商品进销差价)/\\&(期初库存商品售价+本期购入商品售价)\times 100\%\end{aligned}$$
$$本期销售商品应分摊的商品进销差价=本期商品销售收入\times 商品进销差价率$$
$$本期销售商品的成本=本期商品销售收入-本期销售商品应分摊的商品进销差价$$
$$\begin{aligned}期末结存商品的成本=&期初库存商品的进价成本+本期购进商品的进价成本\\&-本期销售商品的成本\end{aligned}$$

如果企业的商品进销差价率各期之间是比较均衡的，也可以采用上期商品进销差价率分摊本期的商品进销差价。年度终了，应对商品进销差价进行核实调整。

对于从事商业零售业务的企业（如百货公司、超市等），由于经营的商品种类、品种、规格等繁多，而且要求按商品零售价格标价，采用其他成本计算结转方法均较困难，因此广泛采用这一方法。

【任务评价】

1. 办理实际成本法下库存商品生产与销售的核算。
2. 办理计划成本法下库存商品生产与销售的核算。
3. 采用毛利率法办理商品流通企业商品购销的核算。
4. 采用售价金额核算法办理商品流通企业商品购销的核算。

任务五　存货清查的核算与减值

【任务描述】

本任务主要了解存货的清查核算方法。

【任务分析】

本任务要求学生通过学习存货的清查核算方法，掌握存货的清查核算方法的账务处理。

【知识准备及应用】

一、存货的清查

存货清查是指通过对存货的实地盘点，确定存货的实有数量，并与账面结存数核对，从而确定存货实存数与账面结存数是否相符的一种专门方法。

由于存货种类繁多、收发频繁，在日常收发过程中可能发生计量错误、计算错误、自然损耗，还可能发生损坏变质以及贪污、盗窃等情况，造成账实不符，形成存货的盘盈、盘亏。对于存货的盘盈、盘亏，应填写存货盘点报告（如实存账存对比表），及时查明原因，按照规定程序报批处理。

为了反映和监督企业在财产清查中查明的各种存货的盘盈、盘亏和毁损情况，企业应当设置“待处理财产损溢”科目，借方登记存货的盘亏、毁损金额及盘盈的转销金额，贷方登记存货的盘盈金额及盘亏的转销金额。企业清查的各种存货损益，应在期末结账前处理完毕，期末处理后，“待处理财产损溢”科目应无余额。

（一）存货盘盈的账务处理

企业发生存货盘盈时，借记“原材料”、“库存商品”等科目，贷记“待处理财产损溢”科目；在按管理权限报经批准后，借记“待处理财产损溢”科目，贷记“管理费用”科目。

【同步操练5－37】 天成公司在财产清查中盘盈J材料1 000千克，实际单位成本60元，经查属于材料收发计量方面的错误。天成公司应编制如下会计分录：

（1）批准处理前：

借：原材料　　60 000
　　贷：待处理财产损溢　　60 000

（2）批准处理后：

借：待处理财产损溢　　60 000
　　贷：管理费用　　60 000

（二）存货盘亏及毁损的账务处理

企业发生存货盘亏及毁损时，借记“待处理财产损溢”科目，贷记“原材料”、“库存商品”等科目。在按管理权限报经批准后应作如下财务处理：对于入库的残料价值，记入“原材料”等科目；对于应由保险公司和过失人的赔款，记入“其他应收款”科目；扣除残料价值和应由保险公司、过失人赔款后的净损失，属于一般经营损失的部分，记入“管理费用”科目，属于非常损失的部分，记入“营业外支出”科目。

【同步操练5-38】天成公司在财产清查中发现盘亏K材料500千克，实际单位成本为200元，经查属于一般经营损失。假定不考虑相关税费。天成公司应编制如下会计分录：

（1）批准处理前：

借：待处理财产损溢　　100 000
　　贷：原材料　　100 000

（2）批准处理后：

借：管理费用　　100 000
　　贷：待处理财产损溢　　100 000

【任务评价】

存货清查处理中应该分清审批前后的差别，盘盈和盘亏的账务处理。

任务六　存货减值的核算

【任务描述】

本任务主要了解存货减值的计量。

【任务分析】

本任务要求学生通过学习存货减值业务，掌握存货减值的账务处理。

【知识准备及应用】

一、存货期末计量的原则

资产负债表日，存货应当按照成本与可变现净值孰低法计量。存货成本高于其可变现净值的，应当计提存货跌价准备，计入当期损益。其中，存货成本是指期末存货的实际成本，如果企业在存货成本的日常核算中采用计划成本法、售价金额核算法等简单核算方法，则成本应为经调整后的实际成本。可变现净值是指在日常活动中，存货的估计售价减去至完工时估计将要发生的成本、估计的销售费用以及相关税费后的金额，即：

（1）对于直接出售的存货（如库存商品）：

可变现净值 = 自身的售价 − 自身的销售税费

（2）对于加工后才出售的存货（如原材料、在产品）：

可变现净值 = 加工后产品售价 − 加工后产品销售税费 − 将该存货加工至产成品的加工费用

计提存货跌价准备的思路是：先判断存货是否出现减值的迹象，如果出现减值，应计算存货的可变现净值，将其与存货成本比较，确定应计提的跌价准备的金额。

二、存货减值迹象的判断

存货存在下列情况之一的，应当计提存货跌价，市场价格持续下跌，并且在可预见的未来无回升的希望；企业使用该项原材料生产的产品的成本大于产品的销售价格；企业因产品更新换代，原有库存原材料已不适应新产品的需要，而该原材料的市场价格又低于其账面成本；因企业所提供的商品或劳务过时或消费者偏好改变而使市场的需求发生变化，导致市场价格逐渐下跌；其他足以证明该项存货实质上已经发生减值的情形。

存货存在下列情形之一的，表明存货的可变现净值为零：已霉烂变质的存货；已过期且无转让价值的存货；生产中已不再需要，并且已无使用价值和转让价值的存货；其他足以证明已无使用价值和转让价值的存货。

三、存货减值的核算

为了反映和监督存货跌价准备的计提、转回和转销情况，企业应当设置“存货跌价准备”科目，贷方登记计提的存货跌价准备金额，借方登记实际发生的存货跌价损失金额和转回的存货跌价准备金额，期末余额一般在贷方，反映企业已计提但尚未转销的存货跌价准备。

当存货成本高于其可变现净值时，企业应当按照存货可变现净值低于成本的差额，借记“资产减值损失——计提的存货跌价准备”科目，贷记“存货跌价准备”科目。

转回已计提的存货跌价准备金额时，按恢复增加的金额，借记“存货跌价准备”科目，贷记“资产减值损失——计提的存货跌价准备”科目。

企业结转存货销售成本时，对于已计提存货跌价准备的，借记“存货跌价准备”科目，贷记“主营业务成本”、“其他义务成本”等科目。

1. 当存货成本高于其可变现净值时。

借：资产减值损失

　　贷：存货跌价准备（差额）

2. 转回已计提的存货跌价准备金额时。

借：存货跌价准备（恢复增加的金额≤已计提金额）

　　贷：资产减值损失

【同步操练 5-39】2016 年 12 月 31 日，天成公司 A 材料的账面余额（成本）为 100 000 元。由于市场价格下跌，预计可变现净值为 80 000 元，由此应计提的存货跌价准备为 20 000（100 000-80 000）元。天成公司应编制如下会计分录：

借：资产减值损失——计提的存货跌价准备　　20 000

　贷：存货跌价准备　　20 000

假设 2017 年 6 月 30 日，A 材料的账面余额（成本）为 100 000 元，已计提存货跌价准备金额 20 000 元。由于市场价格有所上升，使得 A 材料的预计可变现净值为 95 000 元，应转回的存货跌价准备为 15 000［(100 000-95 000)-20 000］元。甲公司应编制如下会计分录：

借：存货跌价准备　　15 000

　贷：资产减值损失——计提的存货跌价准备　　15 000

【任务评价】

存货的初始计量虽然以成本入账，但存货进入企业后可能发生毁损、陈旧或价格下跌等情况，因此，在会计期末，存货的价值并不一定按成本记录，而是应按成本与可变现净值孰低计量。

资产负债表日，存货应当按照成本与可变现净值孰低计量。其中，成本是指期末存货的实际成本，如企业在存货成本的日常核算中采用计划成本法、售价金额核算法等简化核算方法，则成本为经调整后的实际成本。可变现净值是指在日常活动中，存货的估计售价减去至完工时估计将要发生的成本、估计的销售费用以及估计的相关税费后的金额。可变现净值的特征表现为存货的预计未来净现金流量，而不是存货的售价或合同价。

当存货成本低于可变现净值时，存货按成本计价；当存货成本高于可变现净值时，存货按可变现净值计价。当存货成本高于其可变现净值时，表明存货可能发生损失，应在存货销售之前确认这一损失，计入当期损益，并相应减少存货的账面价值。以前减记存货价值的影响因素已经消失的，减记的金额应当予以恢复，并在原已计提的存货跌价准备金额内转回，转回的金额计入当期损益。

【思考题】

1. 企业的存货包括哪些内容？
2. 存货采用实际成本法核算时，可以采用哪些方法确定发出存货的成本？
3. 存货采用计划成本法核算时，具体应如何进行会计处理？
4. 存货期末计量的原则是什么？存货的可变现净值的含义是什么？如何计算？

【练习题】

一、单项选择题

1. 下列各种物资中，不应作为企业存货核算的是（　　）。

A. 包装物　　B. 低值易耗品　　C. 在产品　　D. 工程物资

2. 某企业为增值税一般纳税人，2016 年 4 月购入 A 材料 1 000 公斤，增值税专用发票上注明价款 30 000 元，扣税 5 100 元，该批材料在运输途中发生 1% 的合理损耗，实际验收入库 990 公斤，入库前发生挑选整理费用 300 元。该批入库 A 材料的实际总成本为（　　）元。

A. 29 700　　B. 29 997　　C. 30 300　　D. 35 400

3. 某商品流通企业（一般纳税人）采购甲商品 100 件，每件售价 2 万元，取得的增值税专用发票上注明的增值税 34 万元，另支付采购费用 10 万元（金额较大）。该企业采购的该批商品的单位成本是（　　）

万元。

A. 2　　B. 2.1　　C. 2.34　　D. 2.44

4. 下列各项与存货相关的费用中，不应计入存货成本的是（　　）。

A. 材料采购过程中发生的保险费　　B. 材料入库前发生的挑选整理费

C. 库存商品入库后发生的储存费用　　D. 材料采购过程中发生的装卸费

5. 某企业原材料按实际成本进行日常核算。2016 年 3 月 1 日结存甲材料 300 公斤，每公斤实际成本为 20 元；3 月 15 日购入甲材料 280 公斤，每公斤实际成本为 25 元；3 月 31 日发出甲材料 200 公斤。如按先进先出法计算 3 月发出甲材料的实际成本为（　　）元。

A. 400　　B. 500　　C. 4 000　　D. 1 400

6. 在物价不断上涨时期，一个企业可以选用的存货计价方法中，若要使会计报表中的净收益最高，可以采用的计价方法是（　　）。

A. 加权平均法　　B. 先进先出法　　C. 移动加权平均法　　D. 个别计价法

7. 存货采用先进先出法进行核算的企业，在物价持续上涨的情况下将会使企业（　　）。

A. 期末库存升高，当期损益增加　　B. 期末库存降低，当期损益减少

C. 期末库存升高，当期损益减少　　D. 期末库存降低，当期损益增加

8. 某企业为增值税小规模纳税人，原材料采用计划成本法核算，A 材料计划成本每吨 20 元。本期购进 A 材料 6 000 吨，收到的增值税专用发票上注明的价款 102 000 元，扣税 17 340 元。另发生运杂费用 1 400 元，途中保险费用 359 元。原材料运抵企业后验收入库原材料 5 995 吨，运输途中合理损耗 5 吨。购进 A 材料发生的成本差异（超支）是（　　）元。

A. 1 099　　B. 1 199　　C. 16 141　　D. 16 241

9. 某企业 3 月 1 日存货结存数量为 200 件，单价为 4 元；2 日发出存货 150 件；3 月 5 日购进存货 200 件，单价 4.4 元；3 月 7 日发出存货 100 件。在对存货发出采用移动加权平均法的情况下，3 月 7 日结存存货的实际成本为（　　）元。

A. 628　　B. 432　　C. 1 080　　D. 1 032

10. 下列关于存货可变现净值的表述中，正确的是（　　）。

A. 可变现净值等于存货的市场销售价格

B. 可变现净值等于销售存货产生的现金流入

C. 可变现净值等于销售存货产生现金流入的现值

D. 可变现净值是确认存货跌价准备的重要依据之一

11. 2015 年 9 月 3 日，新世纪公司与希望公司签订了一份不可撤销的销售合同，双方约定，2016 年 1 月 20 日，新世纪公司应按每台 62 万元的价格向希望公司提供甲产品 6 台。2015 年 12 月 31 日，新世纪公司甲产品的成本为 280 万元，数量 5 台，单位成本 56 万元。2015 年 12 月 31 日甲产品的市场销售价格每台 60 万元。销售 5 台甲产品预计发生销售费用及税金为 10 万元。2015 年 12 月 31 日，新世纪公司结存的 5 台甲产品的账面价值是（　　）万元。

A. 300　　B. 290　　C. 280　　D. 270

12. 某股份有限公司发出材料采用加权平均法计价，期末存货采用成本与可变现净值孰低法计价，按单项存货计提跌价准备，存货跌价准备在结转成本时结转。2015 年末该公司库存 A 产品的成本为 1 000 万元，其中有 60% 是订有销售合同的，合同价合计金额为 700 万元，预计销售费用及税金为 70 万元。未订有合同的部分预计销售价格为 420 万元，预计销售费用及税金为 60 万元。2016 年度，由于该公司产品结构调整，不再生产 A 产品。当年售出 A 产品情况：订有销售合同的部分全部售出，无销售合同的部分售出 10%。至 2016 年年末，剩余 A 产品的预计销售价格为 300 万元，预计销售税费 60 万元，则 2016 年 12 月 31 日应计提的存货跌价准备为（　　）万元。

A. 120　　B. 84　　C. 80　　D. 40

13. 下列各项不会引起企业期末存货账面价值变动的是（　　）。

A. 已发出商品但尚未确认销售收入　　B. 已确认销售收入但尚未发出商品

C. 已收到材料但尚未收到发票账单　　D. 已收到发票账单并付款但尚未收到材料

甲股份有限公司2016年12月31日，A、B、C三种存货的成本分别为300万元、210万元、360万元；可变现净值分别为280万元、250万元、330万元。上述存货中A和B为第一类，C为第二类，期初存货跌价准备为0，请回答以下14、15题。

14. 假设甲公司按单个存货项目计提跌价准备，则当年12月31日存货跌价准备余额为（　　）万元。

A. 50　　B. 40　　C. 30　　D. 0

15. 假设采用类别计提跌价准备，则当年12月31日存货跌价准备余额为（　　）万元。

A. 50　　B. 40　　C. 30　　D. 0

甲工业企业有以下存货业务：

（1）2016年发出存货采用加权平均法结转成本，按单项存货计提跌价准备，存货跌价准备在结转成本时结转。该公司2016年初存货的账面余额中包含甲产品1 200吨，其采购成本300万元，加工成本60万元，采购时增值税进项税额51万元，已计提的存货跌价准备30万元，2016年当期售出甲产品400吨。2016年12月31日，该公司对甲产品进行检查时发现，库存甲产品均无不可撤销合同，其市场销售价格为每吨0.26万元，预计相关销售费用及税费为每吨0.005万元。

（2）2017年1月1日起该企业将发出存货由加权平均法改为先进先出法，2017年1月10日增加甲产品300吨，成本100万元，1月31日出售甲产品500吨。

根据上述资料回答16～20题。

16. 计算2016年1月1日该存货的账面价值是（　　）万元。

A. 350　　B. 360　　C. 330　　D. 389.5

17. 计算2016年12月31日甲产品的可变现净值是（　　）万元。

A. 312　　B. 204　　C. 306　　D. 208

18. 计算2016年12月31日应计提的甲产品跌价准备为（　　）万元。

A. 6　　B. 16　　C. 26　　D. 36

19. 计算先进先出法结转成本后2017年1月31日甲产品账面余额是（　　）万元。

A. 340　　B. 190　　C. 185.45　　D. 220

20. 如继续使用加权平均法结转成本，计算2017年1月31日甲产品账面余额是（　　）万元。

A. 340　　B. 190　　C. 185.45　　D. 220

21. 某企业采用计划成本进行材料的日常核算。月初结存材料的计划成本为80万元，实际成本为100万元。当月购入材料一批，实际成本为130万元，计划成本为120万元。当月领用材料的计划成本为100万元，当月领用材料应负担的材料成本差异为（　　）万元。

A. 超支5　　B. 节约5　　C. 超支15　　D. 节约15

22. 某企业7月1日存货结存数量为200件，单价为4元；7月2日发出存货150件；7月5日购进存货200件，单价4.4元；7月7日发出存货100件。在对存货发出采用移动加权平均法核算的情况下，7月7日结存存货的实际成本为（　　）元。

A. 648　　B. 432　　C. 1 080　　D. 1 032

23. 甲工业企业期末“原材料”科目余额为100万元，“生产成本”科目余额为70万元，“材料成本差异”科目贷方余额为5万元，“库存商品”科目余额为150万元，“工程物资”科目余额为200万元。则甲工业企业期末资产负债表中“存货”项目的金额为（　　）万元。

A. 245　　B. 315　　C. 325　　D. 515

24. 某增值税小规模纳税企业因火灾盘亏一批材料16 000元。收到各种赔款1 500元，残料入库100元。报经批准后，应计入营业外支出账户的金额为（　　）元。

A. 17 020　　B. 18 620　　C. 14 300　　D. 14 400

25. 随同产品出售单独计价的包装物，应于发出时按其实际成本计入（　　）中。

A. 其他业务成本　　B. 管理费用　　C. 销售费用　　D. 主营业务成本

26. 企业销售产品领用不单独计价包装物一批，其计划成本为 8 000 元，材料成本差异率为 1%，此项业务企业应计入销售费用的金额为（　　）元。

A. 8 000　　B. 7 920　　C. 8 080　　D. 0

27. 某企业为增值税一般纳税企业，2015 年 4 月购入甲材料 1 000 公斤，增值税专用发票上注明的买价为 20 000 元，增值税税额为 3 400 元，该批甲材料在运输途中发生 1% 的合理损耗，实际验收入库 990 公斤，该批材料采用计划成本法核算，甲材料的单位计划成本为 22 元/公斤，则甲材料的入账金额为（　　）元。

A. 20 000　　B. 21 780　　C. 22 000　　D. 22 120

28. 大海公司为增值税一般纳税企业，2015 年 6 月购入甲材料 2 000 公斤，增值税专用发票上注明的买价为 100 000 元，增值税税额为 17 000 元，该批材料在运输途中发生 2% 的合理损耗，在入库前发生挑选整理费用 400 元。该批入库 A 材料的单位成本为（　　）元/公斤。

A. 51. 22　　B. 50　　C. 59. 90　　D. 50. 20

29. 某一般纳税企业委托外单位加工一批消费税应税消费品，材料成本 100 万元，加工费 10 万元（不含税），受托方增值税税率为 17%，受托方代收代缴消费税 2 万元。该批材料加工后委托方继续生产应税消费品，则该批材料加工完毕入库时的成本为（　　）万元。

A. 110　　B. 102　　C. 113. 7　　D. 112

30. 汪汪超市 2016 年年初库存商品的成本为 20 万元，售价总额为 25 万元；当年购入商品的成本为 25 万元，售价总额为 35 万元；当年实现的销售收入为 30 万元。在采用售价金额核算法的情况下，该超市 2016 年年末库存商品的成本为（　　）万元。

A. 22　　B. 22. 5　　C. 23　　D. 23. 5

31. 下列原材料相关损失项目中，应计入管理费用的是（　　）。

A. 自然灾害造成的原材料损失　　B. 计量差错引起的原材料盘亏

C. 人为责任造成的原材料损失　　D. 原材料运输途中发生的合理损耗

32. 存货采用先进先出法计价，在存货物价下降的情况下，将会使企业的（　　）。

A. 期末存货降低，当期利润增加　　B. 期末存货降低，当期利润减少

C. 期末存货升高，当期利润减少　　D. 期末存货升高，当期利润增加

33. 甲工业企业期末“原材料”科目余额为 150 万元，“生产成本”科目余额为 80 万元，“材料成本差异”科目借方余额为 10 万元，“库存商品”科目余额为 200 万元，“工程物资”科目余额为 220 万元，“发出商品”科目余额为 150 万元，则甲工业企业期末资产负债表中“存货”项目的金额为（　　）万元。

A. 440　　B. 570　　C. 590　　D. 810

34. 乙企业采用成本与可变现净值孰低法对存货进行期末计价，成本与可变现净值按单项存货进行比较，2015 年 12 月 31 日，A、B、C 三种存货的成本与可变现净值分别为：A 存货成本 10 万元，可变现净值 8 万元；B 存货成本 15 万元，可变现净值 13 万元；C 存货成本 20 万元，可变现净值 18 万元。A、B、C 三种存货已计提的跌价准备分别为 1 万元、1. 5 万元、2 万元。假定该企业只有这三种存货，2015 年 12 月 31 日应补提的存货跌价准备总额为（　　）万元。

A. －1. 5　　B. 1. 5　　C. 4. 5　　D. 6

35. 甲企业为增值税小规模纳税商业企业。本期外购原材料一批，购买价格为 10 000 元，增值税为 1 700 元，入库前发生的挑选整理费用为 500 元。该批原材料的入账价值为（　　）元。

A. 10 000　　B. 11 700　　C. 10 500　　D. 12 200

36. 一般不计入外购存货成本的费用是（　　）。

A. 运输途中的合理损耗　　B. 入库前的挑选整理费

C. 自然灾害造成的损失　　D. 按规定交纳的消费税

37. 存货的归属以（　　）为划分标准。

A. 销售权　　B. 使用权　　C. 所有权　　D. 经营权

38. 企业购入的单位价值小或易损坏的小型工具、劳保鞋等，在领用时一般应按（　　）摊销。

A. 盘存法　　B. 五五摊销法　　C. 一次摊销法　　D. 分次摊销法

39. 企业的期末存货价值多计就会使（　　）偏低。

A. 利润　　B. 发出存货成本　　C. 资产　　D. 下一期的期初存货

40. 企业的期末存货价值少计就会使（　　）偏高。

A. 发出存货成本　　B. 资产　　C. 利润　　D. 下一期的期初存货

41. 下列所有权属于企业的存货是（　　）。

A. 受托代销的存货　　B. 约定未来购入的存货

C. 库存待售的存货　　D. 已收款开单但客户尚未提取的存货

二、多项选择题

1. 下列项目中，应计入材料采购成本的有（　　）。

A. 制造费用

B. 进口关税

C. 运输途中的合理损耗

D. 一般纳税人购入材料支付的可以抵扣的增值税

2. 企业对发出存货的实际成本进行计价的方法有（　　）。

A. 个别计价法　　B. 加权平均法　　C. 先进先出法　　D. 后进先出法

3. 下列各项与存货相关的费用中，应计入存货成本的有（　　）。

A. 材料采购过程中发生的保险费

B. 材料入库前发生的挑选整理费

C. 在生产过程中为达到下一个生产阶段所必需的仓储费用

D. 非正常消耗的直接材料

4. 下列各项中，增值税一般纳税企业应计入收回委托加工物资成本的有（　　）。

A. 支付的加工费

B. 随同加工费支付的增值税

C. 支付的收回后继续加工的委托加工物资的消费税

D. 支付的收回后直接销售的委托加工物资的消费税

5. 下列关于存货会计处理的表述中，正确的有（　　）。

A. 存货采购过程中发生的合理损耗计入存货采购成本

B. 存货跌价准备通常应当按照单个存货项目计提也可分类计提

C. 债务人因债务重组转出存货时不结转已计提的相关存货跌价准备

D. 发出原材料采用计划成本核算的应于资产负债表日调整为实际成本

6. 下列有关可变现净值的表述中，正确的有（　　）。

A. 无销售合同的库存商品以该库存商品的估计售价为基础

B. 有销售合同的库存商品以该库存商品的合同价格为基础

C. 用于出售的无销售合同的材料以该材料的市场价格为基础

D. 用于生产有销售合同产品的材料以该材料的市场价格为基础

7. 下列应计入“销售费用”的有（　　）。

A. 支付的广告费　　B. 出借包装物的成本

C. 随同产品出售不单独计价的包装物的成本　　D. 随同产品出售单独计价的包装物的成本

8. 下列项目中，应计入材料采购成本的有（　　）。

A. 入库前的挑选整理费　　B. 进口关税

C. 运输途中的合理损耗　　D. 一般纳税人购入材料支付的增值税

9. 企业进行材料清查时，对于盘亏的材料，应先记入“待处理财产损溢”科目，待期末或报经批准后，根据不同的原因可分别转入（　　）。

A. 管理费用　　B. 资本公积　　C. 营业外支出　　D. 其他应收款

10. 下列各种物资中，应当作为企业存货核算的有（　　）。

A. 委托加工材料　　B. 在途的材料　　C. 低值易耗品　　D. 工程物资

11. 下列各项，构成企业外购存货入账价值的有（　　）。

A. 买价　　B. 运杂费

C. 运输途中的合理损耗　　D. 入库前的挑选整理费用

12. 下列各项与存货相关的费用中，应计入存货成本的有（　　）。

A. 材料入库前发生的挑选整理费　　B. 材料采购过程中发生的装卸费用

C. 材料入库后发生的储存费用　　D. 材料采购过程中发生的保险费

13. 存货的确认是以法定产权的取得为标志的，下列项目不属于企业存货的范围的有（　　）。

A. 已经购入但未存放在本企业的货物　　B. 已售出但货物尚未运离本企业的存货

C. 已经运离企业但尚未售出的存货　　D. 未购入但存放在企业的存货

14. 期末存货计价过低，可能会引起（　　）。

A. 当期收益减少　　B. 当期收益增加

C. 所有者权益增加　　D. 销售成本增加

15. 小规模纳税企业委托其他单位加工产品收回后直接销售的，其发生的下列支出中，应计入委托加工物资成本的有（　　）。

A. 加工费　　B. 增值税

C. 发出材料的实际成本　　D. 受托方代收代交的消费税

16. 下列各项中，构成工业企业外购存货入账价值的有（　　）。

A. 买价　　B. 运杂费

C. 运输途中的合理损耗　　D. 入库前的挑选整理费用

17. 企业存货除存放在企业自有仓库的存货外，还应包括（　　）。

A. 存放在企业所属门市部准备销售的存货　　B. 送交展览会展出的存货

C. 委托其他单位代销的存货　　D. 已售出但购货者尚未提取的存货

18. 一般不计入外购存货成本的费用有（　　）。

A. 运输途中的合理损耗　　B. 市内零星运杂费

C. 采购人员的差旅费　　D. 入库前的整理挑选费用

E. 企业供应部门和仓库的经费

19. 在我国会计实务中，下列哪几项构成存货的历史成本（　　）。

A. 小规模纳税企业购入货物支付的增值税

B. 支付的进口货物的关税

C. 购入货物支付价款中包含的资源税

D. 加工货物收回后直接用于销售的由委托方代收代缴的消费税

20. 期末存货价值的多计，必然会使（　　）。

A. 发出存货的成本偏低　　B. 利润虚增

C. 发出存货的成本偏高　　D. 利润虚减

E. 下期期初存货成本偏高

21. 期末存货价值的少计，必然会使（　　）。

A. 发出存货的成本偏低　B. 利润虚减

C. 发出存货的成本偏高　D. 利润虚增

E. 下期期初存货成本偏低

22. 存货数量的确定方法有（　　）。

A. 定期盘存制　B. 权责发生制　C. 永续盘存制　D. 收付实现制

E. 加权平均法

23. 确定存货金额的重要因素是存货的（　　）。

A. 数量　B. 质量　C. 单价　D. 增值税

E. 进货费用

24. 下列各种物资中，应当作为企业存货核算的有（　　）。

A. 委托加工物资　B. 周转材料　C. 销售费用　D. 营业外收入

E. 财务费用

25. 委托加工存货验收入库，可能借记的账户是（　　）。

A. 原材料　B. 周转材料　C. 在产品　D. 库存商品

E. 自制半成品

三、判断题

1. 商品流通企业在采购商品过程中发生的采购费用，不计入商品成本。（　　）

2. 购入材料在运输途中发生的合理损耗不需单独进行账务处理。（　　）

3. 存货计价方法的选择，不仅影响着资产负债表中资产总额的多少，而且也影响利润表中的净利润。（　　）

4. 先进先出法、移动平均法在实地盘存制与永续盘存制下均可以使用。（　　）

5. 入库原材料形成的超支差异在“材料成本差异”账户的贷方予以登记。（　　）

6. 基本生产车间一般性领用的原材料，记入期间费用“制造费用”账户。（　　）

7. 无论企业对存货采用实际成本法核算，还是采用计划成本法核算，在编制资产负债表时，资产负债表上的存货项目反映的都是存货的实际成本。（　　）

8. 发出原材料应负担的成本差异必须按月分摊。（　　）

9. 属于非常损失造成的存货毁损，应按该存货的实际成本计入营业外支出。（　　）

10. 销售产品结转的存货跌价准备应冲减资产减值损失。（　　）

11. 若材料用于生产产品，且所生产的产品没有减值，则材料期末按成本计量。（　　）

12. 企业采用计划成本进行材料日常核算时，月末分摊材料成本差异时，超支差异记入“材料成本差异”科目的借方，节约差异计入“材料成本差异”的贷方。（　　）

13. 购入材料在运输途中发生的合理损耗应计入销售费用。（　　）

14. 属于非常损失造成的存货毁损，应按该存货的实际成本计入营业外支出。（　　）

15. 存货发生减值时，要提取存货跌价准备，提取存货跌价准备后，当存货的价值又得到恢复时，不能将提取的存货跌价准备转回。（　　）

16. 存货的成本就是存货的采购成本。（　　）

17. 采用毛利率法核算库存商品时，发出商品的实际成本为本期商品销售收入乘以毛利率。（　　）

18. 盘亏的存货，按规定手续报经批准后，可以减少管理费用。（　　）

19. 自然灾害造成的原材料损失应计入营业外支出。（　　）

20. 应交消费税的委托加工物资收回后用于连续生产应税消费品的，按规定准予抵扣的由受托方代扣代交的消费税，应当记入“应交税费——应交消费税”科目的贷方。（　　）

四、简答题

1. 什么是存货？企业的存货包括哪些内容？
2. 存货按实际成本计价，外购原材料、发出原材料如何进行会计处理？
3. 如何进行委托加工物资业务的会计处理？
4. 周转材料的摊销方法有哪些？如何进行会计处理？
5. 出租和出借包装物业务上有何异同？
6. 存货盘盈和盘亏在会计处理上有什么差异？
7. 存货期末价值如何确定？如何进行会计处理？

五、计算分析题

1. 资料：顺达公司2015年5月初存货10 000件，成本为40 000元，5月10日和25日分别销货20 000件、40 000件。本期进货情况如表5－6所示。

表5－6

日期	单价（元）	数量（件）
5月7日	4.10	20 000
5月18日	4.15	30 000
5月20日	4.20	20 000
5月28日	4.25	8 000

要求：分别采用加权平均法、先进先出法分别计算2007年5月发出存货成本和结存存货成本。

2. 资料：顺达公司为增值税一般纳税人，材料按实际成本计价核算，该企业2015年7月发生经济业务如下：

（1）1日，将上月末已收料尚未付款的暂估入账材料用红字冲回，金额为60 000元。

（2）5日，上月已付款的在途A材料已验收入库，A材料成本为7 5000元。

（3）8日，向甲企业购入A材料，买价100 000元，增值税17 000元，该企业已代垫运费2 000元。企业签发并承兑一张票面金额为119 000元，2个月期的商业汇票结算材料款项，材料已验收入库。

（4）9日，按照合同规定，向乙企业预付购料款80 000元，已开出转账支票支付。

（5）12日，向丁企业采购A材料1 000千克，买价为120 000元，增值税为20 400元，该企业已代垫运杂费2 000元。货款共142 400元已通过托收承付结算方式支付，材料尚未收到。

（6）20日，向丁企业购买的A材料运达，验收入库。

（7）25日，用预付货款方式向乙企业采购的B材料已验收入库，有关的发票单据列明材料价款70 000元，增值税11 900元。即开出一张转账支票补付货款1 900元。

（8）31日，根据发料凭证汇总表，本月基本生产车间领用原材料423 000元，车间一般性消耗领用80 500元，厂部管理部门领用78 600元。

要求：对以上经济业务编制会计分录。

3. 资料：顺达公司原材料采用计划成本核算，2015年9月期初余额资料如下：

	借方	贷方
原材料	50 000（计划）	
材料采购	7 000	
材料成本差异		818

9 月发生的有关业务如下：

（1）9 月 9 日，用银行存款购入原料一批，实际成本 29 750 元，已验收入库，计划成本为 29 500 元。

（2）9 月 12 日，用银行存款购入原料一批，实际成本 12 000 元，尚未到厂。

（3）9 月 16 日，上月在途材料 70 00 元，今日到达，并已验收入库，计划成本为 7 300 元。

（4）9 月 24 日，生产产品领用原料 50 000 元（计划成本）。

要求：

（1）根据上述资料编制会计分录。

（2）计算发出材料的实际成本。

4. 东山股份有限公司对存货的期末计价采用成本与可变现净值孰低法。该公司存货有关资料如下：

2014 年年末，库存商品的账面成本为 75 000 元，可变现净值为 70 000 元；

2015 年年末，库存商品的账面成本为 100 000 元，可变现净值为 97 000 元；

要求：根据上述资料编制存货期末计提跌价准备业务的会计分录。

5. 甲公司按先进先出法计算材料的发出成本。2015 年 3 月 1 日结存 A 材料 100 公斤，每公斤实际成本 50 元。本月发生如下有关业务：

（1）3 日，购入 A 材料 50 公斤，每公斤实际成本 52.5 元，材料已验收入库。

（2）5 日，发出 A 材料 80 公斤。

（3）7 日，购入 A 材料 70 公斤，每公斤实际成本 49 元，材料已验收入库。

（4）12 日，发出 A 材料 130 公斤。

（5）20 日，购入 A 材料 80 公斤，每公斤实际成本 55 元，材料已验收入库。

（6）25 日，发出 A 材料 30 公斤。

要求：根据上述资料，计算 A 材料下列成本：

（1）5 日发出的成本；

（2）12 日发出的成本；

（3）25 日发出的成本；

（4）期末结存的成本。

6. 某一般纳税企业月初“原材料”账户期初余额为 610 000 元，“材料成本差异”贷方余额 3 000 元，本月购入原材料一批，价款 200 000 元，增值税 34 000 元，运杂费 3 000 元，已入库，计划成本 190 000 元，本月发出材料计划成本 600 000 元。

要求：计算发出材料实际成本和结存材料实际成本（材料成本差异率采用本期差异率）。

7. 甲企业为增值税一般纳税人，增值税税率为 17%。原材料采用实际成本法核算，原材料发出采用月末一次加权平均法计价。运输费不考虑增值税。

2015 年 4 月，与 A 材料相关的资料如下：

（1）1 日，“原材料——A 材料”科目余额 20 000 元（共 2 000 公斤，其中含 3 月末验收入库但因发票账单未到而以 2 000 元暂估入账的 A 材料 200 公斤）。

（2）5 日，收到 3 月末以暂估价入库 A 材料的发票账单，货款 1 800 元，增值税税额 306 元，对方代垫运输费 400 元，全部款项已用转账支票付讫。

（3）8 日，以汇兑结算方式购入 A 材料 3 000 公斤，发票账单已收到，货款 36 000 元，增值税税额 6 120 元，运输费用 1 000 元。材料尚未到达，款项已由银行存款支付。

（4）11 日，收到 8 日采购的 A 材料，验收时发现只有 2 950 公斤。经检查，短缺的 50 公斤确定为运输途中的合理损耗，A 材料验收入库。

（5）18 日，持银行汇票 80 000 元购入 A 材料 5 000 公斤，增值税专用发票上注明的货款为 49 500 元，增值税税额为 8 415 元，另支付运输费用 2 000 元，材料已验收入库，剩余票款退回并存入银行。

（6）21 日，基本生产车间自制 A 材料 50 公斤验收入库，总成本为 600 元。

（7）30 日，根据“发料凭证汇总表”的记录，4 月基本生产车间为生产产品领用 A 材料 6 000 公斤，车间管理部门领用 A 材料 1 000 公斤，企业管理部门领用 A 材料 1 000 公斤。

要求：

（1）计算甲企业 4 月发出 A 材料的单位成本。

（2）根据上述资料，编制甲企业 4 月与 A 材料有关的会计分录。

8. 某企业为增值税一般纳税企业，材料按计划成本法核算。甲材料计划单位成本 10 元。该企业 2015 年 4 月有关资料如下：

（1）“原材料”账户月初余额 40 000 元，“材料成本差异”账户月初贷方余额 548 元，“材料采购”账户月初借方余额 10 600 元（上述账户核算的均为甲材料）。

（2）4 月 5 日，上月已付款的甲材料 1 000 公斤如数收到，已验收入库。

（3）4 月 15 日，从外地 A 公司购入甲材料 6 000 公斤，增值税专用发票注明价款 59 000 元，增值税 10 030 元，企业已用银行存款支付上述款项，材料尚未到达。

（4）4 月 20 日，从 A 公司购入的甲材料到达，验收入库时发现短缺 40 公斤，属于定额内自然损耗。按实收数量验收入库。

（5）4 月 30 日，汇总本月发料凭证，本月共发出甲材料 7 000 公斤，全部用于生产产品。

要求：

（1）编制会计分录。

（2）计算本月材料成本差异率、本月发出材料应负担的成本差异及月末库存材料的实际成本。

9. 2015 年 12 月 31 日，甲公司存货的账面价值为 1 390 万元，其具体情况如下：

（1）A 产品 100 件，每件成本 10 万元，账面总成本 1 000 万元，其中，40 件已与乙公司签订不可撤销的销售合同，销售价格为每件 11 万元，其余未签订销售合同。

A 产品 2015 年 12 月 31 日的市场价格为每件 10.2 万元，预计销售每件 A 产品需要发生的销售费用及相关税金为 0.5 万元。

（2）B 配件 50 套，每套成本为 8 万元，账面总成本 400 万元。B 配件是专门为组装 A 产品而购进的。50 套 B 配件可以组装成 50 件 A 产品。B 配件 2015 年 12 月 31 日的市场价格为每套 9 万元。将 B 配件组装成 A 产品，预计每件还需发生加工成本 2 万元。

2015 年 1 月 1 日，存货跌价准备余额为 30 万元（均为对 A 产品计提的存货跌价准备），2015 年对外销售 A 产品转销存货跌价准备 20 万元。

要求：

（1）分别计算 2015 年 12 月 31 日 A 产品、B 配件应计提的跌价准备。

（2）编制计提存货跌价准备的会计分录。

10. 甲企业为一般纳税人，委托乙企业加工应交消费税材料一批。发出原材料成本为 300 000 元，支付的加工费 175 500 元（含增值税），支付消费税 5 000 元，材料加工完成验收入库。甲企业采用实际成本法核算原材料。

要求：分别作出甲企业收回加工材料继续生产应税消费品和直接用于出售两种情况下的账务处理。

11. 天华公司为增值税一般纳税人工业企业，主要从事 A 产品的生产和加工。2015 年 7 月 1 日库存 A 种原材料 100 吨，价值 77 905 元；当月购入 A 种原材料 4 000 吨，收到的增值税专用发票上注明的售价为每吨 800 元，增值税税额为 544 000 元，另发生运输费用 50 000 元（假定运费不考虑增值税），装卸费用 12 000 元，途中保险费用 13 900 元。上述款项均以银行存款支付。原材料验收入库时发现运输途中发生合理损耗 5 吨。

本月生产甲产品领用该种材料 2 000 吨，生产乙产品领用该种材料 1 600 吨，本企业工程领用 400 吨材料，当时购买时进项税额为 55 692 元。

要求：

（1）计算购入 A 种材料的入账价值及单位采购成本；

（2）编制购入材料的会计分录；

（3）计算 A 材料的加权平均单价；

（4）编制领用材料的会计分录。

12. 甲公司按先进先出法计算材料的发出成本。2015 年 3 月 1 日结存 A 材料 100 公斤，每公斤实际成本 50 元。本月发生以下有关业务：

（1）3 日，购入 A 材料 50 公斤，每公斤实际成本 52.5 元，材料已验收入库。

（2）5 日，发出 A 材料 80 公斤。

（3）7 日，购入 A 材料 70 公斤，每公斤实际成本 49 元，材料已验收入库。

（4）12 日，发出 A 材料 130 公斤。

（5）20 日，购入 A 材料 80 公斤，每公斤实际成本 55 元，材料已验收入库。

（6）25 日，发出 A 材料 30 公斤。

要求：根据上述资料，计算 A 材料的下列成本：

（1）5 日发出的成本；

（2）12 日发出的成本；

（3）25 日发出的成本；

（4）期末结存的成本。

13. 甲公司原材料日常收发及结存采用计划成本核算。月初结存材料的计划成本为 800 000 元，材料成本差异为超支 30 000 元；本月入库材料的计划成本为 1 700 000 元，实际成本为 1 620 000 元。

当月发出材料（计划成本）情况如下：基本生产车间领用 630 000 元；在建工程领用 500 000 元（假设不考虑材料的进项税额转出问题）；车间管理部门领用 10 000 元；企业行政管理部门领用 27 000 元。

要求：

（1）计算当月材料成本差异率；

（2）编制发出材料的会计分录；

（3）编制月末结转本期发出材料成本差异的会计分录。

14. 大宇公司为增值税小规模纳税人，主要从事服装的加工业务，对购买的面料采用计划成本核算。2008 年 8 月丙面料计划成本每米为 15 元。本期购进丙面料 4 000 米，收到的增值税专用发票上注明的价款总额为 53 000 元，增值税税额为 9 010 元，款项已用银行汇票支付，另用银行存款支付运杂费用 1 400 元，途中保险费用 490 元。面料运抵企业后验收入库时发现污损了一部分，只有 3 997 米是可用面料，污损 3 米属于合理范围内的损失。

要求：编制购入面料的会计分录。

15. 丁企业发出 A 材料委托乙企业加工成 B 商品直接用于销售。A 材料计划成本 300 000 元，材料成本差异率为 -2%。丁企业发生往返运杂费 4 200 元，向乙企业支付加工费 20 000 元。丁企业和乙企业均为一般纳税人，B 商品适用增值税税率为 17%，消费税税率为 10%。所有款项均以银行存款结算完毕。

要求：

（1）编制丁企业发出 A 材料的分录。

（2）根据乙企业收取的加工费计算乙企业代收代缴应交消费税额和应纳增值税额，并根据所收款项编制分录（保留两位小数）。

（3）编制丁企业支付运杂费、加工费及税金等款项的分录。

（4）计算丁企业 B 商品成本并编制验收入库的分录。

项目六

持有至到期投资的核算

【学习目标】

知识目标：通过学习，你将会了解持有至到期投资的定义及特征；理解持有至到期投资初始计量会计方法；掌握持有至到期投资取得的会计核算；掌握持有至到期投资持有期间利息的核算，包括分期付息一次还本和到期一次还本付息两种情形；掌握持有至到期投资减值的核算；掌握持有至到期投资处置的核算。

能力目标：通过学习，能够辨别某项金融资产是否属于持有至到期投资；能区别交易性金融资产和持有至到期投资的异同；能完成从取得持有至到期投资、资产负债表日持有期间利息及持有至到期投资处置的会计核算；能理解持有至到期投资提取减值的会计核算。

【情境导入】

天成公司于2016年1月1日从上市公司购买了一项五年期的债券，划分为持有至到期投资，买价90万元，另付交易费用5万元，该债券面值为100万元，票面利率为4%，假设每年末付息，到期还本。

任务提出：

（1）如何完成取得持有至到期投资的会计核算?

（2）如何完成持有至到期投资持有期间利息（两种情形）的会计核算?

（3）如何完成持有至到期投资减值的会计核算?

（4）如何完成持有至到期投资处置的会计核算?

任务一　持有至到期投资取得的核算

【任务描述】

本任务主要讲授持有至到期投资的定义、特征及持有至到期投资取得的核算。

【任务分析】

本任务要求学生通过学习能够正确判断是否属于持有至到期投资，能熟练掌握持有至到期投资取得的核算。

【知识准备及应用】

一、持有至到期投资的基本知识

（一）持有至到期投资的定义

持有至到期投资，是指到期日固定、回收金额固定或可确定，且企业有明确意图和能力持有至到期的非衍生金融资产。通常情况下，划分为持有至到期投资的金融资产，主要是债权性投资。例如，企业从二级市场购入的国债、金融债券、公司债券等。持有至到期投资通常具有长期性质，但期限较短（1 年以内）的债券投资，符合持有至到期投资条件的，也可将其划分为持有至到期投资。

（二）持有至到期投资的特征

1. 到期日固定、回收金额固定或可确定。

2. 企业有明确意图持有至到期。

存在下列情况之一的，表明企业没有明确意图将金融资产投资持有至到期：

（1）持有该金融资产的期限不确定。

（2）发生市场利率变化、流动性需要变化、替代投资机会及其投资收益率变化、融资来源和条件变化、外汇风险变化等情况时，将出售该金融资产。但是，无法控制、预期不会重复发生且难以合理预计的独立事项引起的金融资产出售除外。

（3）该金融资产的发行方可以按照明显低于其摊余成本的金额清偿。

（4）其他表明企业没有明确意图将该金融资产持有至到期的情况。

对于债券赎回权在发行方的不影响此投资“持有至到期”的意图界定，但主动权在投资方的则不可界定其持有至到期的投资意图。

3. 有能力持有至到期。存在下列情况之一的，表明企业没有能力将具有固定期限的金融资产投资持有至到期：

（1）没有可利用的财务资源持续地为该金融资产投资提供资金支持，以使该金融资产投资持有至到期。

（2）受法律、行政法规的限制，使企业难以将该金融资产投资持有至到期。

（3）其他情况。

4. 属于非衍生金融资产。

5. 在活跃市场上有报价。

二、持有至到期投资取得的核算

（一）科目的设置

持有至到期投资的核算应设置“持有至到期投资”科目，本科目按持有至到期投资的类别和品种，分别对“成本”、“利息调整”、“应计利息”进行明细核算。

（二）持有至到期投资取得的会计处理

企业取得持有至到期投资时，应按该投资的面值，借记“持有至到期投资——成本”科目，按支付的价款中包含的已到付息期但尚未领取的利息，借记“应收利息”科目，按支付的价款中包含的未到期利息，借记“持有至到期投资——应计利息”科目，按实际支付的金额，贷记“银行存款”等科目，按其差额，借记或贷记“持有至到期投资——利息调整”科目。

借：持有至到期投资——成本（面值）

——应计利息（债券买入时所含的未到期利息）

——利息调整（初始入账成本 - 债券购入时所含的未到期利息 - 债券面值）（溢价记借，折价记贷）

应收利息（债券买入时所含的已到付息期但尚未领取的利息）

贷：银行存款

注："持有至到期投资——成本"只反映面值；"持有至到期投资——利息调整"中不仅反映折溢价还包括佣金、手续费等。

下面通过几个例题加以说明持有至到期投资取得的核算。

1. 每年末付息，到期还本方式下取得持有至到期投资。

【同步操练 6-1】 天成公司于 2016 年 1 月 1 日从上市公司购买了一项五年期的债券，划分为持有至到期投资，买价 90 万元，另付交易费用 5 万元，该债券面值为 100 万元，票面利率为 4%，假设每年末付息，到期还本。

天成公司应编制如下会计分录：

借：持有至到期投资——成本　　1 000 000

　　贷：银行存款　　950 000

　　　　持有至到期投资——利息调整　　50 000

2. 到期一次还本付息方式下取得持有至到期投资。

【同步操练 6-2】 天成公司于 2016 年 1 月 1 日从上市公司购买了一项五年期的债券，划分为持有至到期投资，买价 90 万元，另付交易费用 5 万元，该债券面值为 100 万元，票面利率为 4%，假设到期一次还本付息。

天成公司应编制如下会计分录：

借：持有至到期投资——成本　　1 000 000

　　贷：银行存款　　950 000

　　　　持有至到期投资——利息调整　　50 000

【小思考 6-1】 天成公司溢价购入某上市公司五年期债券应如何处理？为什么？

【任务评价】

本任务介绍了持有至到期投资的定义、特征及持有至到期投资取得的会计核算。

任务二　持有至到期投资持有期间利息的核算

【任务描述】

本任务主要讲授持有至到期投资持有期间利息的会计处理原则、实际利率法、摊余成本以及持有至到期投资持有期间利息的核算。

【任务分析】

本任务要求学生通过学习持有至到期投资持有期间利息的会计处理原则、实际利率法、摊余成本，更好理解掌握不同情形下持有至到期投资持有期间利息的核算。

【知识准备及应用】

一、持有至到期投资持有期间利息的基本知识

（一）会计处理原则

持有至到期投资在持有期间应当按照债券的期初摊余成本乘以实际利率测算各期利息收入，计入投资收益。

（二）实际利率法

实际利率法，是指按照金融资产（含一组金融资产）的实际利率计算其摊余成本及各期利息收入的方法。

1. 实际利率，是指将金融资产在预期存续期间或适用的更短期间内的未来现金流量，折现为该金融资产当前账面价值所使用的利率。

2. 企业在初始确认以摊余成本计量的金融资产时，就应当计算确定实际利率，并在相关金融资产预期存续期间或适用的更短期间内保持不变。

（三）摊余成本

金融资产的摊余成本，是指该金融资产的初始确认金额经下列调整后的结果：

1. 扣除已偿还的本金。

2. 加上或减去采用实际利率法将该初始确认金额与到期日金额之间的差额进行摊销形成的累计摊销额。

3. 扣除已发生的减值损失（仅适用于金融资产）。

二、持有至到期投资持有期间利息的核算

（一）持有至到期投资持有期间利息的会计处理

资产负债表日，持有至到期投资为分期付息、一次还本债券投资的，应按票面利率计算确定的应收未收利息，借记“应收利息”科目，按持有至到期投资摊余成本和实际利率计算确定的利息收入，贷记“投资收益”科目，按其差额，借记或贷记“持有至到期投资——利息调整”科目。

持有至到期投资为一次还本付息债券投资的，应于资产负债表日按票面利率计算确定的应收未收利息，借记“持有至到期投资——应计利息”科目，按持有至到期投资摊余成本和实际利率计算确定的利息收入，贷记“投资收益”科目，按其差额，借记或贷记“持有至到期投资——利息调整”科目。下面通过几个例题加以说明持有至到期投资取得的核算。

持有至到期债券投资的计息，作如下会计处理：

资产负债表日，企业应当采用实际利率法，按摊余成本对持有至到期投资进行后续计量。

1. 对于分期付息、一次还本债券投资。

借：应收利息（按面值和票面利率计算）

持有至到期投资——利息调整（差额，或者贷记）

贷：投资收益（按摊余成本和实际利率计算）

2. 对于一次还本付息债券投资。

借：持有至到期投资——应计利息（按面值和票面利率计算）

持有至到期投资——利息调整（差额，或者贷记）

贷：投资收益（按摊余成本和实际利率计算）

（二）持有至到期投资持有期间利息的核算

1. 每年末付息，到期还本方式下取得持有至到期投资。

【同步操练6－3】天成公司于2016年1月1日从上市公司购买了一项五年期的债券，划分为持有至到期投资，买价90万元，另付交易费用5万元，该债券面值为100万元，票面利率为4%，假设每年末付息，到期还本。经计算实际利率约为5.16%。

天成公司应按照表6－1计算分摊利息并编制如下会计分录：

表6－1　利息收益及利息调整摊销额计算表（实际利率法）　单位：万元

日期	应收利息	实际利息收益	利息调整摊销额	持有至到期投资摊余成本
①	②＝面值×票面利率	③＝期初⑤×实际利率	④＝③－②	⑤＝期初⑤＋④
2016年初				95.00
2016年末	4.00	4.90	0.90	95.90
2017年末	4.00	4.95	0.95	96.85
2018年末	4.00	5.00	1.00	97.85
2019年末	4.00	5.05	1.05	98.90
2020年末	4.00	5.10*	1.10*	100.00
合计	20.00	25.00	5.00	—

注：此数据应采取倒挤的方法认定，否则会出现计算偏差，具体计算过程为：1.10*＝100－98.90，5.10*＝4＋1.10（万元）

（1）2016年12月31日，确认实际利息收益：

借：应收利息　　40 000

持有至到期投资——利息调整　　9 000

贷：投资收益　　49 000

收到票面利息时：

借：银行存款　　40 000

贷：应收利息　　40 000

（2）2017年12月31日，确认实际利息收益：

借：应收利息　　40 000

持有至到期投资——利息调整　　9 500

贷：投资收益　　49 500

收到票面利息时：

借：银行存款　　40 000
　　贷：应收利息　　40 000

(3) 2018 年 12 月 31 日，确认实际利息收益：

借：应收利息　　40 000
　　持有至到期投资——利息调整　　10 000
　　贷：投资收益　　50 000

收到票面利息时：

借：银行存款　　40 000
　　贷：应收利息　　40 000

(4) 2019 年 12 月 31 日，确认实际利息收益：

借：应收利息　　40 000
　　持有至到期投资——利息调整　　10 500
　　贷：投资收益　　50 500

收到票面利息时：

借：银行存款　　40 000
　　贷：应收利息　　40 000

(5) 2020 年 12 月 31 日，确认实际利息收益：

借：应收利息　　40 000
　　持有至到期投资——利息调整　　11 000
　　贷：投资收益　　51 000

收到票面利息时：

借：银行存款　　40 000
　　贷：应收利息　　40 000

(6) 2020 年 12 月 31 日，到期收回本金：

借：银行存款　　1 000 000
　　贷：持有至到期投资——成本　　1 000 000

2. 到期一次还本付息方式下取得持有至到期投资。

【同步操练 6-4】 天成公司于 2016 年 1 月 1 日从上市公司购买了一项五年期的债券，划分为持有至到期投资，买价 90 万元，另付交易费用 5 万元，该债券面值为 100 万元，票面利率为 4%，假设到期一次还本付息。经计算实际利率约为 4.78%。

天成公司应按照表 6-2 计算分摊利息并编制如下会计分录：

表 6-2　　利息收益及利息调整摊销额计算（实际利率法）　　单位：万元

日期	应计利息	实际利息收益	利息调整摊销额	持有至到期投资摊余成本
①	② = 面值 × 票面利率	③ = 期初⑤ × 实际利率	④ = ③ - ②	⑤ = 期初⑤ + ④
2016 年初				95.00
2016 年末	4.00	4.54	0.54	99.54

续表

日期	应计利息	实际利息收益	利息调整摊销额	持有至到期投资摊余成本
2017 年末	4.00	4.76	0.76	104.30
2018 年末	4.00	4.99	0.99	109.29
2019 年末	4.00	5.22	1.22	114.51
2020 年末	4.00	5.49*	1.49*	120.00
合计	20.00	25.00	5.00	—

注：此数据应采取倒挤的方法认定，否则会出现计算偏差，具体计算过程为：1.49* =120－114.51；5.49* =4+1.49（万元）

（1）2016 年 12 月 31 日，确认实际利息收益：

借：持有至到期投资——应计利息　　40 000

　　持有至到期投资——利息调整　　5 400

　　贷：投资收益　　45 400

（2）2017 年 12 月 31 日，确认实际利息收益：

借：持有至到期投资——应计利息　　40 000

　　持有至到期投资——利息调整　　7 600

　　贷：投资收益　　47 600

（3）2018 年 12 月 31 日，确认实际利息收益：

借：持有至到期投资——应计利息　　40 000

　　持有至到期投资——利息调整　　9 900

　　贷：投资收益　　49 900

（4）2019 年 12 月 31 日，确认实际利息收益：

借：持有至到期投资——应计利息　　40 000

　　持有至到期投资——利息调整　　12 200

　　贷：投资收益　　52 200

（5）2020 年 12 月 31 日，确认实际利息收益：

借：持有至到期投资——应计利息　　40 000

　　持有至到期投资——利息调整　　14 900

　　贷：投资收益　　54 900

（6）2020 年 12 月 31 日，到期收回本金和全部票面利息时：

借：银行存款　　1 200 000

　　贷：持有至到期投资——成本　　1 000 000

　　　　　　　　　　——应计利息　　200 000

【知识扩展】

如何测算实际利率？

甲企业 2016 年 1 月 3 日购入财政部 2016 年 1 月 1 日发行的五年期固定利率国债，该债券每年付息一次，最后一年还本金并付最后一次利息，票面年利率12%，债券面值1 000元（等于公允价值），甲企业按1 050元（含交易费用）的溢价价格购入800张，票款以银行存款付讫。

① 设内含报酬率为r，则r满足如下等式：

840 000 = 800 000 × 12% × (P/A, r, 5) + 800 000 × (P/F, r, 5)

【备注】

(P/A, 10%, 5) = 3.790787；(P/A, 11%, 5) = 3.695897；

(P/F, 10%, 5) = 0.620921；(P/F, 11%, 5) = 0.593451

② 内插法计算过程如下：

先按10%测试：

800 000 × 0.620921 + 96 000 × 3.790787 = 860 652 > 840 000 说明 r > 10%

再按11%的利率测试：

800 000 × 0.593451 + 96 000 × 3.695897 = 829 567 < 840 000 说明 r < 11%

根据内插法作如下推导：

(r − 10%)/(11% − 10%) = (840 000 − 860 652)/(829 567 − 860 652)

计算得：r ≈ 10.66%

【小思考6-2】若天成公司溢价购入某上市公司五年期债券，持有期间的利息应如何处理？为什么？

【任务评价】

本任务介绍了持有至到期投资持有期间利息的会计处理原则、实际利率法、摊余成本以及持有至到期投资持有期间利息的核算。

任务三　持有至到期投资减值的核算

【任务描述】

本任务主要讲授当发生哪些情形时可以确认发生减值以及如何计量和记录持有至到期投资减值。

【任务分析】

本任务是持有至到期投资的一个难点。要求学生掌握确认发生减值的情形以及计量和记录持有至到期投资减值的方法。

【知识准备及应用】

一、持有至到期投资减值的基本知识

期末，当持有至到期投资出现以下情况时，可以确认为发生减值：

1. 发行方或债务人发生严重财务困难。
2. 债务人违反了合同条款，如偿付利息或本金发生违约或逾期等。
3. 债权人出于经济或法律等方面因素的考虑，对发生财务困难的债务人作出让步。
4. 债务人很可能倒闭或进行其他财务重组。

5. 因发行方发生重大财务困难，该金融资产无法在活跃市场继续交易。

6. 无法辨认一组金融资产中的某项资产的现金流量是否已经减少，但根据公开的数据对其进行总体评价后发现，该组金融资产自初始确认以来的预计未来现金流量确已减少且可计量。

7. 债务人经营所处的技术、市场、经济或法律环境等发生重大不利变化，使权益工具投资人可能无法收回投资成本。

8. 权益工具投资的公允价值发生严重或非暂时性下跌。

9. 其他表明金融资产发生减值的客观证据。

二、持有至到期投资减值的计量和处理

1. 持有至到期投资发生减值时，应当将该金融资产的账面价值减记至预计未来现金流量（不包括尚未发生的未来信用损失）现值，减记的金额确认为资产减值损失，计入当期损益。

借：资产减值损失

　　贷：持有至到期投资减值准备

2. 对持有至到期投资确认减值损失后，如有客观证据表明该金融资产价值已恢复，且客观上与确认该损失后发生的事项有关（如债务人的信用评级已提高等），应在原确认的减值损失范围内按恢复的金额，计入当期损益。但是，转回后的账面价值不应当超过假定不计提减值准备情况下该金融资产在转回日的摊余成本。

计提减值准备后，价值又回升时：

借：持有至到期投资减值准备

　　贷：资产减值损失

3. 持有至到期投资可收回价值按未来现金流量旧的内含报酬率折现认定，计提减值计提后，后续利息收益 = 新的本金 × 旧利率

【同步操练 6－5】 天成公司于 2016 年 1 月 1 日从上市公司购买了一项五年期的债券，划分为持有至到期投资，买价 90 万元，另付交易费用 5 万元，该债券面值为 100 万元，票面利率为 4%，假设每年末付息，到期还本。2016 年末该债券投资的可收回价值为 95.5 万元，2017 年末债券投资的可收回价值为 96.5 万元，2018 年初甲公司出售此债券，卖价 98 万元，交易费用 1.1 万元。经计算实际利率约为 5.16%。

天成公司应编制如下会计分录：

1. 首先计算内含报酬率。设内含利率为 r，该利率应满足如下条件：

$4/(1+r)^1+4/(1+r)^2+\cdots+104/(1+r)^5=95$（万元）

采用插值法，计算得出 r≈5.16%。

2. 2016 年初购入该债券时。

	借方	贷方
借：持有至到期投资——成本	1 000 000	
贷：银行存款		950 000
持有至到期投资——利息调整		50 000

3. 利息收益计算过程。天成公司应按照表 6－3 计算分摊利息并编制如下会计分录：

表6-3　　利息收益及利息调整摊销额计算（实际利率法）　　单位：万元

日期	应收利息	实际利息收益	利息调整摊销额	持有至到期投资摊余成本	可收回价值
①	② = 面值 × 票面利率	③ = 期初⑤ × 实际利率	④ = ③ - ②	⑤ = 期初⑤ + ④	
2016年初				95.00	
2016年末	4.00	4.90	0.90	95.90	95.5
2017年末	4.00	4.93	0.93	96.43	96.5

（1）2016年后续会计分录：

借：应收利息　　40 000

　　持有至到期投资——利息调整　　9 000

　　贷：投资收益　　49 000

收到利息时：

借：银行存款　　40 000

　　贷：应收利息　　40 000

减值计提时：

借：资产减值损失　　4 000

　　贷：持有至到期投资减值准备　　4 000

（2）2017年会计分录：

借：应收利息　　40 000

　　持有至到期投资——利息调整　　9 300

　　贷：投资收益　　49 300

收到利息时：

借：银行存款　　40 000

　　贷：应收利息　　40 000

减值反冲时：

借：持有至到期投资减值准备　　700

　　贷：资产减值损失　　700

（3）2018年处置投资时：

借：银行存款　　969 000

　　持有至到期投资减值准备　　3 300

　　持有至到期投资——利息调整　　31 700

　　贷：持有至到期投资——成本　　1 000 000

　　　　投资收益　　4 000

【小思考6-3】

① 持有至到期投资可收回价值是如何认定的？

② 持有至到期投资减值后投资收益按什么认定的？

③ 持有至到期投资减值后是否可以恢复，能否超过已提减值准备数？

④ 持有至到期投资的摊余成本指的是什么？

【任务评价】

本任务主要介绍了持有至到期投资减值的确认、计量以及持有至到期投资减值的核算，该任务难度较大，需要反复操作，才能加以掌握。

任务四　持有至到期投资处置的核算

【任务描述】

本任务主要叙述持有至到期投资处置的基本知识，掌握持有至到期投资处置的核算。

【任务分析】

本任务要求学生掌握从购入债券、持有期间利息、发生减值及到期收回的会计核算。

【知识准备及应用】

一、持有至到期投资处置的基本知识

企业出售持有至到期投资时，应当将取得的价款与账面价值之间的差额作为投资损益进行会计处理。如果对持有至到期投资计提了减值准备，还应当同时结转减值准备。

二、持有至到期投资处置的核算

借：银行存款

　　持有至到期投资减值准备

　　贷：持有至到期投资——成本

　　　　　　　　　　　——利息调整（或借）

　　　　　　　　　　　——应计利息（到期一次还本付息的债券）

　　　　投资收益（或借）

【同步操练 6-6】天成公司 2016 年 1 月 3 日购入财政部 2017 年 1 月 1 日发行的五年期固定利率国债，该债券每年付息一次，最后一年还本金并付最后一次利息，票面年利率 12%，债券面值 1 000 元（等于公允价值），甲企业按 1 050 元（含交易费用）的溢价价格购入 800 张，票款以银行存款付讫。经计算实际利率约为 10.66%。

天成公司应按照表 6-4 计算分摊利息并编制如下会计分录：

表 6-4　利息收益及利息调整摊销额计算（实际利率法）　单位：万元

日期	应收利息	实际利息收益	利息调整摊销额	持有至到期投资摊余成本
①	② = 面值 × 票面利率	③ = 期初⑤ × 实际利率	④ = ② - ③	⑤ = 期初⑤ - ④
2016 年初				84.00

续表

日期	应收利息	实际利息收益	利息调整摊销额	持有至到期投资摊余成本
2016 年末	9.60	8.95	0.65	83.35
2017 年末	9.60	8.89	0.71	82.64
2018 年末	9.60	8.81	0.79	81.85
2019 年末	9.60	8.73	0.87	80.98
2020 年末	9.60	8.62*	0.98*	80.00
合计	48.00	44.00	4.00	—

注：此数据应采取倒挤的方法认定，否则会出现计算偏差，具体计算过程为：0.98* =80.98 -80.00；8.62* =9.60 -0.98（万元）

1. 甲企业在 2017 年 1 月 3 日购入债券时，相关会计分录如下：

借：持有至到期投资——成本　　800 000

　　　　　　　　——利息调整　　40 000

　　贷：银行存款　　840 000

2. 各期利息收益计算表（见表 6 -4）。

2016 年 12 月 31 日，确认投资收益时：

借：应收利息　　96 000

　　贷：持有至到期投资——利息调整　　6 500

　　　　投资收益　　89 500

收到利息时：

借：银行存款　　96 000

　　贷：应收利息　　96 000

其他年份处理相同，不予赘述。

3. 债券到期收回债券本金和最后一期利息时：

借：银行存款　　896 000

　　贷：持有至到期投资——成本　　800 000

　　　　应收利息　　96 000

4. 如果甲公司持有的乙公司债券在第四年，即 2019 年 12 月 31 日经检查，该批债券已发生减值，预计只能收回本息 500 000 元。

（1）该批债券预计未来现金流量现值 =500 000/(1 +10.66%) =45.18（万元）

（2）未提减值准备前持有至到期投资的账面价值 =80.98（万元）

（3）应计提减值准备 =80.98 -45.18 =35.79（万元）

（4）计提减值准备的会计处理：

借：资产减值损失　　357 900

　　贷：持有至到期投资减值准备　　357 900

（5）2020 年 12 月 31 日应作如下处理：

按新本金、旧利率的计算原则，当年的利息收益 =(80.98 -35.79) ×10.66% =4.82

（万元），会计分录如下：

借：应收利息　　96 000

　贷：投资收益　　48 200

　　持有至到期投资——利息调整　　47 800

（6）2020 年末持有至到期债券账面余额 = 80.98 − 4.78 = 76.20（万元），持有至到期债券减值准备科目有余额 35.79 万元，实际收到本息 50 万元时：

借：银行存款　　500 000

　持有至到期投资减值准备　　357 900

　持有至到期投资——利息调整　　38 100

　贷：持有至到期投资——成本　　800 000

　　应收利息　　96 000

【小贴士】

1. 在分次付息债券折价前提下，每年的实际利息收益大于票面利息；差额追加本金直至面值；每年的摊余成本和利息收益呈上升态势。

2. 分次付息债券溢价前提下，每年的实际利息收益小于票面利息；差额冲减本金直至面值；每年的摊余成本和利息收益呈下降态势。

3. 到期一次还本付息债券，每年的摊余成本和实际利息收益呈上升态势。

【知识扩展】

企业将某项资产划分为持有至到期投资后，可能会发生到期前将该金融资产予以处置或重分类的情况。这种情况的发生通常表明企业违背了将投资持有至到期的意图。

企业将尚未到期的某项持有至到期投资在本会计年度内予以出售或重分类为可供出售金融资产的金额，相对于该类投资（即企业内部持有至到期投资）在出售或重分类前的总额较大时，则企业在处置或者重分类后应立即将其剩余的持有至到期投资（即全部持有至到期投资扣除已处置或重分类的部分）重分类为可供出售金融资产，且在本会计年度及后两个完整的会计年度内不得再将该金融资产划分为持有至到期投资。

但是，下列情况除外：

1. 出售日或重分类日距离该项投资到期日或赎回日较近（如到期前三个月内），且市场利率变化对该项投资的公允价值没有显著影响。

2. 根据合同约定的定期偿付或提前还款方式收回该所有初始本金后，将剩余部分予以出售或重分类。

3. 出售或重分类是由于企业无法控制、预期不会重复发生且难以合理预计的独立事项所引起。此种情况主要包括：

（1）因被投资单位信用状况严重恶化，将持有至到期投资予以出售。

（2）因相关税收法规取消了持有至到期投资的利息税前可抵扣政策，或显著减少了税前可抵扣金额，将持有至到期投资予以出售。

（3）因发生重大企业合并或重大处置，为保持现行利率风险头寸或维持现行信用风险政策，将持有至到期投资予以出售。

（4）因法律、行政法规对允许投资的范围或特定投资品种的投资限额做出重大调整，将持有至到期投资予以出售。

（5）因监管部门要求大幅度提高资产流动性，或大幅度提高持有至到期投资在计算资本充足率时的风险权重，将持有至到期投资予以出售。

【小思考6－4】如果将持有至到期投资重分类为可供出售金融资产，应如何进行会计核算。

【任务评价】

本任务主要包括购入债券、持有期间利息确认、发生减值及到期收回四个环节。该任务难度较大，需要反复操作，才能加以掌握。

【情境总结】（见表6－5）

表6－5　持有至到期投资

业务内容	账务处理
持有至到期投资取得的核算	借：持有至到期投资——成本（面值） ——应计利息（债券买入时所含的未到期利息） ——利息调整（初始入账成本－债券购入时所含的未到期利息－债券面值）（溢价记借，折价记贷） 应收利息（债券买入时所含的已到付息期但尚未领取的利息） 贷：银行存款
持有至到期投资持有期间利息的核算	1. 对于分期付息、一次还本债券投资： 借：应收利息（按面值和票面利率计算） 持有至到期投资——利息调整（差额，或者贷记） 贷：投资收益（按摊余成本和实际利率计算） 2. 对于一次还本付息债券投资 借：持有至到期投资——应计利息（按面值和票面利率计算） 持有至到期投资——利息调整（差额，或者贷记） 贷：投资收益（按摊余成本和实际利率计算）
持有至到期投资减值的核算	1. 持有至到期投资发生减值时： 借：资产减值损失 贷：持有至到期投资减值准备 2. 对持有至到期投资确认减值损失后，如有客观证据表明该金融资产价值已恢复，且客观上与确认该损失后发生的事项有关（如债务人的信用评级已提高等），应在原确认的减值损失范围内按恢复的金额，计入当期损益。但是，转回后的账面价值不应当超过假定不计提减值准备情况下该金融资产在转回日的摊余成本。 计提减值准备后，价值又回升时： 借：持有至到期投资减值准备 贷：资产减值损失
持有至到期投资处置的核算	借：银行存款 持有至到期投资减值准备 贷：持有至到期投资——成本 ——利息调整（或借） ——应计利息（到期一次还本付息的债券） 投资收益（或借）

【复习思考题】

1. 什么是持有至到期投资？具体有哪些特征？
2. 持有至到期投资取得的核算是什么？

3. 持有至到期投资持有期间利息的核算是什么?
4. 持有至到期投资减值的核算是什么?
5. 持有至到期投资处置的核算是什么?

【练习题】

一、单项选择题

1. 2016 年 1 月 1 日，天成公司购入乙公司当月发行的面值总额为 1 000 万元的债券，期限为五年，到期一次还本付息。票面利率 8%，支付价款 1 080 万元，另支付相关税费 10 万元，天成公司将其划分为持有至到期投资，天成公司应确认持有至到期投资——利息调整的金额为（　　）万元。

A. 70　　B. 80　　C. 90　　D. 110

2. 天成公司 2016 年 1 月 3 日按每张 650 元（含交易费用）的溢价价格购入乙公司于 2016 年 1 月 1 日发行的期限为 5 年、面值为 600 元、票面固定年利率为 10% 的普通债券 100 张，票款以银行存款支付。该债券每年付息一次，最后一年归还本金和最后一次利息。假设实际年利率为 5%，天成公司将其作为持有至到期投资核算则 2017 年天成公司因持有该批债券应确认的“投资收益”（　　）元。

A. 5 750　　B. 5 500　　C. 7 150　　D. 3 112. 5

3. 2016 年 1 月 1 日，天成公司以银行存款 110 万元购入甲公司当日发行的面值为 100 万元的 5 年期不可赎回债券，企业将其划分为持有至到期投资。该票面年利率为 10%，每年付息一次，实际年利率为 8. 3%。假定不考虑其他因素，2016 年 12 月 31 日天成公司该债券投资的账面价值为（　　）万元。

A. 109. 13　　B. 109　　C. 119. 13　　D. 110

4. 2016 年 1 月 1 日，天成公司从二级市场购入甲公司分期付息、到期还本的债券 8 000 张，以银行存款支付价款 120 万元，另支付相关费用 10 万元。该债券系甲公司于 2015 年 1 月 1 日发行，每张债券面值为 180 元，期限为 3 年，票面年利率为 5%，每年年末支付当年度利息。天成公司拟持有该债券至到期。则天成公司持有甲公司债券至到期累计应确认的投资收益为（　　）万元。

A. 20　　B. 28. 4　　C. 22. 2　　D. 21. 2

5. 2016 年 1 月 11 日，天成公司从证券市场购入甲公司一次还本付息，面值为 500 万元，票面年利率为 3% 的债券，支付实际价款 520 万元，另支付相关交易费用 3 万元。该债券发行日为 2016 年 1 月 1 日，实际年利率为 5%。天成公司将该债券作为持有至到期投资核算，则该债券的入账价值为（　　）万元。

A. 500　　B. 523　　C. 503　　D. 515

6. 2016 年 1 月 1 日，天成公司从二级市场购入乙公司分期付息，到期还本的债券 10 万张，以银行存款支付价款 2 100 万元，另支付相关交易费用 15 万元。该债券系乙公司于 2015 年 1 月 1 日发行，每张债券面值为 200 元，期限为 3 年，票面年利率为 5%，每年年末支付当年度利息。天成公司拟持有该债券至到期。天成公司持有乙公司债券至到期累计应确认的投资收益是（　　）万元。

A. 105　　B. 0　　C. 100　　D. 85

7. 企业取得持有至到期投资时支付的下列款项中，不应计入持有至到期投资成本的是（　　）。

A. 已到付息期但尚未领取的债券利息　　B. 相关税金

C. 相关手续费　　D. 购买价款

8. 到期一次还本付息与分期付息的持有至到期投资，会计核算上的主要差别在于（　　）。

A. 初始投资成本的确认方法不同　　B. 持有至到期投资减值的核算不同

C. 应收票面利息核算所使用的会计科目不同　　D. 交易费用的核算不同

9. 下列各项资产减值准备中，在相应资产的持有期间内，可以转回的是（　　）。

A. 固定资产减值准备　　B. 持有至到期投资减值准备

C. 商誉减值准备　　D. 长期股权投资减值准备

10. 2016年1月1日，天成公司自证券市场购入面值总额为2 000万元的债券。购入时实际支付价款2 078.98万元，另外支付交易费用10万元。该债券发行日为2016年1月1日，系分期付息、到期还本债券，期限为5年，票面年利率为5%，年实际利率为4%，每年12月31日支付当年利息。天成公司将该债券作为持有至到期投资核算。假定不考虑其他因素，该持有至到期投资2016年12月31日的账面价值为（　　）万元。

A. 2 062.14　　B. 2 068.98　　C. 2 072.54　　D. 2 083.43

11. 2016年1月1日，天成公司从二级市场购入乙公司分期付息、到期还本的债券12万张，以银行存款支付价款1 050万元，另支付相关交易费用12万元。该债券系乙公司于2015年1月1日发行，每张债券面值为100元，期限为3年，票面年利率为5%，每年年末支付当年度利息。天成公司拟持有该债券至到期。天成公司持有乙公司债券至到期累计应确认的投资收益是（　　）万元。

A. 120　　B. 258　　C. 270　　D. 318

12. 2016年1月1日，天成公司自证券市场购入面值总额为2 000万元的债券。购入时实际支付价款2 078.98万元，另外支付交易费用10万元。该债券发行日为2016年1月1日，系分期付息、到期还本债券，期限为5年，票面年利率为5%，年实际利率为4%，每年12月31日支付当年利息。天成公司将该债券作为持有至到期投资核算。假定不考虑其他因素，该持有至到期投资2017年12月31日的账面价值为（　　）万元。

A. 1 888.98　　B. 2 055.44　　C. 2 072.54　　D. 2 083.43

二、多项选择题

1. 下列关于持有至到期投资核算的说法中，正确的有（　　）。

A. 持有至到期投资核算企业持有至到期投资的摊余成本

B. 企业取得持有至到期投资应当按照公允价值计量，取得持有至到期投资所发生的交易费用记入“投资收益”科目

C. 持有至到期投资核算衍生金融工具

D. 企业出售持有至到期投资时，应当将取得的价款与账面价值之间的差额作为投资损益进行核算

2. 下列关于持有至到期投资的表述中，正确的有（　　）。

A. 该投资到期日固定、回收金额固定或可确定

B. 企业有明确意图和能力持有至到期

C. 金融资产的发行方可以按照明显低于其摊余成本的金额清偿

D. 期限短于1年的债券投资不可以划分为持有至到期投资

E. 该投资属于非衍生金融资产

3. 下列各项中，影响持有至到期投资摊余成本的有（　　）。

A. 确认的减值准备　　B. 分期收回的本金

C. 利息调整的累计摊销额　　D. 对到期一次付息债券确认的票面利息

三、判断题

1. 处置持有至到期投资时应将所取得价款与该投资账面价值之间的差额记入“资本公积”科目。（　　）

2. 企业在持有至到期投资期间，应当按照公允价值对持有至到期投资进行计量。（　　）

3. 计算持有至到期投资利息收入所采用的实际利率，应当在取得该项投资时确定，且在该项投资预期存续签期间或适用的更短期间内保持不变。（　　）

4. 企业为取得持有至到期投资发生的交易费用应计入当期损益，不应计入其初始确认金额。（　　）

5. 企业对持有至到期投资初始确认金额与到期日金额之间的差额应采用实际利率法进行摊销，也可采用直线法进行摊销。（　　）

6. 已计提了减值的持有至到期投资在价值回升时，均应在原来计提的减值准备范围内转回。（　　）

四、计算分析题

1. 2016 年 1 月 1 日，天成公司支付价款 2 000 万元（含交易费用）从活跃市场上购入乙公司五年期债券，面值 2 500 万元，票面年利率 4.72%，按年支付利息（即每年 118 万元），本金最后一次支付。天成公司将购入的该公司债券划分为持有至到期投资，且不考虑所得税减值损失等因素。该债券投资的实际利率为 10%。

要求：编制天成公司在取得持有至到期投资和持有至到期投资期间的会计分录（单位：万元）。

2. 2012 年 1 月 1 日，天成公司支付价款 2 000 000 元（含交易费用）从上海证券交易所购入 C 公司同日发行的五年期债券 12 500 份，债券票面价值总额为 2 500 000 元，票面年利率为 4.72%，于年末支付本年度债券利息，本金在债券到期时一次性偿还。2016 年 1 月 5 日天成公司将持有的 C 公司债券全部出售，取得价款 2 400 000 元，天成公司将其划分为持有至到期投资。该债券投资的实际利率为 10%。

要求：编制天成公司在取得持有至到期投资和持有至到期投资期间的会计分录。

3. 2012 年 1 月 1 日，天成公司支付价款 1 000 000 元（含交易费用）从上海证券交易所购入 A 公司同日发行的 5 年期公司债券 12 500 份，债券票面价值总额为 1 250 000 元，票面年利率为 4.72%，于年末支付本年度债券利息（即每年利息为 59 000 元），本金在债券到期时一次性偿还。合同约定：A 公司在遇到特定情况时可以将债券赎回，且不需要为提前赎回支付额外款项。天成公司在购买该债券时，预计 A 公司不会提前赎回。天成公司有意图也有能力将该债券持有至到期，划分为持有至到期投资。有关资料如下：

（1）2013 年 12 月 31 日，有客观证据表明 A 公司发生了严重财务困难，天成公司据此认定对 A 公司的债券投资发生了减值，并预期 2014 年 12 月 31 日将收到利息 59 000 元，2015 年 12 月 31 日将收到利息 59 000 元，但 2016 年 12 月 31 日仅收到本金 800 000 元。

（2）2014 年 12 月 31 日，收到 A 公司支付的债券利息 59 000 元。

（3）2015 年 12 月 31 日，收到 A 公司支付的债券利息 59 000 元，并且有客观证据表明 A 公司财务状况显著改善，A 公司的偿债能力有所恢复，估计 2016 年 12 月 31 日将收到利息 59 000 元，本金 1 000 000 元。

（4）2016 年 12 月 31 日，收到 A 公司支付的债券利息 59 000 元和偿还的本金 1 000 000 元。

假定不考虑所得税因素。

要求：编制天成公司在取得持有至到期投资和持有持有至到期投资期间的会计分录。

项目七

长期股权投资的核算

【学习目标】

知识目标：通过学习，了解长期股权投资的含义和范围，能够正确区分企业对被投资单位的投资类型，掌握长期股权投资的成本法及权益法的核算，以及长期股权投资减值准备的确认及核算。

能力目标：通过学习，能够正确选择不同投资类型下长期股权投资的核算方法，能够按照规范流程进行成本法和权益法的核算，正确确认长期股权投资是否发生减值，以及在长期股权投资在发生减值时进行的账务处理。

【情境导入】

天成公司2016年1月10日从上海证券交易所购买长信股份有限公司发行的股票500 000股准备长期持有，从而拥有长信股份有限公司0.5%的股份。每股买入价为6元，另外购买该股票时发生有关税费50 000元，款项已支付。作为企业的财务人员，你该如何进行账务处理呢？若甲公司所占股份为30%和60%时，你又该如何进行账务处理呢？

【知识准备及应用】

一、长期股权投资概述

长期股权投资，是指投资企业对被投资单位实施控制、重大影响的权益性投资，以及对其合营企业的权益性投资。除此之外，其他权益性投资不作为长期股权投资进行核算，而应当按照《企业会计准则第22号——金融工具确认和计量》的规定进行会计核算。

企业能够对被投资单位实施控制的，被投资单位为本企业的子公司。控制，是指投资方拥有对被投资方的权力，通过参与被投资方的相关活动而享有可变回报，并且有能力运用对被投资方的权力影响其回报金额。

企业与其他方对被投资单位实施共同控制的，被投资单位为本企业的合营企业。共同控制，是指按照相关约定对某项安排所共有的控制，并且该安排的相关活动必须经过分享控制权的参与方一致同意后才能决策。

企业能够对被投资单位施加重大影响的，被投资单位为本企业的联营企业。重大影响，是指投资企业对被投资单位的财务和经营政策有参与决策的权利，但并不能够控制或者与其他方一起共同控制这些政策的制定。在确定能否对被投资单位施加重大影响时，应当考虑投资企业和其他方持有的被投资单位当期可转换公司债券、当期可执行认股权证等潜在表决权因素。投资企业通常可以通过以下一种或几种情形来判断是否对被投资单位具有重大影响：

1. 在被投资单位的董事会或类似权力机构中派有代表。在这种情况下，由于在被投资单位的董事会或类似权力机构中派有代表，并相应享有实质性的参与决策权，投资方可以通过该代表参与被投资单位财务和经营政策的制定，达到对被投资单位施加重大影响。

2. 参与被投资单位财务和经营政策制定过程。在这种情况下，在制定政策过程中可以为其自身利益提出建议和意见，从而可以对被投资单位施加重大影响。

3. 与被投资单位之间发生重要交易。有关的交易因对被投资单位的日常经营具有重要性，进而一定程度上可以影响到被投资单位的生产经营决策。

4. 向被投资单位派出管理人员。在这种情况下，管理人员有权力主导被投资单位的相关活动，从而能够为被投资单位施加重大影响。

5. 向被投资单位提供关键技术资料。因被投资单位的生产经营需要依赖投资方的技术或技术资料，表明投资方对被投资单位具有重大影响。

但需要注意的是，存在上述一种或多种情形并不意味着投资方一定对被投资方具有重大影响。投资企业需要综合考虑所有事实和情况来作出恰当的判断。

二、长期股权投资准则规范的范围

本项目涉及的长期股权投资是指应当按照《企业会计准则第 2 号——长期股权投资》进行核算的权益性投资，主要包括两个方面：一是包括企业持有的对其子公司、合营企业及联营企业的权益性投资；二是企业持有的对被投资单位不具有控制、共同控制或重大影响，且在活跃市场中没有报价、公允价值不能可靠计量的权益性投资。除以上两方面权益性投资外，其他权益性投资包括为交易目的持有的权益性投资以及企业持有的对被投资单位不具有控制、共同控制或重大影响，且在活跃市场中有报价、公允价值能够可靠计量的权益性投资，应当按照《企业会计准则第 22 号——金融工具确认和计量》的规定核算。

三、长期股权投资核算的账户设置

为了核算企业长期股权投资的发生、投资额的增减变动、投资的收回、投资过程中产生的损益以及减值情况，企业应当设置“长期股权投资”、“投资收益”、“长期股权投资减值准备”等账户。

（一）“长期股权投资”账户

该账户是资产类账户，核算企业持有的采用成本法和权益法核算的长期股权投资。借方登记长期股权投资取得时的成本以及采用权益法核算时按被投资企业实现的净利润计算的应分享的份额；贷方登记收回长期股权投资的价值或采用权益法核算出资单位宣告分派现金股利或利润时企业按持股比例计算应享有的份额，以及按被投资单位发生的净亏损计算的应分担的份额；期末借方余额，反映企业持有的长期股权投资的价值。本账户可按波动投资单位进行明细核算。采用权益法核算时，还应分别对“成本”、“损益调整”、“其他综合收益”、“其他权益变动”进行明细核算。

（二）“投资收益”账户

该账户是损益类账户，反映企业对外投资发生的投资收益或投资损失。贷方登记取得的投资收益，借方登记发生的投资损失。具体核算内容取决于长期股权投资核算采用成本法还是权益法。

（三）“长期股权投资减值准备”账户

该账户是资产类账户，用来核算企业提取的长期股权投资减值准备。提取长期股权投资减值准备时，记入该账户的贷方；处置该长期股权投资时，应同时在该咳账户的借方结转已计提的长期股权投资减值准备；余额一般在贷方，反映企业已经计提但尚未转销的长期股权投资减值准备。

任务一　长期股权投资成本法的核算

【任务描述】

本任务主要讲授成本法的含义及其适用范围以及掌握成本法下长期股权投资的核算方法。

【任务分析】

本任务要求学生通过学习长期股权投资的概念、科目设置及核算要求，掌握成本法下长期股权投资取得的核算以及成本法下长期股权投资取得现金股利或利润的核算。

【知识准备及应用】

一、长期股权投资成本法核算的范围

企业能够对被投资单位实施控制的长期股权投资，即企业对子公司的长期股权投资，应当采用成本法核算，投资企业为投资性主体且子公司不纳入其合并财务报表的除外。

对子公司的长期股权投资采用成本法核算，主要是为了避免在子公司实际发放现金股利或利润之前，母公司垫付资金发放现金股利或利润等情况，解决了原来权益法下投资收益不能足额收回导致超分配的问题。

二、采用成本法核算长期股权投资的账务处理

（一）长期股权投资初始投资成本的确定

除企业合并形成的长期股权投资以外，以支付现金取得的长期股权投资，应当按照实际支付的购买价款作为初始投资成本。投资企业所发生的与取得长期股权投资直接相关的费用、税金及其他必要支出应计入长期股权投资的初始投资成本。

此外，投资企业取得长期股权投资，实际支付的价款或对价中包含的已宣告但尚未发放的现金股利或利润，作为应收项目处理，不构成长期股权投资的成本。

（二）长期股权投资的取得

投资企业取得长期股权投资时，应当按照初始投资成本计价。追加投资，投资企业应当调整长期股权投资的成本。

除企业合并形成的长期股权投资以外，以支付现金、非现金资产等方式取得的长期股权投资，应当按照上述规定确定的长期股权投资初始投资成本，借记“长期股权投资”科目，贷记“银行存款”等科目。如果实际支付的价款中包含已宣告但尚未分派的现金股利或利润，借记“应收股利”科目，贷记“银行存款”科目。

（三）长期股权投资初始投资成本的确定

除企业合并形成的长期股权投资以外，以支付现金取得的长期股权投资，应当按照实际支付的购买价款作为初始投资成本。企业所发生的与取得长期股权投资直接相关的费用、税金及其他必要支出应记入长期股权投资的初始投资成本。此外企业取得长期股权投资，实际支付的价款或对价中包含的已宣告但尚未发放的现金股利或利润，作为应收项目处理，不构成长期股权投资的成本。

（四）长期股权投资的取得

长期股权投资取得时，应按照初始投资成本计价：

借：长期股权投资

　　应收股利（已宣告但尚未发放的现金股利）

　　贷：银行存款/其他货币资金

【同步操练7-1】天成公司2015年1月10日从上海证券交易所购买长信股份有限公司发行的股票500 000股准备长期持有，从而拥有长信股份有限公司0.5%的股份。每股买入价为6元，另外购买该股票时发生有关税费50 000元，款项已支付。

天成公司应编制如下会计分录：

（1）计算初始投资成本：

股票成交金额	（500 000×6）3 000 000
加：相关税费	50 000
	3 050 000

（2）编制购入股票的会计分录：

借：长期股权投资——长信股份有限公司　　3 050 000

　　贷：其他货币资金——存出投资款　　3 050 000

【同步操练7-2】天成公司2015年5月15日在上海证券交易所购买乙公司的股票100 000股作为长期投资，每股买入价为10元，每股价格中包含有0.2元的已宣告分派的现金股利，另支付相关税费7 000元。

天成公司应编制如下会计分录：

（1）计算初始投资成本：

股票成交金额　　（100 000×10）1 000 000

加：相关税费　　　　　　　　　　　　7 000
减：已宣告发放的现金股利　　　　　　（100 000×0.2）（20 000）
　　　　　　　　　　　　　　　　　　987 000

（2）编制购入股票的会计分录：

借：长期股权投资——乙公司　　987 000
　　应收股利——乙公司　　20 000
　　贷：其他货币资金——存出投资款　　1 007 000

（3）假定天成公司2015年6月20日收到乙公司分来的购买该股票时已宣告分派的现金股利20 000元。

借：其他货币资金——存出投资款　　20 000
　　贷：应收股利——乙公司　　20 000

（五）长期股权投资持有期间被投资单位宣告发放现金股利

长期股权投资持有期间被投资单位宣告发放现金股利时，对采用成本法核算的，投资企业按应享有的份额确认为当期投资收益，借记“应收股利”科目，贷记“投资收益”科目。

借：应收股利
　　贷：投资收益

【同步操练7-3】假设天成公司于2016年6月20日收到乙公司宣告分派2015年现金股利的通知，应分得现金股利5 000元。

天成公司应编制如下会计分录：

借：应收股利——乙公司　　5 000
　　贷：投资收益　　5 000

（六）长期股权投资的处置

企业长期股权投资时，按照实际取得的价款与长期股权投资账面价值的差额确认为投资损益，并应同时结转已计提的长期股权投资减值准备。

投资企业处置行期股权投资时，应当按照实际收到的金额，借记“银行存款”等科目，按照原已计提的减值准备，借记“长期股权投资减值准备”科目，按照该项长期股权投资的账面余额，贷记“长期股权投资”科目，按照尚未领取的现金股利或利润，贷记“应收股利”科目，按照其差额，贷记或借记“投资收益”科目。

借：银行存款/其他货币资金
　　长期股权投资减值准备
　　贷：长期股权投资
　　　　应收股利
　　　　投资收益（亏损在借方）

【同步操练7-4】天成公司在上海证券交易所将其作为长期投资持有的丙公司15 000股股票，以每股10元的价格卖出，支付相关税费1 000元，取得价款149 000元，款项已由银行收妥。该长期股权投资账面价值为140 000元，假定没有计提减值准备。

天成公司应编制如下会计分录：

（1）计算投资收益：

股票转让取得价款	149 000
减：投资账面余额	（140 000）
	9 000

（2）编制出售股票时的会计分录：

借：其他货币资金——存出投资款　　149 000

　　贷：长期股权投资——丙公司　　140 000

　　　　投资收益　　9 000

【任务评价】

本任务主要介绍了长期股权投资成本法的核算。在成本法下，长期股权投资应当按照初始投资成本计量。追加或收回投资应当调整长期股权投资的成本，被投资单位宣告分派的现金股利或利润，确认为当期投资收益。但投资收益的确认仅限于被投资单位接受投资后产生的累积净利润的分配额，所获得的利润或现金股利超过上述数额的部分，作为初始投资的成本收回。

任务二　长期股权投资权益法的核算

【任务描述】

本任务主要讲授权益法的含义及其适用范围，掌握权益法下长期股权投资的核算方法。

【任务分析】

本任务要求学生通过学习权益法下长期股权投资的会计处理方法，掌握权益法下长期股权投资取得的核算、长期股权投资损益的核算、长期股权投资取得现金股利或利润的核算以及权益法下被投资单位其他权益变动相关的核算。

【知识准备及应用】

一、长期股权投资权益法核算的范围

企业对被投资单位具有共同控制或重大影响时，长期股权投资应当采用权益法核算。

（1）企业对被投资单位具有共同控制的长期股权投资，即企业对合营企业的长期股权投资。

（2）企业对被投资单位具有重大影响的长期股权投资，即企业对联营企业的长期股权投资。

投资企业对联营企业的权益性投资，其中一部分通过风险投资机构、共同基金、信托公司或包括投连险基金在内的类似主体间接持有的，无论以上主体是否对这部分投资具有重大影响，投资企业都可以按照《企业会计准则第22号——金融工具确认和计量》的有关规定，对间接持有的该部分投资选择以公允价值计量且其变动计入当期损益，并对其余部分采

用权益法核算。

二、采用权益法核算长期股权投资的账务处理

（一）长期股权投资初始投资成本的确定

1. 投资企业取得长期股权投资采用权益法核算，若长期股权投资的初始投资成本等于投资时应享有被投资单位可辨认净资产公允价值份额的，借记“长期股权投资——投资成本”科目，贷记“银行存款”等科目（见图7-1）。

长期股权投资的初始投资成本	=	投资时应享有被投资单位可辨认净资产公允价值份额

图7-1　权益法下的核算（1）

借：长期股权投资——投资成本
　　贷：银行存款

【同步操练7-5】天成公司2015年1月20日在上海证券交易所购买甲公司发行的股票10 000 000股准备长期持有，占甲公司股份的40%。能够对甲公司的生产经营决策施加重大影响，对该项投资采用权益法核算。天成公司共支付价款25 000 000元，款项已由银行存款支付。2014年12月31日，甲公司的所有者权益的账面价值（与其公允价值不存在差异）62 500 000元。

天成公司应编制如下会计分录：

编制购入股票的会计分录：

借：长期股权投资——甲公司——投资成本　　25 000 000
　　贷：其他货币资金——存出投资款　　25 000 000

2. 投资企业取得长期股权投资采用权益法核算，长期股权投资的初始投资成本大于投资时应享有被投资单位可辨认净资产公允价值份额的，该部分差额是投资企业在取得投资过程中通过作价体现出的与所取得股权份额相对应的商誉价值，这种情况下，不要求调整长期股权投资的初始投资成本，借记“长期股权投资——投资成本”科目，贷记“银行存款”等科目（见图7-2）。

长期股权投资的初始投资成本	>	投资时应享有被投资单位可辨认净资产公允价值份额

图7-2　权益法下的核算（2）

该部分差额是投资企业在取得投资过程中通过作价体现出的与所取得股权份额相对应的商誉价值，这种情况下，不要求调整长期股权投资的初始投资成本：

借：长期股权投资——投资成本
　　贷：银行存款

【同步操练7－6】 天成公司2015年1月20日在上海证券交易所购买乙公司发行的股票50 000 000股准备长期持有，占乙股份的30%。每股买入价为6元，另外，购买该股票时发生相关税费500 000元，款项已由银行存款支付。2014年12月31日，乙公司的所有者权益的账面价值（与其公允价值不存在差异）1 000 000 000元。

天成公司应编制如下会计分录：

（1）计算初始投资成本：

股票成交金额	（50 000 000×6）300 000 000
加：相关税费	500 000
	300 500 000

（2）编制购入股票的会计分录：

借：长期股权投资——乙公司——投资成本　　300 500 000
　贷：其他货币资金——存出投资款　　300 500 000

在本例中，长期股权投资的初始投资成本300 500 000元大于投资时应享有被投资单位可辨认净资产公允价值份额300 000 000（1 000 000 000×30%）元，其差额500 000元不调整长期股权投资的初始投资成本。

3. 长期股权投资的初始投资成本小于投资时应享有被投资单位可辨认净资产公允价值份额的，该部分差额体现为双方在交易作价过程中转让方的让步，该部分经济利益流入应计入取得长期股权投资当期的营业外收入，同时调整增加长期股权投资的成本，借记“长期股权投资——投资成本”科目，贷记“银行存款”等科目，按照其差额，贷记“营业外收入”科目（见图7－3）。

长期股权投资的初始投资成本

投资时应享有被投资单位可辨认净资产公允价值份额

图7－3　权益法下的核算（3）

借：长期股权投资——投资成本
　贷：银行存款
　　营业外收入

【同步操练7－7】 天成公司2015年1月20日在上海证券交易所购买丙公司发行的股票50 000 000股准备长期持有，占丙公司股份的30%。每股买入价为6元，另外，购买该股票时发生相关税费500 000元，款项已由银行存款支付。2014年12月31日，丙公司的所有者权益的账面价值（与其公允价值不存在差异）1 500 000 000元。

天成公司应编制如下会计分录：

（1）计算初始投资成本：

股票成交金额	（50 000 000×6）300 000 000
加：相关税费	500 000
	300 500 000

（2）编制购入股票的会计分录：

借：长期股权投资——丙公司——投资成本　　450 000 000
　　贷：其他货币资金——存出投资款　　300 500 000
　　　　营业外收入　　149 500 000

在本例中，长期股权投资的初始投资成本300 500 000元小于投资时应享有被投资单位可辨认净资产公允价值份额450 000 000（1 500 000 000×30%）元，其差额149 500 000元应贷记“营业外收入”科目。

（二）持有长期股权投资期间被投资单位实现净利润或发生净亏损和其他综合收益

1. 按照被投资单位实现的净利润中享有的份额。投资企业在持有长期股权投资期间，应按照被投资单位实现的净利润（以取得投资时被投资单位可辨认净资产的公允价值为基础计算）中应享有的份额，借记“长期股权投资——损益调整”科目，贷记“投资收益”科目。

借：长期股权投资——损益调整
　　贷：投资收益

2. 发生净亏损作相反的会计分录，但以“长期股权投资”的账面价值（4个明细）减记至零为限。

被投资单位发生净亏损作相反的会计分录，借记“投资收益”科目，贷记“长期股权投资——损益调整”科目，但以“长期股权投资”科目的账面价值减记至零为限。还需承担的投资损失，应将其他实质上构成对被投资单位净投资的“长期应收款”等的账面价值减记至零为限；除按照以上步骤已确认的损失外，按照投资合同或协协议约定将承担的损失，确认为预计负债。除上述情况仍未确认的应分担被投资单位的损失，应在备查簿中登记。发生亏损的被投资单位以后实现净利润的，应按与上述相反的顺序进行处理。

因此，在确认应分担被投资单位发生的亏损时，应当按照以下顺序进行处理：

A. 冲减长期股权投资的账面价值。

B. 如果长期股权投资的账面价值不足以冲减的，应当以其他实质上构成对被投资单位净投资的长期权益账面价值为限继续确认投资损失，冲减长期权益的账面价值。

C. 在进行上述处理后，按照投资合同或协议约定企业仍承担额外义务的，应按预计承担的义务确认预计负债，计入当期投资损失。如果无额外义务，则在备查簿登记未入账亏损。

被投资单位以后期间实现盈利的，扣除未确认的亏损分担额后，应按与上述顺序相反的顺序处理，减记已确认预计负债的账面余额、恢复其他长期权益以及长期股权投资的账面价值，同时确认投资收益。

投资企业在确认应享有被投资单位净损益的份额时，均应当以取得投资时被投资单位各项可辨认资产等的公允价值为基础，对被投资单位的净利润进行调整后确认。

被投资方亏损时一般会计分录

借：投资收益
　　贷：长期股权投资——损益调整（以长期股权投资的账面价值为冲抵上限）
　　　　长期应收款（如果投资方拥有被投资方的长期债权时，超额亏损应视为此债权的减值，冲抵长期应收款）

预计负债（如果投资方对被投资方的亏损承担连带责任的，需将超额亏损列入预计负债，如果投资方无连带责任，则应将超额亏损列入备查簿）

上述所讲“其他实质上构成对被投资单位净投资的‘长期应收款’等”通常是指投资企业对被投资单位的长期债权，该债权没有明确的清收计划，且在可预见的未来期间不准备收回的，实质上构成对被投资单位的净投资。但是，该类长期权益不包括投资企业与被投资单位之间因销售商品、提供劳务等日常活动所产生的长期债权。

3. 发生亏损的被投资单位以后实现净利润的，应按与上述相反的顺序进行处理。

发生亏损的被投资单位以后实现净利润的，投资企业计算应享有的份额，如有未确认投资损失的，应先弥补未确认的投资损失，弥补损失后仍有余额的，依次借记“长期应收款”科目和“长期股权投资——损益调整”科目，贷记“投资收益”科目。

将来被投资方实现盈余时，先冲备查簿中的亏损额，再作如下反调分录：

借：预计负债（先冲当初列入的预计负债）

　　长期应收款（再恢复当初冲减的长期应收款）

　　长期股权投资——损益调整（最后再恢复长期股权投资）

　　贷：投资收益

【同步操练7－8】2015年甲公司实现净利润10 000 000元。天成公司按照持股比例确认投资收益3 000 000元。2016年5月15日，甲公司已宣告发放现金股利，每10股派0.3元，天成公司可分派到1 500 000元。2016年6月15日，天成公司收到甲公司分派的现金股利。

天成公司应编制如下会计分录：

（1）确认甲公司实现的投资收益时：

借：长期股权投资——损益调整　　3 000 000

　　贷：投资收益　　3 000 000

（2）甲公司宣告发放现金股利时：

借：应收股利　　1 500 000

　　贷：长期股权投资——损益调整　　1 500 000

（3）收到甲公司宣告发放的现金股利时：

借：银行存款　　1 500 000

　　贷：应收股利　　1 500 000

收到被投资单位宣告发放的股票股利，不进行账务处理，但应在备查簿中登记。

【同步操练7－9】天成公司2015年初取得乙公司40%的股权，初始投资成本为2 000万元，投资当日乙公司各项资产、负债公允价值等于账面价值，双方采用的会计政策、会计期间相同，乙公司2015年初公允可辨认净资产额为4 000万元。

天成公司应编制如下会计分录：

（1）初始投资时绍兴天成有限责任甲公司的会计处理如下：

借：长期股权投资——成本　　20 000 000

　　贷：银行存款　　20 000 000

（2）2015年乙公司实现净利润500万元，天成公司账务处理如下：

借：长期股权投资——损益调整　　2 000 000

　　贷：投资收益　　2 000 000

（3）乙公司2016年亏损6 000万元，天成公司同时拥有对乙公司“长期应收款”120万元，且天成公司对乙公司亏损不负连带责任，天成公司账务处理如下：

借：投资收益　　23 200 000

　　贷：长期股权投资——损益调整　　22 000 000

　　　　长期应收款　　1 200 000

同时，在备查簿中登记未入账亏损80万元。

（4）假如乙公司2016年亏损6 000万元，天成公司同时拥有对乙公司“长期应收款”120万元，且天成公司对乙公司亏损承担连带责任时，天成公司账务处理如下：

借：投资收益　　24 000 000

　　贷：长期股权投资——损益调整　　22 000 000

　　　　长期应收款　　1 200 000

　　　　预计负债　　800 000

（5）乙公司2017年实现净利润900万元，基于第（4）题的前提，天成公司应作如下会计处理：

借：预计负债　　800 000

　　长期应收款　　1 200 000

　　长期股权投资——损益调整　　1 600 000

　　贷：投资收益　　3 600 000

4. 被投资单位以后宣告分派现金股利或利润时，投资企业计算应分得的部分，借记“应收股利”科目，贷记“长期股权投资——损益调整”科目。

借：应收股利

　　贷：长期股权投资——损益调整

5. 投资企业在持有长期股权投资期间，应当按照应享有或应分担被投资单位实现其他综合收益的份额，借记“长期股权投资——其他综合收益”科目，贷记“其他综合收益”科目。这里所讲的“其他综合收益”，是指企业根据其他会计准则规定未在当期损益中确认的各项利得和损失。

借：长期股权投资——其他综合收益

　　贷：其他综合收益

【同步操练7－10】2015年丙公司可供出售金融资产的公允价值增加了4 000 000元。天成公司按照持股比例确认相应的其他综合收益1 200 000元。

天成公司应编制如下会计分录：

借：长期股权投资——其他综合收益　　1 200 000

　　贷：其他综合收益　　1 200 000

（三）持有长期股权投资期间被投资单位所有者权益的其他变动

投资企业对于被投资单位除净损益、其他综合收益和利润分配外所有者权益的其他变动，在持股比例不变的情况下，企业按照持股比例计算应享有或承担的部分，借记或贷记“长期股权投资——其他权益变动”科目，贷记或借记“资本公积——其他资本公积”科目。

借：长期股权投资——其他权益变动

　　贷：资本公积——其他资本公积

或反之。

（四）长期股权投资的处置

投资企业处置长期股权投资时，按照实际取得的价款与长期股权投资账面价值的差额确认为投资损益，采用与被投资单位直接处置相关资产或负债相同的基础，相应比例对原记入其他综合收益的部分进行会计处理，同时按照结转的长期股权投资的投资成本比例结转“资本公积——其他资本公积”科目中的相关金额。如果对长期股权投资计提了减值准备，还应当同时结转已计提的长期股权投资减值准备。

投资企业处置长期股权投资时，应按照实际收到的金额，借记“银行存款”等科目，按照原已计提的减值准备，借记“长期股权投资减值准备”科目，按照该长期股权投资的账面余额，贷记“长期股权投资”科目，按照尚未领取的现金股利或利润，贷记“应收股利”科目，按照其差额，贷记或借记“投资收益”科目。

同时，应当采用与被投资单位直接处置相关资产或负债相同的基础，对相关的其他综合收益进行会计处理。按照上述原则可以转入当期损益的其他综合收益，应按结转的长期股权投资的投资成本比例结转原记入“其他综合收益”科目的金额，借记或贷记“其他综合收益”科目，贷记或借记“投资收益”科目。

同时，还应按照结转的长期股权投资的投资成本比例结转原记入“资本公积——其他资本公积”科目的金额，借记或贷记“资本公积——其他资本公积”科目，贷记或借记“投资收益”科目。

1. 处置“长期股权投资”及相关账户：

借：银行存款/其他货币资金

　　长期股权投资减值准备

　　贷：长期股权投资——成本

　　　　　　　　　　——损益调整

　　　　　　　　　　——其他综合收益

　　　　　　　　　　——其他权益变动（如为贷方余额则应在借方冲减）

　　　　投资收益（倒挤出差额）

2. 结转“其他综合收益”：

借：其他综合收益

　　贷：投资收益

或反之

3. 结转“资本公积——其他资本公积”：

借：资本公积——其他资本公积

　　贷：投资收益

或反之。

【同步操练7-11】天成公司原持有丁公司40%的股权，2016年11月30日，天成公司出售所持有丁公司股权中的25%，出售时天成公司账面上对丁公司长期股权投资的构成为：投资成本36 000 000元，损益调整为借方余额9 600 000元，其他权益变动借方余额6 000 000元，出售取得价款14 100 000元。

天成公司应编制如下会计分录：

（1）天成公司确认处置损益的账务处理为：

借：银行存款　　14 100 000

　　贷：长期股权投资——丁公司——成本　　9 000 000

　　　　——损益调整　　2 400 000

　　　　——其他权益变动　　1 500 000

　　　　投资收益　　1 200 000

（2）除应将实际取得价款与出售长期股权投资的账面价值进行结转，确认为处置当期损益外，还应将原计入资本公积的部分按比例转入当期损益。

借：资本公积——丁公司——其他资本公积　　1 500 000

　　贷：投资收益　　1 500 000

【情境总结】

假设权益法下被投资单位所有者权益的账面价值与可辨认净资产的公允价值一致（见表7-1）。

表7-1

序号	项目	成本法	权益法	
1	投资时	借：长期股权投资 应收股利 贷：其他货币资金	投资额>所占份额（两者孰高计入成本）	借：长期股权投资——投资成本（投资额） 应收股利 贷：其他货币资金
			投资额<所占份额	借：长期股权投资——投资成本（所占份额） 应收股利 贷：其他货币资金 营业外收入
2	收到上述股利时	借：其他货币资金 贷：应收股利		
3	年末，被投资方发生盈亏	不做账	盈利	借：长期股权投资——损益调整 贷：投资收益
			亏损（非超额亏损）	借：投资收益 贷：长期股权投资——损益调整
4	宣告发放上年股利	借：应收股利 贷：投资收益	借：应收股利 贷：长期股权投资——损益调整	

续表

序号		成本法	权益法
5	收到上述股利时	借：其他货币资金 　　贷：应收股利	
6	被投资单位其他综合收益变动	不做账	借：长期股权投资——其他综合收益 　　贷：其他综合收益（赚） 或 借：其他综合收益（亏） 　　贷：长期股权投资——其他综合收益
7	被投资方所有者权益其他变动	不做账	借：长期股权投资——其他权益变动 　　贷：资本公积——其他资本公积（赚） 或 借：资本公积——其他资本公积（亏） 　　贷：长期股权投资——其他综合收益
8	处置	借：其他货币资金 　　投资收益（亏） 　　贷：长期股权投资 　　　　应收股利 　　　　投资收益（赚）	第一步，处置“长期股权投资”及相关账户 借：其他货币资金 　　投资收益（亏） 　　贷：长期股权投资——投资成本 　　　　　　　　　——损益调整（可能在借方） 　　　　　　　　　——其他综合收益（可能在借方） 　　　　　　　　　——其他权益变动（可能在借方） 　　　　应收股利 　　　　投资收益（赚）
8	处置		第二步，结转“资本公积——其他资本公积” 借：资本公积——其他资本公积（赚） 　　贷：投资收益 或反之 第三步，结转“其他综合收益” 借：其他综合收益（赚） 　　贷：投资收益 或反之
9	减值	借：资产减值损失 　　贷：长期股权投资减值准备 长期股权投资减值损失一经确认，在以后会计期间不得转回	

【任务评价】

本任务主要介绍了长期股权投资权益法核算。在权益法下，长期股权投资进行初始计量后，在投资持有期间应根据投资企业享有被投资单位所有者权益份额的变动对投资的账面价值进行调整。具体情况是：如果被投资单位所有者权益的变化原因是盈利或亏损，对应科目为投资收益，如果被投资单位所有者权益的变化原因是现金股利的分配，对应科目为应收股利，如果被投资单位所有者权益的变化原因，是非损益因素引起的，对应科目为资本公积或其他综合收益。

任务三　长期股权投资减值的核算

【任务描述】

在任务主要讲授长期股权投资的减值条件的确定以及资产负债表日长期股权投资发生减值的账务处理。

【任务分析】

本任务要求学生通过学习长期股权投资的减值，熟悉和掌握长期股权投资减值的确认条件以及在资产负债表日长期股权投资发生减值时的账务处理。

【知识准备及应用】

一、长期股权投资减值金额的确定

投资企业应当关注长期股权投资的账面价值是否大于享有被投资单位所有者权益账面价值的份额等类似情况。出现类似情况时，投资企业应当按照《企业会计准则第 8 号——资产减值》对长期股权投资进行减值测试，其可收回金额低于账面价值的，应当将该长期股权投资的账面价值减记至可收回金额，减记的金额确认为减值损失，计入当期损益，同时计提相应的资产减值准备。

二、长期股权投资减值的账务处理

投资企业计提长期股权投资减值准备，应当通过设置“长期股权投资减值准备”科目进行核算。

投资企业按照应减记的金额，借记“资产减值损失——计提的长期股权投资减值准备”科目，贷记“长期股权投资减值准备”科目。

借：资产减值损失——计提的长期股权投资减值准备

　　贷：长期股权投资减值准备

长期股权投资减值损失一经确认，在以后会计期间不得转回。

三、长期股权投资的减值

（一）长期股权投资减值的确定

作为长期股权投资核算的权益性投资在按照《企业会计准则第 2 号——长期股权投资》规定进行核算确定的账面价值基础上，如果存在减值迹象的，应当按照相关准则的规定计提减值准备。

1. 企业对子公司、合营企业及联营企业的长期股权投资的减值金额。企业对子公司、合营企业及联营企业的长期股权投资在资产负债表日存在可能发生减值的迹象时，其可收回金额低于账面价值的，应当将该长期股权投资的账面价值减记至可收回金额，减记的金额确认为减值损失，记入当期损益，同时计提相应的资产减值准备。

2. 企业对被投资单位不具有控制、共同控制或重大影响，且在活跃市场中没有报价、公允价值不能可靠计量的长期股权投资的减值金额。企业对被投资单位不具有控制、共同控制或重大影响，且在活跃市场中没有报价、公允价值不能可靠计量的长期股权投资，应当将该长期股权投资在资产负债表日的账面价值与按照类似金融资产当时市场收益率对未来现金流量折现确定的现值之间的差额，确认为减值损失，计入当期损益。

长期股权投资减值损失一经确认，在以后会计期间不得转回。企业持有的期股权投资是否发生了减值，是否计提减值准备，应根据相关减值迹象进行判断。在实际工作中，可以根据以下迹象判断。

（1）市价连续两年低于账面价值。

（2）该项投资暂停交易一年。

（3）被投资单位当年发生严重亏损。

（4）被投资单位持续两年发生亏损。

（5）被投资单位进行清理整顿、清算或出现其他不能持续经营的迹象。

当企业持有的长期股权投资出现上述迹象之一时，可以认为该项投资已经发生减值损失，即可计提减值准备。

（二）长期股权投资减值的账务处理

企业计提的长期股权投资减值准备应当通过“长期股权投资减值准备”账户进行核算。企业按应减记的金额，借记“资产减值损失——计提的长期股权投资减值准备”科目，贷记“长期股权投资减值准备”科目。

【同步操练 7－12】 天成公司占乙公司有表决权资本的70%，2016 年 12 月 31 日，天成公司长期股权投资的账面价值为 3 000 万元，假设在该日该项长期股权投资具有公开市场价格且能够可靠计量的公允价值为 2 500 万元。

天成公司应编制如下会计分录：

借：资产减值损失　　　　5 000 000

　　贷：长期股权投资减值准备　　　　5 000 000

【任务评价】

本任务主要介绍了长期股权投资的减值。主要包括长期股权投资减值条件的确定以及资产负债表日长期股权投资发生减值的账务处理。

【复习思考题】

1. 长期股权投资成本法核算的范围包括什么？
2. 长期股权投资权益法核算的范围包括什么？
3. 长期股权投资成本法核算与权益法核算各有什么特点？如何具体运用？

【练习题】

一、单项选择题

1. 企业处置一项权益法核算的长期股权投资，长期股权投资各明细科目的金额为：投资成本 400 万元，损益调整借方200万元，其他权益变动借方40万元。处置该项投资收到的价款为700万元。处置该项投资的收益为（　　）万元。

A. 700　　B. 640　　C. 60　　D. 100

2. 长期股权投资采用成本法核算时，在下列各种情况下，投资企业应相应调减“长期股权投资”账面价值的是（　　）。

A. 被投资企业当年实现净利润时　　B. 被投资企业当年实现净亏损时

C. 被投资企业所有者权益的其他变动时　　D. 投资企业对持有的长期股权投资计提减值时

3. 采用权益法核算长期股权投资时，对于被投资企业可供出售金融资产公允价值变动，期末因该事项投资企业应按所拥有的表决权资本的比例计算应享有的份额，将其计入（　　）。

A. 其他综合收益　　B. 投资收益　　C. 其他业务收入　　D. 营业外收入

4. 天成公司于2015年1月1日取得对联营企业30%的股权。取得投资时，被投资单位的无形资产的公允价值为300万元，账面价值为600万元，预计使用年限为10年，净残值为零，按直线法摊销。被投资企业2015年度利润表中净利润为1 000万元。不考虑所得税和其他因素的影响，天成公司按权益法核算该项投资，2015年应确认的投资收益应为（　　）万元。

A. 300　　B. 309　　C. 291　　D. 210

5. 甲公司和乙公司同为某上市公司的子公司。2015年6月1日，甲公司以银行存款1 450万元取得乙公司所有者权益的80%，同日乙公司的账面价值为2 000万元，可辨认净资产的公允价值为2 200万元。2015年6月1日，长期股权投资的入账价值为（　　）万元。

A. 1 600　　B. 1 760　　C. 1 450　　D. 2 000

6. 按照《企业会计准则》规定，下列说法正确的是（　　）。

A. 投资企业对子公司的长期股权投资应采用权益法核算

B. 投资企业对子公司的长期股权投资应按照公允价值核算

C. 投资企业对子公司的长期股权投资应采用成本法进行日常核算，编制合并财务报表时应当按照权益法进行调整

D. 投资企业对子公司的长期股权投资可以采用权益法核算，也可以采用成本法核算

7. 企业采用成本法核算长期股权投资时，收到被投资单位分派的现金股利或利润时，应当（　　）。

A. 减少长期股权投资　　B. 冲减应收股利

C. 增加实收资本　　D. 计入投资收益

8. 采用权益法核算长期股权投资时，被投资单位发生亏损，投资企业按应分担的份额（　　）。

A. 减少长期股权投资账面价值　　B. 冲减应收股息

C. 冲减资本公积　　D. 计入营业外支出

9. 非企业合并以发行权益性证券的方式取得长期股权投资，应当按照发行权益性证券的（　　）作为初始投资成本。

A. 账面价值　　B. 公允价值　　C. 面值　　D. 市场价值

10. 甲、乙两公司同属于丙公司的子公司。甲公司于2015年3月1日以发行股票的方式从乙公司取得60%的股份。甲公司发行1 500万股普通股股票，每股面值1元。乙公司在2015年3月1日的所有者权益为2 000万元，甲公司在2015年3月1日的资本公积为180万元，盈余公积为100万元，未分配利润为200万元。甲公司该长期股权投资的成本为（　　）万元。

A. 1 200　　B. 1 500　　C. 1 820　　D. 480

11. 关于长期股权投资的成本法和权益法，下列说法正确的是（　　）。

A. 取得长期股权投资时投资成本的入账价值相同

B. 被投资企业发生净损益时的处理方法相同

C. 计提减值准备的条件相同

D. 确认的投资收益金额相同

二、多项选择题

1. 下列情况中能够采用权益法核算的有（ ）。
   A. 企业对其合营企业的长期股权投资
   B. 企业对其联营企业的长期股权投资
   C. 企业对其子公司的长期股权投资
   D. 企业对被投资单位具有重大影响的长期股权投资
2. 下列关于长期股权投资会计处理的表述中，正确的有（ ）。
   A. 对子公司长期股权投资应采用成本法核算
   B. 处置长期股权投资时应结转其已计提的减值准备
   C. 成本法下，按被投资方实现净利润应享有的份额确认投资收益
   D. 成本法下，按被投资方宣告发放现金股利应享有的份额确认投资收益
3. 下列各项中，关于被投资单位宣告发放现金股利或分配利润时，正确的会计处理有（ ）。
   A. 交易性金融资产持有期间，被投资单位宣告发放现金股利或利润时确认投资收益
   B. 长期股权投资采用成本法核算时，被投资单位宣告发放现金股利或利润时确认投资收益
   C. 长期股权投资采用权益法核算时，被投资单位宣告发放现金股利或利润时确认投资收益
   D. 长期股权投资采用权益法核算时，被投资单位宣告发放现金股利或利润时冲减其账面价值
4. 下列长期股权投资中，应该采用权益法核算的有（ ）。
   A. 企业能够对被投资单位实施控制的长期股权投资
   B. 企业对被投资单位具有共同控制的长期股权投资
   C. 企业对联营企业的长期股权投资
   D. 企业对被投资单位具有重大影响的长期股权投资
5. 下列各项中，能引起权益法核算的长期股权投资账面价值发生变动的有（ ）。
   A. 被投资单位实现净利润
   B. 被投资单位宣告发放股票股利
   C. 被投资单位宣告发放现金股利
   D. 被投资单位可供出售金融资产公允价值发生变动
6. 下列投资中，应作为长期股权投资核算的是（ ）。
   A. 对子公司的投资
   B. 对联营企业和合营企业的投资
   C. 在活跃市场中没有报价、公允价值无法可靠计量的没有控制、共同控制或重大影响的权益性投资
   D. 在活跃市场中有报价、公允价值能够可靠计量的没有控制、共同控制或重大影响的权益性投资
7. 采用权益法时，下列能引起长期股权投资账面价值变动的有（ ）。
   A. 收到现金股利　　B. 收到股票股利
   C. 被投资企业实现净利润　　D. 被投资企业发生净亏损
8. 下列各项中，应作为长期股权投资初始投资成本的有（ ）。
   A. 投资时支付的不含应收股利的价款
   B. 为取得长期股权投资而发生的评估、审计、咨询费
   C. 投资时支付的手续费、税金
   D. 投资时支付的价款中包含的已宣告尚未领取的现金股利
9. 投资企业与被投资单位存在（ ）关系时，投资方应采用权益法核算该长期股权投资。
   A. 控制　　B. 重大影响　　C. 无重大影响　　D. 共同控制

10. 采用权益法核算时，可能记入“长期股权投资”账户贷方发生额的是（　　）。

A. 被投资单位宣告分配现金股利　　B. 被投资单位收回长期股权投资

C. 被投资单位发生亏损　　D. 被投资单位实现净利润

11. 采用权益法核算时，和“投资收益”账户有关的因素包括（　　）。

A. 被投资单位实现净利润　　B. 被投资单位发生亏损

C. 被投资单位接受的捐赠　　D. 被投资单位宣告分派股票股利

12. 投资企业与被投资单位存在（　　）关系时，投资方应采用成本法核算该长期股权投资。

A. 控制　　B. 重大影响　　C. 无重大影响　　D. 共同控制

13. 下列关于长期股权投资会计处理的表述中，正确的有（　　）。

A. 对子公司长期股权投资应采用成本法核算

B. 处置长期股权投资时应结转其已计提的减值准备

C. 成本法下，按被投资方实现净利润应享有的份额确认投资收益

D. 成本法下，按被投资方宣告发放现金股利应享有的份额确认投资收益

三、判断题

1. 长期股权投资采用成本法核算，因被投资企业除净损益、其他综合收益及利润分配以外的所有者权益其他变动，投资企业应按其享有份额增加或减少资本公积。（　　）

2. 企业对长期股权投资计提的减值准备，在该长期股权投资价值回升期间应当转回，但转回的金额不应超过原计提的减值准备。（　　）

3. 处置长期股权投资时，不同时结转已计提的长期股权投资减值准备，待期末一并调整。（　　）

4. 长期股权投资采用权益法核算的，在持股比例不变的情况下，被投资单位发生的除净损益、其他综合收益及利润分配以外的所有者权益的其他变动，企业按照持股比例应享有的份额，借记或贷记“资本公积——资本溢价（股本溢价）”。（　　）

5. 企业取得长期股权投资，实际支付的价款中包含已宣告但尚未发放的现金股利或利润，应该计入长期股权投资的成本。（　　）

6. 权益法下，被投资单位所持有的可供出售金融资产公允价值发生变动，投资方不做处理。（　　）

7. 长期股权投资的初始投资成本大于投资时应享有被投资单位可辨认净资产公允价值份额的，不调整长期股权投资的初始投资成本。（　　）

8. 股票投资持有时间超过一年就应按长期股权投资的有关规定进行核算。（　　）

9. 权益法下，“长期股权投资”账户的账面价值始终反映该项投资的原始投资成本。（　　）

10. 投资企业持有被投资单位的股份超过20%时，其长期股权投资应采用权益法核算。（　　）

11. 成本法下，长期股权投的账面价值不随被投资单位所有者权益的变动而调整。（　　）

12. 权益法下，被投资单位宣告分派现金股利时，投资企业应调减其长期股权投资的账面价值。（　　）

13. 已经计提的长期股权投资减值准备，在以后的会计期间价值回升时，不得转回。（　　）

14. 权益法下，被投资单位盈利但未宣告分派现金股利，以及被投资企业亏损，投资企业均无需作账务处理。（　　）

15. 成本法下，被投资单位盈利时，投资企业按照享有的份额，借记“长期股权投资——损益调整”账户，贷记“投资收益”账户。（　　）

16. 现金股利和股票股利都是被投资企业分配给投资企业的报酬，因此，投资企业均应确认投资收益。（　　）

17. 长期股权投资采用成本法核算时，被投资单位分派上年的现金股利，投资方应冲减长期股权投资成本。（　　）

四、计算分析题

1. 天成公司2013年3月1日～2015年1月5日发生下列与长期股权投资有关的经济业务：

（1）天成公司2013年3月1日从证券市场上购入乙公司发行在外30%的股份并准备长期持有，从而对乙公司能够施加重大影响，实际支付款项2 000万元（含已宣告但尚未发放的现金股利60万元），另支付相关税费10万元。2013年3月1日，乙公司可辨认净资产公允价值为6 600万元。

（2）2013年3月20日，收到现金股利。

（3）2013年12月31日，乙公司可供出售金融资产的公允价值变动使乙公司资本公积增加了200万元。

（4）2013年乙公司实现净利润510万元，其中1月和2月共实现净利润100万元，假定乙公司除一台设备外，其他资产的公允价值与账面价值相等。该设备2013年3月1日的账面价值为400万元，公允价值为520万元，采用年限平均法计提折旧，预计尚可使用年限为10年。

（5）2014年3月10日，乙公司宣告分派现金股利100万元。

（6）2014年3月25日，收到现金股利。

（7）2014年乙公司实现净利润612万元。

（8）2015年1月5日，天成公司将持有乙公司5%的股份对外转让，收到款项390万元存入银行。转让后持有乙公司25%的股份，对乙公司仍具有重大影响。

要求：

（1）编制上述有关业务的会计分录。

（2）计算2015年1月5日出售部分股份后长期股权投资的账面价值。

2. 资料：天成公司有关长期股权投资的经济业务如下。

（1）2014年2月1日，购入D股份公司股票50万股，每股成交价5元，印花税、手续费1 000元，占D股份公司有表决权资本的10%，不具有重大影响，准备长期持有。款项均以银行存款支付。

（2）D公司2015年3月5日，宣告发放2014年度的现金股利，每股0.10元（假定D公司2014年度每股净利润为0.60元，每月净利润均衡发生）。

（3）2015年3月28日，天成公司收到现金股利，存入银行。

（4）2016年4月2日，D公司宣告分派2015年度现金股利，每股0.20元（假定D公司2015年度每股净利润为0.1元，每月净利润均衡发生）。

（5）2016年4月30日，天成公司收到现金股利存入银行。

要求：根据上述资料编制有关的会计分录。

3. 天成公司2013～2015年有关投资业务的资料如下。

（1）2013年1月1日，天成公司以银行存款6 100万元购入乙股份有限公司（以下简称“乙公司”）股票，占乙公司有表决权股份的25%，对乙公司的财务和经营政策具有重大影响。不考虑相关费用。2013年1月1日，乙公司所有者权益总额为24 400万元。假定被投资单位可辨认净资产公允价值与所有者权益的账面价值相同。

（2）2013年度，乙公司实现净利润3 800万元。

（3）2014年度，乙公司发生净亏损1 900万元。

（4）2014年12月31日，因乙公司发生严重财务困难，甲公司预计对乙公司长期股权投资的可收回金额为5 000万元。

（5）2015年5月，乙公司增发股票，进行会计处理后，资本公积增加1 000万元。

要求：编制甲公司2013～2015年投资业务相关的会计分录。

4. 天成公司2013～2015年投资业务有关的资料如下。

（1）2013年1月1日，天成公司以其库存商品对丙公司投资，该库存商品的成本为180万元，公允价值和计税价格均为200万元，增值税税率为17%（不考虑其他税费）。天成公司对丙公司的投资占丙公司注册资本的20%，天成公司采用权益法核算。2013年1月1日，丙公司所有者权益总额为1 000万元（假定为公允价值）。

（2）丙公司 2013 年实现净利润 600 万元。

（3）丙公司 2014 年发生亏损 2 200 万元。假定甲公司账面上有应收丙公司的长期应收款 80 万元。

（4）2015 年丙公司实现净利润 1 000 万元。

要求：编制天成公司对丙公司投资及确认投资收益时的会计分录。

项目八

可供出售金融资产的核算

【学习目标】

知识目标：本单元将学习可供出售金融资产的取得、持有期间的应计利息和股利的确认、期末计量、重分类以及处置环节的账务处理，以及可供出售金融资产的减值的核算。

能力目标：通过学习，能够根据可供出售金融资产股票投资和可供出售金融资产债券投资的情况，分别进行账务处理，同时，能够掌握可供出售金融资产减值的核算。

【情境导入】

天成公司于2015年3月20日从二级市场上购入中国工商银行的股票100万股，每股4.5元，另支付交易费用1.1万元，依据公司管理层的决定，该股票准备长期持有，按规定划分为可供出售金融资产。

任务提出：若你作为天成公司的财务人员，根据上述问题，请进行相应的账务处理。

任务一　可供出售金融资产股票投资的核算

【任务描述】

本任务是对可供出售金融资产股票投资进行业务核算。

【任务分析】

本任务要求学生通过学习掌握可供出售金融资产股票投资在取得、持有期间的应计股利的确认、期末计量以及处置环节的账务处理。

【知识准备及应用】

一、可供出售金融资产的内容

可供出售金融资产是指初始确认时即被指定为可供出售的非衍生金融资产，以及没有划分为持有至到期投资、贷款和应收款项、以公允价值计量且其变动计入当期损益的金融资产。通常情况下，包括企业从二级市场上购入的股票投资、基金投资和债券投资等，但这些金融资产没有被划分为交易性金融资产或持有至到期投资。

可供出售金融资产的核算可包括可供出售金融资产股票投资的核算、可供出售金融资产债券投资的核算、可供出售金融资产减值的核算。

二、可供出售金融资产股票投资的账务处理

（一）可供出售金融资产股票投资核算应设置的会计科目

为了反映和监督可供出售金融资产股票投资的取得、收取现金股利和出售等情况，企业应当设置“可供出售金融资产”、“其他综合收益”、“投资收益”等科目进行核算。

“可供出售金融资产”科目核算企业持有的可供出售金融资产的公允价值。“可供出售金融资产”科目的借方登记可供出售金融资产的取得成本、资产负债表日其公允价值高于账面余额的差额、可供出售金融资产转回的减值损失等；贷方登记资产负债表日其公允价值低于账面余额的差额、可供出售金融资产发生的减值损失、出售可供出售金融资产时结转的成本和公允价值变动。当可供出售金融资产为股票投资时，企业应当分别设置“成本”、“公允价值变动”等明细科目进行核算。

“其他综合收益”科目核算企业可供出售金融资产公允价值变动而形成的应计入所有者权益的利得或损失等。“其他综合收益”科目的借方登记资产负债表日企业持有的可供出售金融资产的公允价值低于账面余额的差额等；贷方登记资产负债表日企业持有的可供出售金融资产的公允价值高于账面余额的差额等。

可供出售金融资产发生减值的，也可以单独设置“可供出售金融资产减值准备”科目。

（二）可供出售金融资产股票投资的取得

企业取得的可供出售金融资产为股票投资时，应当按照公允价值计量，取得可供出售金融资产所发生的交易费用应当计入可供出售金融资产股票投资的初始入账金额。

企业取得可供出售金融资产支付的价款中包含已宣告但尚未发放的现金股利，应当单独确认为应收项目，不构成可供出售金融资产的初始入账价值。

企业取得可供出售金融资产为股票投资时，应当按照该金融资产取得时的公允价值与交易费用之和，借记“可供出售金融资产——成本”科目，按照支付的价款中包含的已宣告但尚未发放的现金股利，借记“应收股利”科目，按照实际支付的金额，贷记“其他货币资金——存出投资款”等科目。

（三）可供出售金融资产股票投资的持有

企业在持有可供出售金融资产股票投资的会计期间，所涉及的会计处理主要有两个方面：一是在资产负债表日反映其公允价值变动，二是在资产负债表日核算可供出售金融资产发生的减值损失。

1. 企业在持有可供出售金融资产股票投资的期间取得的现金股利，应当作为投资收益进行会计处理，借记“应收股利”科目，贷记“投资收益”科目；收到现金股利时，借记“银行存款”科目，贷记“应收股利”科目。

2. 在资产负债表日，可供出售金融资产股票投资应当按照公允价值计量，可供出售金融资产公允价值变动应当作为其他综合收益，计入所有者权益，不构成当期利润。

资产负债表日，可供出售金融资产的公允价值高于其账面余额的差额，借记“可供出售金融资产——公允价值变动”科目，贷记“其他综合收益”科目；公允价值低于其账面

余额的差额做相反的会计分录。

（四）可供出售金融资产股票投资的出售

企业出售可供出售金融资产股票投资的，应当将取得的价款与账面余额之间的差额作为投资损益进行会计处理，同时，将原计入该金融资产的公允价值变动转出，由其他综合收益转为投资收益。如果对可供出售金融资产计提了减值准备，还应当同时结转减值准备。

企业出售可供出售的金融资产，应当按照实际收到的金额，借记“其他货币资金——存出投资款”等科目，按该可供出售金融资产的账面余额，贷记“可供出售金融资产——成本、公允价值变动”科目，按照其差额，贷记或借记“投资收益”科目。同时，按照应从所有者权权益中转出的公允价值累计变动额，借记或贷记“其他综合收益”科目，贷记或借记“投资收益”科目。

【同步操练8－1】2015年4月20日，天成公司从上海证券交易所购入A上市公司股票1 000 000股，并将其划分为可供出售金融资产。该笔股票投资在购买日的公允价值为10 000 000元。另支付相关交易费用，金额为25 000元。

天成公司应编制如下会计分录：

（1）2015年4月20日，购买A上市公司股票时：

借：可供出售金融资产——A上市公司——成本　　10 000 000

　贷：其他货币资金——存出投资款　　10 000 000

（2）支付相关交易费用时：

借：可供出售金融资产——A上市公司——成本　　25 000

　贷：其他货币资金——存出投资款　　25 000

【同步操练8－2】天成公司于2013年1月1日从证券市场上以每股12元购入乙公司发行的股票50万股作为可供出售金融资产。2013年7月15日，天成公司收到乙公司发放的上年现金股利50万元。2013年12月31日，该股票的市场价格为10元，2014年12月31日，该股票的市场价格为11元。2015年12月31日，该股票的市场价格上涨到14元。2016年1元25日，天成公司将该股票以710万元出售。

根据以上经济业务，天成公司应编制如下会计分录：

（1）2013年1月1日，购入股票时：

借：可供出售金融资产——成本　　6 000 000

　贷：银行存款　　6 000 000

（2）2013年7月15日，收到乙公司发放上年的现金股利时：

借：应收利息　　500 000

　贷：可供出售金融资产——成本　　500 000

借：银行存款　　500 000

　贷：应收股利　　500 000

（3）2013年12月31日，确认公允价值变动时：

公允价值变动金额＝500 000×10－（6 000 000－500 000）＝－500 000

借：其他综合收益　　500 000

贷：可供出售金融资产——公允价值变动　　　　500 000

(4) 2014 年 12 月 31 日，确认公允价值变动时：

公允价值变动金额 = 500 000 × 11 − 500 000 × 10 = 500 000

借：可供出售金融资产——公允价值变动　　　　500 000

贷：其他综合收益　　　　500 000

(5) 2015 年 12 月 31 日，确认公允价值变动时：

公允价值变动金额 = 500 000 × 14 − 500 000 × 11 = 1 500 000

借：可供出售金融资产——公允价值变动　　　　1 500 000

贷：其他综合收益　　　　1 500 000

(6) 2016 年 1 月 25 日，出售股票时：

借：银行存款　　　　7 100 000

其他综合收益　　　　1 500 000

贷：可供出售金融资产——成本　　　　5 500 000

——公允价值变动　　　　1 500 000

投资收益　　　　1 600 000

【小思考 8 −1】 可供出售金融资产股票投资与交易性金融资产（股票）在账务处理上有什么区别?

【任务评价】

本任务介绍了可供出售金融资产股票投资的账务处理方法。通过学习可供出售金融资产股票投资的账务处理，学生要深入理解可供出售金融资产股票投资的核算特点，能够掌握可供出售金融资产股票投资的账务处理方法。

任务二　可供出售金融资产债券投资的核算

【任务描述】

本任务是对可供出售金融资产债券投资的核算。

【任务分析】

本任务要求学生通过学习掌握可供出售金融资产债券投资在取得持有期间的应计利息的确认，期末计量以及处置环节的财务处理。

【知识准备及应用】

一、可供出售金融资产债券投资核算应设置的会计科目

为了反映和监督可供出售金融资产债券投资的取得、收取利息和出售等情况，企业应当设置“可供出售金融资产”、“其他综合收益”、“投资收益” 等科目进行核算。

“可供出售金融资产” 科目核算企业持有的可供出售金融资产的公允价值。“可供出售

金融资产”科目的借方登记可供出售金融资产的取得成本、资产负债表日其公允价值高于账面余额的差额、可供出售金融资产转回的减值损失等；贷方登记资产负债表日其公允价值低于账面余额的差额、可供出售金融资产发生的减值损失、出售可供出售金融资产时结转的成本和公允价值变动。可供出售金融资产为债券投资的，企业应当分别设置“成本”、“利息调整”、“应计利息”、“公允价值变动”等明细科目进行核算。

“其他综合收益”科目核算企业可供出售金融资产公允价值变动而形成的应计入所有者权益的利得或损失等。“其他综合收益”科目的借方登记资产负债表日企业持有的可供出售金融资产的公允价值低于账面余额的差额等；贷方登记资产负债表日企业持有的可供出售金融资产的公允价值高于账面余额的差额等。

可供出售金融资产发生减值的，也可以单独设置“可供出售金融资产减值准备”科目。

二、可供出售金融资产债券投资的取得

企业取得的可供出售金融资产为债券投资时，应当按照公允价值计量，取得可供出售金融资产所发生的交易费用应当计入可供出售金融资产债券投资的初始入账金额。

企业取得可供出售金融资产支付的价款中包含已到付息期但尚未领取的债券利息，应当单独确认为应收项目，不构成可供出售金融资产的初始入账价值。

企业取得可供出售金融资产为债券投资时，应当按照该债券的面值，借记“可供出售金融资产——成本”科目，按照支付的价款中包含的已到付息期但尚未领取的利息，借记“应收利息”科目，按照实际支付的金额，贷记“银行存款”等科目，按照其差额，借记或贷记“可供出售金融资产——利息调整”科目。

三、可供出售金融资产债券投资的持有

企业在持有可供出售金融资产债券投资的会计期间，所涉及的会计处理主要有三个方面：一是在资产负债表日确认债券利息收入，二是在资产负债表日反映其公允价值变动，三是在资产负债表日核算可供出售金融资产发生的减值损失。

1. 企业在持有可供出售金融资产的期间取得的债券利息，应当作为投资收益进行会计处理。

（1）可供出售金融资产为分期付息、一次还本债券投资的，在资产负债表日，企业应当按照可供出售债券的面值和票面利率计算确定的应收未收利息，借记“应收利息”科目，按照可供出售债券的摊余成本和实际利率计算确定的利息收入，贷记“投资收益”科目，按照其差额，借记或贷记“可供出售金融资产——利息调整”科目。

（2）可供出售金融资产为一次还本付息债券投资的，在资产负债表日，企业应当按照可供出售债券的面值和票面利率计算确定的应收但未收利息，借记“可供出售金融资产——应计利息”科目，按照可供出售债券的摊余成本和实际利率计算确定的利息收入，贷记“投资收益”科目，按照其差额，借记或贷记“可供出售金融资产——利息调整”科目。

2. 在资产负债表日，可供出售金融资产应当按照公允价值计量，可供出售金融资产公允价值变动应当作为其他综合收益，计入所有者权益，不构成当期利润。

资产负债表日，可供出售金融资产的公允价值高于其账面余额的差额，借记“可供出售金融资产——公允价值变动”科目，贷记“其他综合收益”科目；公允价值低于其账面余额的差额做相反的会计分录。

四、可供出售金融资产债券投资的出售

企业出售可供出售金融资产，应当将取得的价款与账面余额之间的差额作为投资损益进行会计处理，同时，将原计入该金融资产的公允价值变动转出，由其他综合收益转为投资收益。如果对可供出售金融资产计提了减值准备，还应当同时结转减值准备。

企业出售可供出售的金融资产，应当按照实际收到的金额，借记“其他货币资金——存出投资款”等科目，按该可供出售金融资产的账面余额，贷记“可供出售金融资产——成本”、“公允价值变动”、“利息调整”、“应计利息”科目，按照其差额，贷记或借记“投资收益”科目。同时，按照应从所有者权益中转出的公允价值累计变动额，借记或贷记“其他综合收益”科目，贷记或借记“投资收益”科目。

【同步操练 8－3】 2015 年 1 月 1 日，天成公司购入 B 公司发行的公司债券，该笔债券于 2012 年 7 月 1 日发行，面值为 25 000 000 元，票面利率为 4%。上年债券利息于下年初支付。天成公司将其划分为可供出售金融资产，支付价款为 26 000 000 元（其中包含已到付息期但尚未领取的债券利息 500 000 元），另支付交易费用 300 000 元。2015 年 1 月 8 日，天成公司收到该笔债券利息 500 000 元。2016 年初，天成公司又收到债券利息 1 000 000 元。

天成公司应编制如下会计分录：

（1）2015 年 1 月 1 日，购入 B 公司的公司债券时：

借：可供出售金融资产——B 公司债券——成本　　25 000 000
　　　　　　　　　　——B 公司债券——利息调整　　800 000
　　应收利息——B 公司　　500 000
　　贷：其他货币资金——存出投资款　　26 300 000

（2）2015 年 1 月 8 日，收到购买价款中包含的已到付息期但尚未领取的债券利息时：

借：其他货币资金——存出投资款　　500 000
　　贷：应收利息——B 公司　　500 000

（3）2015 年 12 月 31 日，对 B 公司的公司债券确认利息收入时：

借：应收利息——B 公司　　1 000 000
　　贷：投资收益　　1 000 000

（4）2016 年初，收到持有 B 公司的公司债券利息时：

借：其他货币资金——存出投资款　　1 000 000
　　贷：应收利息——B 公司　　1 000 000

【同步操练 8－4】 天成公司于 2015 年 1 月 1 日从证券上购入 B 公司于 2014 年 1 月 1 日发行的债券，并划分为可供出售金融资产。该债券面值为 1 000 万元，期限为 5 年，票面年利率为 6%，每年 1 月 5 日支付上年度的利息，到期归还本金和最后一年的利息。购入债券时的实际利率为 5%。天成公司购入债券实际支付的价款为 1 095. 46 万元，另支付相关费用

4.54 万元。假定按年计提利息。2015 年 12 月 31 日，该债券非公允价值为 1 020 万元。2016 年 3 月 10 日，天成公司将该债券全部出售，收到款项 1 025 万元存入银行。

根据以上经济业务，天成公司应编制如下会计分录：

(1) 2015 年 1 月 1 日，购入债券时：

购入该债券中包含已到付息期但尚未支付的利息 600 000（10 000 000 × 6%）元，该利息计入“应收利息”账户。

借：可供出售金融资产——成本　　10 000 000
　　　　　　　　　　——利息调整　　400 000
　　应收利息　　600 000
　　贷：银行存款　　11 000 000

(2) 2015 年 1 月 5 日，收到利息时：

借：银行存款　　600 000
　　贷：应收利息　　600 000

(3) 2015 年 12 月 31 日，计提利息，确认投资收益时：

应计利息 = 10 000 000 × 6% = 600 000（元）

应确认的投资收益 =（10 000 000 + 4 000 000）× 5% = 520 000（元）

摊销利息调整额 = 600 000 − 520 000 = 80 000（元）

借：应收利息　　600 000
　　贷：投资收益　　52 000
　　　　可供出售金融资产——利息调整　　80 000

此时，可供出售金融资产的账面价值 = 1 000 + 40 − 8 = 1 032（万元），公允价值为 1 020 万元，应确认的公允价值变动损失 = 1 032 − 1 020 = 12（万元）。

借：其他综合收益　　120 000
　　贷：可供出售金融资产——公允价值变动　　120 000

(4) 2016 年 1 月 5 日，收到利息时：

借：银行存款　　600 000
　　贷：应收利息　　600 000

(5) 2016 年 3 月 10 日，出售债券时：

借：银行存款　　10 250 000
　　可供出售金融资产—— 公允价值变动　　120 000
　　贷：可供出售金融资产——成本　　10 000 000
　　　　　　　　　　　　——利息　　320 000
　　　　投资收益　　50 000

同时：

借：投资收益　　120 000
　　贷：其他综合收益　　120 000

【小思考 8 − 2】 可供出售金融资产债券投资与交易性金融资产（债券）在账务处理上有什么区别？

【任务评价】

本任务介绍了可供出售金融资产债券投资的账务处理方法。通过学习可供出售金融资产债券投资的账务处理，学生要深入理解可供出售金融资产债券投资的核算特点，能够掌握可供出售金融资产债券投资的账务处理方法。

任务三　可供出售金融资产减值的核算

【任务描述】

本任务是对可供出售金融资产减值进行业务核算。

【任务分析】

本任务要求学生掌握可供出售金融资产的减值现象及减值发生和转回时的财务处理。

【知识准备及应用】

资产负债表日，确定可供出售金融资产发生减值的，应当将应减记的金额作为资产减值损失进行会计处理，同时直接冲减可供出售金融资产或计提相应的资产减值准备。对于已确认减值损失的可供出售金融资产，在随后会计期间内公允价值已上升且客观上与确认原减值损失事项有关的，应当在原已确认的减值损失范围内转回，同时调整资产减值损失或所有者权益。

资产负债表日，确定可供出售金融资产发生减值的，应当按照应减记的金额，借记“资产减值损失”科目，按照应从所有者权益中转出原计入资本公积的累计损失金额，贷记“其他综合收益”科目，按照其差额，贷记“可供出售金融资产——减值准备”科目。

对于已确认减值损失的可供出售金融资产，在随后会计期间内公允价值已上升且客观上与确认原减值损失事项有关的，应当在原已确认的减值损失范围内按已恢复的金额，借记“可供出售金融资产——减值准备”科目，贷记“资产减值损失”科目；但可供出售金融资产为股票等权益工具投资的，借记“可供出售金融资产——减值准备”科目，贷记“其他综合收益”科目。

【同步操练8-5】2013年3月2日，天成公司以每股8元的价格自二级市场购入乙公司股票120万股，支付价款960万元。甲公司将其购入的乙公司股票分类为可供出售金融资产。

天成公司应编制如下会计分录：

（1）2013年3月2日，购入乙公司股票时：

借：可供出售金融资产——成本	9 600 000	
贷：其他货币资金——存出投资款		9 600 000

（2）2013年4月15日，收到乙公司本年3月20日宣告发放的现金股利20万元。

借：应收股利	200 000	
贷：投资收益		200 000
借：其他货币资金——存出投资款	200 000	
贷：应收股利		200 000

(3) 2013 年 12 月 31 日，乙公司股票的市场价格为每股 9 元。

借：可供出售金融资产——公允价值变动　　1 200 000

　　贷：其他综合收益　　1 200 000

(4) 2014 年 12 月 31 日，乙公司股票的市场价格为每股 5 元，天成公司预计由于受国际金融危机的影响乙公司股票的市场价格将持续下跌。

借：资产减值损失　　3 600 000

　　其他综合收益　　1 200 000

　　贷：可供出售金融资产——减值准备　　4 800 000

(5) 2015 年 12 月 31 日，股票市场有所好转，乙公司股票的市场价格为每股 6 元。

借：可供出售金融资产——减值准备　　1 200 000

　　贷：其他综合收益　　1 200 000

(6) 2016 年 3 月 20 日，天成公司以每股 8 元的价格将其对外出售，出售时发生相关税费 5 万元，扣除相关税费后取得的净价款为 955 万元。假定不考虑其他因素的影响。

借：其他货币资金——存出投资款　　9 550 000

　　可供出售金融资产——减值准备　　3 600 000

　　贷：可供出售金融资产——成本　　9 600 000

　　　　　　　　　　　——公允价值变动　　1 200 000

　　　　投资收益　　2 350 000

同时：

借：其他综合收益　　1 200 000

　　贷：投资收益　　1 200 000

【小思考 8-3】 可供出售金融资产股票投资与可供出售金融资产债券投资在减值转回时的账务处理有什么区别？

【任务评价】

本任务介绍了可供出售金融资产减值的账务处理方法。通过学习可供出售金融资产减值的账务处理，学生要深入理解可供出售金融资产减值的核算特点，能够掌握可供出售金融资产减值的账务处理方法。

【复习思考题】

1. 可供出售金融资产发生减值时其账务处理是否影响企业损益？

2. 可供出售金融资产股票投资减值转回时和债券投资减值转回时服务处理是否一致？不一致分别怎么处理？

【练习题】

一、单项选择题

1. 下列金融资产中，应作为可供出售金融资产核算的是（　　）。

A. 企业购入的有意图和能力持有至到期的公司债券

B. 企业购入的有公开报价但不准备随时变现的 M 公司股票，不具有重大影响

C. 企业购入的没有公开报价且不准备随时变现的 M 公司 5% 的股权

D. 企业购入的准备随时出售的基金投资

2. 天成公司于2015年1月5日从证券市场上购入A公司发行在外的股票100万股作为可供出售金融资产，每股支付价款5元（含已宣告但尚未发放的现金股利0.5元），另支付相关费用12万元，不考虑其他因素，则天成公司可供出售金融资产取得时的入账价值为（　　）万元。

A. 500　　B. 512　　C. 450　　D. 462

3. 天成公司2015年4月5日从证券市场购入甲公司发行的股票500万股．共支付价款900万元，其中包括交易费用4万元。购入时甲公司已宣告但尚未发放的现金股利为每股0.16万元。天成公司将其作为可供出售金融资产核算。6月10日天成公司收到现金股利，2015年12月20日，天成公司出售该金融资产，收到价款960万元。则天成公司持有投资期间确认的投资收益为（　　）万元。

A. 136　　B. 140　　C. 220　　D. 216

4. 关于金融资产重分类，下列说法正确的是（　　）。

A. 交易性金融资产可以和可供出售金融资产之间进行重分类

B. 交易性金融资产和持有至到期投资之间不能进行重分类

C. 持有至到期投资可以随意和可供出售金融资产之间进行重分类

D. 交易性金融资产存在一定条件时可以和持有至到期资产之间进行重分类

5. 企业将持有至到期投资部分出售，应将该投资的剩余部分重分类为可供出售金融资产，并以公允价值进行后续计量，在重分类日，该投资剩余部分的账面价值与其公允价值之间的差额，应计入（　　）。

A. 公允价值变动损益　　B. 投资收益

C. 营业外收入　　D. 其他综合收益

6. 下列各项中，关于资产减值的表述不正确的是（　　）。

A. 长期股权投资减值损失一经确认，在以后会计期间不得转回

B. 投资性房地产减值损失一经确认，在以后会计期间不得转回

C. 可供出售金融资产减值损失一经确认，在以后会计期间不得转回

D. 持有至到期投资已确认减值损失在以后又得以恢复的，可以在原计提的减值准备金额内转回

二、多项选择题

1. 下列有关可供出售金融资产会计处理的表述中，正确的有（　　）。

A. 可供出售金融资产发生的减值损失应计入当期损益

B. 取得可供出售金融资产发生的交易费用应计入资产成本

C. 以外币计价的可供出售金融资产发生的汇兑差额应计入当期损益

D. 可供出售金融资产持有期间取得的现金股利应冲减资本成本

2. 下列有关可供出售金融资产，正确的处理方法有（　　）。

A. 企业购入的在活跃市场上有报价的股票、债券，没有划分为以公允价值计量且其变动计入当期损益的金融资产或持有至到期投资等金融资产的，可归为可供出售金融资产

B. 可供出售金融资产应当按取得该金融资产的公允价值作为初始确认金额，相关交易费用计入投资损益

C. 支付的价款中包含了已宣告尚未发放的债券利息或现金股利的，应单独确认为应收项目

D. 可供出售金融资产持有期间不确认利息或现金股利

3. 天成公司于2016年1月2日以5 100万元的价格购买甲公司于2015年1月1日发行的三年期债券作为可供出售金融资产核算，该债券面值为5 000万元，票面利率为6%，实际利率为5%，分期付息，到期还本，2016年末预计该债券的公允价值为4 900万元，且预计会持续下跌。天成公司于2017年3月15日将其处置，实际收到价款4 950万元，另发生手续费6万元，则下列针对天成公司对该投资的处理说法正确的有（　　）。

A. 天成公司处理该投资是应确认投资收益44万元

B. 天成公司应将发生的手续费计入其他综合收益

C. 天成公司2016年末应确认资产减值损失为494.5万元

D. 天成公司2016年应分摊的利息调整金额为45万元

三、判断题

1. 以公允价值计量且其变动计入当期损益的金融资产包括交易性金融资产和可供出售金融资产。 (　　)

2. 可供出售金融资产和持有至到期投资在符合一定条件时可重分类为交易性金融资产。 (　　)

3. 可供出售金融资产应按取得时的公允价值和相关交易费用之和作为初期确认金额。支付的价款中包含的已到付息期但尚未领取债券利息或已宣告但尚未发放的现金股利作为应收项目单独确认。 (　　)

4. 可供出售金融资产发生减值的，在确认减值损失时，应将原直接计入所有者权益的公允价值下降形成的累计损失一并转出，计入减值损失。 (　　)

四、计算分析题

2015年1月1日，天成公司从证券市场上购入A公司于2014年1月1日发行的5年期债券，划分为可供出售金融资产，面值为10 000 000元，票面年利率为6%，实际利率为5%，每年1月15日支付上年度的利息，到期日一次归还本金和最后一次利息。实际支付款项为11 000 000元。假定按年计提利息。2015年12月31日，该债券的公允价值为10 200 000元。2016年4月5日，A公司将该债券全部出售，收到款项12 500 000元存入银行。

要求：编制A公司从2015年1月1日至2016年4月5日上述有关业务的会计分录。

项目九

固定资产的核算

【学习目标】

知识目标：通过学习，将会理解固定资产的管理制度，掌握固定资产取得、折旧计提、处置、清查和减值的账务处理流程和基本会计核算方法；理解固定资产后续支出的概念和处理原则，掌握固定资产后续支出的核算方法。

能力目标：通过学习，能够根据固定资产取得、折旧计提、处置、清查和减值业务准确地编制记账凭证；登记明细账和总账；能够理解固定资产管理岗位的基本职能、业务流程、核算方法和操作技能。

【情境导入】

固定资产审计

审计人员在对天成公司的固定资产审计中，发现以下事项：

1. 天成公司3月3日购入生产设备一套，买价18万元，发生的安装费用1万元计入制造费用。根据相关法律规定，购入需要安装的固定资产，应在购入的固定资产取得成本的基础上加上安装调试成本等，作为购入固定资产的成本。

2. 天成公司12月5日该企业银行存款日记账记录的收出售设备款5 000元，对应账户为“其他应付款”。

任务提出：你若作为审计人员，请根据天成公司账务处理中存在的问题进行分析，并帮助天成公司编制有关会计分录。

任务一　固定资产取得的核算

【任务描述】

本任务要求掌握不同来源取得的固定资产的核算。

【任务分析】

本任务要求学生通过学习了解固定资产的种类，理解固定资产的确认及计量方法，掌握不同来源取得的固定资产的账务处理方法。

【知识准备及应用】

一、固定资产的基本知识

（一）固定资产的概念和特征

固定资产是指为生产商品、提供劳务、出租或经营管理而持有，使用寿命超过一个会计年度的有形资产。

从固定资产的定义可以看出，作为企业的固定资产应具备以下特征：

一是企业持有固定资产的目的是满足生产商品、提供劳务、出租或经营管理的需要，而不是对外出售。这一特征是固定资产区别于库存商品等流动资产的重要标志。

二是企业使用固定资产的期限较长，使用寿命超过一个会计年度。这意味着固定资产属于长期资产，收益期超过一个会计年度，能在一年以上的时间里为企业带来经济效益。这一特征是固定资产有别于流动资产的显著标志。固定资产的使用寿命是指企业使用固定资产的预计期间，或者该固定资产所能生产产品或提供劳务的数量。通常情况下，固定资产的使用寿命是指企业使用固定资产的预计期间。但某些机器设备或运输设备等固定资产的使用寿命，可以用该固定资产所能生产产品或提供劳务的数量来表示。例如，发电设备可以按预计发电量估计使用寿命。

三是企业的固定资产必须是有形资产。固定资产具有实物形态，该特征使固定资产有别于无形资产。无形资产是为生产商品、提供劳务而持有，使用寿命超过一个会计年度，但不具有实物形态，所以不属于固定资产。

（二）固定资产的分类

企业的固定资产种类繁多、规格不一，为加强管理，便于组织会计核算，有必要对其进行科学、合理的分类。根据不同的管理需要和核算要求以及不同的分类标准，可以对固定资产进行不同的分类，主要有以下几种分类方法：

1. 按经济用途分类。固定资产按经济用途分类，可分为生产经营用固定资产和非生产经营用固定资产。

生产经营用固定资产，是指直接服务于企业生产、经营过程的各种固定资产，如生产经营用的房屋、建筑物、机器、设备、器具、工具等。

非生产经营用固定资产，是指不直接服务于生产、经营过程的各种固定资产，如职工宿舍等使用的房屋、设备和其他固定资产等。

按照固定资产的经济用途分类，可以归类反映和监督企业生产经营用固定资产和非生产经营固定资产之间，以及生产经营用各类固定资产之间的组成和变化情况，借以考核和分析企业固定资产的利用情况，促使企业合理地配备固定资产，充分发挥其效用。

2. 按综合分类。按固定资产的经济用途和使用情况等综合分类，可把企业的固定资产划分为七大类：

（1）生产经营用固定资产。

（2）非生产经营用固定资产。

（3）租出固定资产（指企业在经营租赁方式下出租给外单位使用的固定资产）。

（4）不需用固定资产。

（5）未使用固定资产。

（6）土地（指过去已经估价单独入账的土地。因征地而支付的补偿费，应计入与土地有关的房屋、建筑物的价值内，不单独作为土地价值入账。企业取得的土地使用权，应作为无形资产管理，不作为固定资产管理）。

（7）融资租入固定资产（指企业以融资租赁方式租入的固定资产，在租赁期内，应视同自有固定资产进行管理）。

由于企业的经营性质不同，经营规模各异，对固定资产的分类不可能完全一致。但实际工作中，企业大多采用综合分类的方法作为编制固定资产目录、进行固定资产核算的依据。

二、固定资产的取得账务处理

（一）固定资产核算应设置的会计科目

为了反映和监督固定资产的取得、计提折旧和处置等情况，企业一般需要设置“固定资产”、“累计折旧”、“在建工程”、“工程物资”、“固定资产清理”等科目。

固定资产属于资产类科目，用来核算企业持有的固定资产原价的增减变动和结存情况。借方登记企业增加的固定资产的原价；贷方登记企业减少的固定资产的原价；期末余额在借方，反映企业现有的固定资产的原价。企业应当设置“固定资产登记簿”和“固定资产卡片”，按固定资产类别、使用部门和每项固定资产进行明细核算。

累计折旧是“固定资产”科目的备抵调整科目，用来核算企业固定资产的累计折旧。贷方登记企业计提固定资产折旧；借方登记处置固定资产转出的累计折旧；期末余额在贷方，反映企业固定资产的累计折旧额。

在建工程属于资产类科目，用来核算企业基建、更新改造等在建工程发生的支出。借方登记在建工程的实际支出；贷方登记完工工程转出的成本；期末余额在借方，反映企业尚未达预定可使用状态的在建工程的成本。

工程物资属于资产类科目，用来核算企业为在建工程准备的各种物资的实际成本。借方登记企业购入工程物资的实际成本；贷方登记领用工程物资的成本；期末余额在借方，反映为在建工程准备的各种物资的成本。

固定资产清理属于资产类科目，是“固定资产”账户的备抵调整科目。核算企业因出售、报废、毁损、对外投资、非货币性资产交换、债务重组等原因转出的固定资产价值以及在清理过程中发生的费用等，借方登记转出的固定资产账面价值、清理过程中应支付的相关税费及其他费用，贷方登记固定资产清理完成的处理，期末借方余额，反映企业尚未清理完毕的固定资产清理净损失，期末如为贷方余额，则反映企业尚未清理完毕的固定资产清理净收益。企业应当按照被清理的固定资产项目设置明细账，进行明细核算。

此外，企业固定资产、在建工程、工程物资发生减值的，还应当设置“固定资产减值准备”、“在建工程减值准备”、“工程物资减值准备”等科目进行核算。

（二）固定资产取得的核算

1. 外购固定资产。企业外购的固定资产，应按实际支付的购买价款、相关税费、使固定资产达到预定可使用状态前所发生的可归属于该项资产的运输费、装卸费、安装费和专业人员服务费等，作为固定资产成本，借记“固定资产”科目，贷记“银行存款”等科目。

若企业为增值税一般纳税人，则企业购进机器设备等固定资产的进项税额不纳入固定资产成本核算，可以在销项税额中抵扣，借记“应交税费——应交增值税（进项税额）”科目，贷记“银行存款”科目。

【同步操练9－1】 天成公司购入一台不需要安装即可投入使用的设备，取得的增值税专用发票上注明的设备价款为30 000元，增值税税额为5 100元，另支付运输费300元，包装费400元，款项以银行存款支付，假设天成公司属于增值税一般纳税人，增值税进项税额不纳入固定资产成本核算。

天成公司取得该固定资产的成本＝30 000＋300＋400＝30 700（元），其账务处理如下：

借：固定资产　　30 700
　　应交税费——应交增值税（进项税额）　　5 100
　　贷：银行存款　　35 800

购入需要安装的固定资产，应在购入的固定资产取得成本的基础上加上安装调试费用等，作为购入固定资产的成本，先通过“在建工程”科目核算，待安装完毕达到预定可使用状态时，再由“在建工程”科目转入“固定资产”科目。

企业购入固定资产时，按实际支付的购买价款、运输费、装卸费和其他相关税费等，借记“在建工程”科目，贷记“银行存款”等科目；支付安装费用时，借记“在建工程”科目，贷记“银行存款”等科目；安装完毕达到预定可使用状态时，按其实际成本，借记“固定资产”科目，贷记“在建工程”科目。

【同步操练9－2】 天成公司用银行存款购入一台需要安装的设备，增值税专用发票上注明的设备买价为200 000元，增值税税额为34 000元，支付运费10 000元；支付安装费30 000元，天成公司为增值税一般纳税人。

天成公司应编制如下会计分录：

（1）购入需要安装的设备时，其账务处理如下：

借：在建工程　　210 000
　　应交税费——应交增值税（进项税额）　　34 000
　　贷：银行存款　　244 000

（2）支付安装费时，其账务处理如下：

借：在建工程　　30 000
　　贷：银行存款　　30 000

（3）设备安装完毕交付使用时，确定的固定资产成本＝210 000＋30 000＝240 000（元），其账务处理如下：

借：固定资产　　240 000
　　贷：在建工程　　240 000

企业以一笔款项购入多项没有单独标价的固定资产，应将各项资产单独确认固定资产，并按各项固定资产公允价值的比例对总成本进行分配，分别确定各项固定资产的成本。

【同步操练9－3】 天成公司向乙公司一次购进了三台不同型号且具有不同生产能力的设备A、设备B、设备C，增值税专用发票上注明支付款项100 000 000元，增值税税额17 000 000元，包装费750 000元，全部以银行存款转账支付；假设设备A、设备B、设备C的公允价值分别为45 000 000元、38 500 000元和16 500 000元；不考虑其他相关税费，天成公司为增值税一般纳税人，增值税进项税额可以在销项税额中抵扣，不纳入固定资产成本核算。

天成公司应编制如下会计分录：

（1）确定应计入固定资产成本的金额，包括购买价款、包装费：

应计入固定资产的成本 = 100 000 000 + 750 000 = 100 750 000（元）

（2）确定设备 A、设备 B、设备 C 的价值分配比例：

设备 A 应分配的固定资产价值比例 = 45 000 000/(45 000 000 + 38 500 000 + 16 500 000) × 100% = 45%

设备 B 应分配的固定资产价值比例 = 38 500 000/(45 000 000 + 38 500 000 + 16 500 000) × 100% = 38.5%

设备 C 应分配的固定资产价值比例 = 165 000 000/(45 000 000 + 38 500 000 + 16 500 000) × 100% = 16.5%

（3）确定设备 A、设备 B、设备 C 各自的成本：

设备 A 的成本 = 100 750 000 × 45% = 45 337 500（元）

设备 B 的成本 = 100 750 000 × 38.5% = 38 788 750（元）

设备 C 的成本 = 100 750 000 × 16.5% = 16 623 750（元）

（4）天成公司应编制如下会计分录：

借：固定资产——设备 A	45 337 500	
——设备 B	38 788 750	
——设备 C	16 623 750	
应交税费——应交增值税（进项税额）	17 000 000	
贷：银行存款		117 750 000

2. 建造固定资产。企业自行建造的固定资产应按建造该项资产达到预定可使用状态前所发生的必要支出，作为固定资产的成本。

企业自行建造的固定资产，在建造过程中应先通过“在建工程”科目核算，工程达到预定可使用状态时，再从“在建工程”科目转入“固定资产”科目。企业自建固定资产，主要有自营和出包两种方式，由于采用的建设方式不同，其会计处理也不同。

（1）自营方式建造固定资产。

自营工程是指企业自行组织工程物资采购、自行组织施工人员施工的建筑工程和安装工程。在我国随着市场经济的不断发展，除施工企业外，其他行业的企业较少采用自营方式建造固定资产；即便有，也多为小型土木建筑工程。

企业为建造固定资产准备的各种物资应当按照实际支付的买价、不能抵扣的增值税额、运输费、保险费等相关税费作为实际成本，并按照各种专项物资的种类进行明细核算。

购入工程物资时，借记“工程物资”科目，贷记“银行存款”等科目。建造固定资产领用工程物资、原材料或库存商品，应按其实际成本转入所建工程成本。领用工程物资时，借记“在建工程”科目，贷记“工程物资”科目。在建工程领用本企业的原材料时，借记“在建工程”科目，贷记“原材料”、“应交税费——应交增值税（进项税额转出）”等科目。在建工程领用本企业生产的商品时，借记“在建工程”科目，贷记“库存商品”、“应交税费——应交增值税（销项税额）”等科目。

自营方式建造固定资产应负担的职工薪酬及辅助生产部门为之提供的水、电、运输、修理等劳务费和其他必要支出等也应计入所建工程项目的成本。借记“在建工程”科目，贷记“银行存款”、“应付职工薪酬”等科目。自营工程达到预定可使用状态时，按其实际成本，借记“固定资产”科目，贷记“在建工程”科目。

工程完工后，剩余的工程物资转为本企业存货的，按其实际成本或计划成本结转。建设期间发生的工程物资盘亏、报废及毁损，减去残料价值以及保险公司、过失人等赔款后的净损失，计入所建工程项目的成本；盘盈的工程物资或处置净收益，冲减所建工程项目的成本。工程完工后发生的工程物资盘盈、盘亏、报废及毁损，计入当期营业外收支。

【同步操练9－4】 天成公司自建厂房一幢，购入为工程准备的各种物资500 000元，支付的增值税税额为85 000元，全部用于工程建设；领用本企业生产的水泥一批，实际成本为80 000元，计税价格为100 000元，增值税税率为17%；应负担的工程人员工资为100 000元，支付其他费用为30 000元。工程完工并达到预定可使用状态。

天成公司应编制如下会计分录：

（1）购入工程物资时，确定工程物资成本：

借：工程物资　　585 000

　　贷：银行存款　　585 000

（2）领用工程物资时，应按其实际成本转入所建工程成本：

借：在建工程——厂房　　585 000

　　贷：工程物资　　585 000

（3）领用本企业生产的水泥时，应按其实际成本转入所建工程成本：

确定应计入在建工程的成本＝80 000＋100 000×17%＝97 000（元）

借：在建工程——厂房　　97 000

　　贷：库存商品　　80 000

　　　　应交税费——应交增值税（销项税额）　　17 000

（4）支付工程人员工资时，自营方式建造固定资产应负担的职工薪酬也应计入所建工程项目的成本：

借：在建工程——厂房　　100 000

　　贷：应付职工薪酬　　100 000

（5）支付工程发生的其他费用时，支付工程发生的其他费用计入所建工程项目的成本：

借：在建工程——厂房　　30 000

　　贷：银行存款　　30 000

（6）工程完工交付使用时，确认厂房的实际成本：

固定资产的建造成本＝585 000＋97 000＋100 000＋30 000＝812 000（元）

借：固定资产　　812 000

　　贷：在建工程——厂房　　812 000

（2）出包方式建造固定资产。

出包工程是指企业通过招标方式将工程项目发包给建造承包商，由建造承包商组织施工的建筑工程和安装工程。企业采用出包方式进行的固定资产出包工程，其工程的具体支出主要由建造承包商核算，在这种方式下，“在建工程”科目主要是反映企业与建造承包商办理工程价款结算的情况，企业支付给建造承包商的工程价款作为工程成本，通过“在建工程”科目核算。企业按合理估计的发包工程进度和合同规定向建造承包商结算的进度款，借记

"在建工程"科目，贷记"银行存款"等科目；工程完成时，按合同规定补付的工程款，借记"在建工程"科目，贷记"银行存款"等科目；工程达到预定可使用状态时，按其成本，借记"固定资产"科目，贷记"在建工程"科目。

【同步操练9-5】天成公司将一幢厂房的建造工程出包给丙公司承建，按合理估计的发包工程进度和合同规定向丙公司结算进度款600 000元，工程完工后，收到丙公司有关工程结算单据，补付工程款400 000元，工程完工并达到预定可使用状态。

天成公司应编制如下会计分录：

(1) 按合理估计的发包工程进度和合同规定向丙公司结算进度款时：

借：在建工程　　600 000

　　贷：银行存款　　600 000

(2) 补付工程款时：

借：在建工程　　400 000

　　贷：银行存款　　400 000

(3) 工程完工并达到预定可使用状态时：

借：固定资产　　1 000 000

　　贷：在建工程　　1 000 000

3. 租入的固定资产。租赁有两种形式：一种是融资租赁，另一种是经营租赁。

融资租赁是指实质上转移了与资产所有权有关的全部风险和报酬的租赁。其所有权最终可能转移，也可能不转移。承租企业应将融资租赁资产作为一项固定资产入账，同时确认相应的负债，并采用与自有应折旧资产相一致的折旧政策计提折旧。有关融资租赁固定资产初始计量与核算应当参照《企业会计准则第21号——租赁》相关规定。

经营租赁是指实质上没有转移与租赁资产所有权有关的全部风险和报酬的租赁。其会计处理较为简单，企业无须将租赁资产资本化，只需将支付或应付的租金按一定方法计入相关资产成本或当期损益。通常情况下，企业应当将经营租赁的租金在租赁期内各个期间，按照直线法计入相关资产成本或者当期损益。

4. 投资者投入的固定资产。企业接受固定资产投资时，应按照投资合同或协议约定的价值加上支付的相关税费确定，但合同或协议约定的价值不公允的除外，借记"固定资产"科目，贷记"实收资本"科目。如果固定资产的价值大于投资方在企业注册资本中占有的份额，其差额应贷记"资本公积"科目。

【同步操练9-6】天成公司接受乙公司投资的一台机器设备，该设备的原价为280 000元，已提折旧100 000元，经双方协商以该固定资产的约定价值190 000元作为实收收资本，接受投资日该固定资产的公允价值为220 000元。

天成公司应在办理资产转移手续后，根据相关原始凭证作如下会计处理。

借：固定资产　　220 000

　　贷：实收资本　　190 000

　　　　资本公积——资本溢价　　30 000

5. 通过非货币性资产交换、债务重组、企业合并等方式取得的固定资产。企业通过非货币性资产交换、债务重组、企业合并等方式取得的固定资产，其成本初始计量与核算应当分别参照《企业会计准则第 7 号——非货币性资产交换》、《企业会计准则第 12 号——债务重组》、《企业会计准则第 20 号——企业合并》相关规定。但是，该项固定资产的后续计量和披露应当执行《企业会计准则第 4 号——固定资产》的规定。

【知识扩展】

根据《中华人民共和国增值税暂行条例》（以下简称《增值税暂行条例》）规定，一般纳税人取得的用于非增值税应税项目、免征增值税项目、集体福利或者个人消费的固定资产进项税额不得从销项税额中抵扣。其中，非增值税应税项目是指提供非增值税应税劳务、转让无形资产、销售不动产和不动产在建工程（包括新建、改建、扩建、修缮、装饰不动产）。另外根据规定：以建筑物或者构筑物为载体的附属设备和配套设施，无论在会计处理上是否单独记账与核算，均应作为建筑物或者构筑物的组成部分，其进项税额不得在销项税额中抵扣。附属设备和配套设施是指给排水、采暖、卫生、通风、照明、通信、煤气、消防、中央空调、电梯、电气、智能化楼宇设备和配套设施。

非增值税应税项目在建造过程中领用外购货物需要进行进项税额转出，领用自制或委托加工货物需要视同销售计算应交增值税。

【小思考 9－1】企业自行建造固定资产，应按建造该项资产竣工决算前所发生的必要支出，作为固定资产的成本吗？

【任务评价】

本任务介绍了固定资产的取得应按成本进行初始计量。

（1）企业外购的固定资产，其成本包括按实际支付的购买价款、相关税费、使固定资产达到预定可使用状态前所发生的可归属于该项资产的运输费、装卸费、安装费和专业人员服务费等。（2）企业自行建造的固定资产应按建造该项资产达到预定可使用状态前所发生的必要支出，作为固定资产的成本。（3）企业接受固定资产投资时，应按照投资合同或协议约定的价值加上支付的相关税费确定，但合同或协议约定的价值不公允的除外。

任务二　固定资产折旧的核算

【任务描述】

本任务为计算固定资产折旧额和办理固定资产折旧的核算。

【任务分析】

本任务要求学生理解固定资产折旧额的计算方法，对使用固定资产折旧进行核算。

【知识准备及应用】

一、固定资产折旧的概念及影响因素

（一）固定资产折旧的概念

固定资产折旧是指固定资产由于损耗而减少的价值。固定资产损耗分为有形损耗和无形损耗两种。有形损耗是指固定资产在使用过程中由于使用和自然力的影响在使用价

值和价值上的损耗。无形损耗是指由于技术进步而引起的固定资产价值上的损耗。固定资产与存货不同，它的价值不是一次转移计入产品成本或费用，而是在长期使用过程中，随着损耗程度，以折旧费项目分期计入产品成本或费用，并通过取得相应的收入而得到补偿。

企业应当在固定资产的使用寿命内，按照确定的方法对应计折旧额进行系统分摊，根据固定资产的性质和使用情况，合理确定固定资产的使用寿命和预计净残值。固定资产的使用寿命、预计净残值一经确定，不得随意变更。

（二）固定资产折旧的影响因素

影响固定资产折旧的因素主要有以下几个方面：

1. 固定资产原价，是指固定资产的成本。

2. 预计净残值，是指假定固定资产预计使用寿命已满并处于使用寿命终了时的预期状态，企业目前从该项资产处置中获得的扣除预计处置费用后的金额。

3. 固定资产减值准备，是指固定资产已计提的固定资产减值准备累计金额。

4. 固定资产的使用寿命，是指企业使用固定资产的预计期间，或者该固定资产所能生产产品或提供劳务的数量。企业确定固定资产使用寿命时，应当考虑下列因素：

（1）该项资产预计生产能力或实物产量。

（2）该项资产预计有形损耗，如设备使用中发生磨损、房屋建筑受到自然侵蚀等。

（3）该项资产预计无形损耗，如因新技术的出现使现有的资产技术水平相对陈旧，市场需求变化使产品过时等。

（4）法律或者类似规定对该项资产使用的限制。

总之，企业应当根据固定资产的性质和使用情况，合理确定固定资产的使用寿命和预计净残值。固定资产的折旧方法一经确定，不得随意变更，但是符合《企业会计准则第4号——固定资产》第19条规定的除外。

二、固定资产折旧的范围

除以下情况外，企业应当对所有固定资产计提折旧：已提足折旧仍继续使用的固定资产；单独计价入账的土地。

在确定计提折旧的范围时，还应注意以下几点：

1. 固定资产应当按月计提折旧，并根据用途计入相关资产的成本或者当期损益。固定资产应自达到预定可使用状态时开始计提折旧，终止确认时或划分为持有待售非流动资产时停止计提折旧。为简化核算，当月增加的固定资产，当月不计提折旧，从下月起计提折旧；当月减少的固定资产，当月仍计提折旧，从下月起不再计提折旧。

2. 固定资产提足折旧后，不论能否继续使用，均不再计提折旧；提前报废的固定资产，也不再补提折旧。提足折旧，是指已经提足该项固定资产的应计折旧额。

3. 处于更新改造中而停止使用的固定资产，应将其账面价值转入在建工程，不再计提折旧。待更新改造项目达到预定可使用状态转为固定资产后，再按照重新确定的折旧方法和该项固定资产的尚可使用寿命计提折旧。

4. 因进行大修理而停用的固定资产，应当计提折旧，计提的折旧额应计入相关资产成本或当期损益。

5. 已达到预定可使用状态但尚未办理竣工决算的固定资产，应当按照估计价值确定其成本，并计提折旧；待办理竣工决算后，再按实际成本调整原来的暂估价值，但不需要调整原已计提的折旧额。

三、折旧的计算方法

企业应当根据与固定资产有关的经济利益的预期实现方式，合理选择固定资产折旧方法。可选用的折旧方法包括年限平均法（又称直线法）、工作量法、双倍余额递减法和年数总和法等。

（一）年限平均法

年限平均法的计算公式如下：

$$年折旧率=(1-预计净残值率)\div 预计使用寿命(年)$$
$$月折旧率=年折旧率\div 12$$
$$月折旧额=固定资产原价\times 月折旧率$$

【同步操练9－7】天成公司有一幢厂房，原价为5 000 000元，预计可使用20年，预计报废时的净残值率为2%。该公司采用年限平均法计提折旧。请计算该厂房的折旧率和折旧额。

由于天成公司采用年限平均法计提折旧，首先计算该厂房的年折旧率，再计算该厂房的月折旧率，最后计算该厂房的月折旧额，计算步骤如下：

年折旧率＝(1－2%)/20＝4.9%

月折旧率＝4.9%/12＝0.41%

月折旧额＝5 000 000×0.41%＝20 500（元）

其特点是将固定资产的应计折旧额均衡地分摊到固定资产预计使用寿命内，采用这种方法计算的每期折旧额是相等的。

（二）工作量法

工作量法的基本计算公式如下：

$$单位工作量折旧额=[固定资产原价\times(1-预计净残值率)]\div 预计总工作量$$
$$某项固定资产月折旧额=该项固定资产当月工作量\times 单位工作量折旧额$$

【同步操练9－8】天成公司的一辆运货卡车的原价为600 000元，预计总行驶里程为500 000公里，预计报废时的净残值率为5%，本月行驶4 000公里，计算该辆汽车的月折旧额。

由于天成公司采用工作量法计提折旧，首先计算该汽车单位里程折旧额，再计算该汽车的本月折旧额，计算步骤如下：

单位里程折旧额＝600 000×(1－5%)/500 000＝1.14（元/公里）

本月折旧额 =4 000 ×1. 14 =4 560（元）

本例采用工作量法计提固定资产折旧，工作量法是指根据实际工作量计算每期应提折旧额的一种方法。

（三）双倍余额递减法

双倍余额递减法的计算公式如下：

年折旧率 =2/预计使用寿命(年) ×100%

月折旧率 = 年折旧率 ÷12

月折旧额 = 每月月初固定资产账面净值 × 月折旧率

【同步操练 9 -9】 天成公司一项固定资产的原价为 1 000 000 元，预计使用年限为 5 年，预计净残值为 4 000 元，按双倍余额递减法计提折旧，计算每年的折旧额。

由于天成公司采用双倍余额递减法计提折旧，首先计算该固定资产年折旧率，再计算该项固定资产每年折旧额，计算步骤如下：

年折旧率 =2/5 ×100% =40%

第一年应提的折旧额 =1 000 000 ×40% =400 000（元）

第二年应提的折旧额 =(1 000 000 -400 000) ×40% =240 000（元）

第三年应提的折旧额 =(600 000 -240 000) ×40% =144 000（元）

从第四年起改用年限平均法（直线法）计提折旧。

第四年、第五年的折旧额 =[(360 000 -144 000) -4 000]/2 =106 000（元）

每年各月折旧额根据年折旧额除以 12 来计算。

本例采用了双倍余额递减法计提固定资产折旧，双倍余额递减法是指在不考虑固定资产预计净残值的情况下，根据每期期初固定资产原价减去累计折旧后的余额和双倍的直线法折旧率计算固定资产折旧的一种方法。采用双倍余额递减法计提固定资产折旧，一般应在固定资产使用寿命到期前两年内，将固定资产账面净值扣除预计净残值后的余额平均摊销。

（四）年数总和法

年数总和法的计算公式如下：

年折旧率 =(预计使用寿命 - 已使用年限)/[预计使用寿命 ×(预计使用寿命 +1)/2] ×100%

或者：

年折旧率 = 尚可使用年限/预计使用寿命的年数总和 ×100%

月折旧率 = 年折旧率 ÷12

月折旧额 =(固定资产原价 - 预计净残值) × 月折旧率

【同步操练 9 -10】 天成公司一项固定资产的原价为 1 000 000 元，预计使用年限为 5 年，预计净残值为 4 000 元，按年数总和法计提折旧，计算的各年折旧额如表 9 -1 所示。

表 9－1　　各年折旧额　　金额单位：元

年份	尚可使用年限	原价－净残值	变动折旧率	年折旧额	累计折旧
1	5	996 000	5/15	332 000	332 000
2	4	996 000	4/15	265 600	597 600
3	3	996 000	3/15	199 200	796 800
4	2	996 000	2/15	132 800	929 600
5	1	996 000	1/15	66 400	996 000

本例采用了年数总和法计提固定资产折旧，年数总和法又称年限合计法，是指将固定资产的原价减去预计净残值后的余额，乘以一个逐年递减的分数计算每年的折旧额，这个分数的分子代表固定资产尚可使用寿命，分母代表固定资产预计使用寿命逐年数字总和。

四、固定资产折旧的账务处理

固定资产应当按月计提折旧，计提的折旧应当记入“累计折旧”科目，并根据用途计入相关资产的成本或者当期损益。企业自行建造固定资产过程中使用的固定资产，其计提的折旧应计入在建工程成本；基本生产车间所使用的固定资产，其计提的折旧应计入制造费用；管理部门所使用的固定资产，其计提的折旧应计入管理费用；销售部门所使用的固定资产，其计提的折旧应计入销售费用；经营租出的固定资产，其应提的折旧额应计入其他业务成本。企业计提固定资产折旧时，借记“制造费用”、“管理费用”、“销售费用”、“其他业务成本”等科目，贷记“累计折旧”科目。

【同步操练 9－11】天成公司 2016 年 2 月管理部门、销售部门应分配的固定资产折旧额为管理部门房屋建筑物计提折旧 14 800 000 元，运输工具计提折旧 2 400 000 元；销售部门房屋建筑物计提折旧 3 200 000 元，运输工具计提折旧 2 630 000 元。当月新购置管理用机器设备一台，成本为 5 400 000 元，预计使用寿命为 10 年，该企业同类设备计提折旧采用年限平均法。

新购置的机器设备本月不计提折旧。本月计提的折旧费用中，对管理部门使用的固定资产计提的折旧额计入管理费用，对销售部门使用的固定资产计提的折旧额计入销售费用。

借：管理费用　　17 200 000
　　销售费用　　5 830 000
　　贷：累计折旧　　23 030 000

【知识扩展】

在确定计提折旧的范围时，还应注意以下几点：

1. 固定资产应当按月计提折旧，当月增加的固定资产，当月不计提折旧，从下月起计提折旧；当月减少的固定资产，当月仍计提折旧，从下月起不计提折旧。

2. 固定资产提足折旧后，不论能否继续使用，均不再计提折旧；提前报废的固定资产，也不再补提折旧。所谓提足折旧，是指已经提足该项固定资产的应计折旧额。

【小思考9－2】 企业应当根据企业利润的实现情况选择固定资产折旧方法吗？

【任务评价】

企业应当于取得固定资产时分析判断其计提折旧方法。固定资产应当按月计提折旧，当月增加的固定资产，当月不计提折旧，从下月起计提折旧；当月减少的固定资产，当月仍计提折旧，从下月起不计提折旧。

固定资产计提折旧方法包括年限平均法（又称直线法）、工作量法、双倍余额递减法和年数总和法等。企业选择的固定资产计提折旧方法，应当反映与该项固定资产有关的经济利益的预期实现方式。

企业应当按月对固定资产进行计提折旧。企业自行建造固定资产过程中使用的固定资产，其计提的折旧应计入在建工程成本；基本生产车间所使用的固定资产，其计提的折旧应计入制造费用；管理部门所使用的固定资产，其计提的折旧应计入管理费用；销售部门所使用的固定资产，其计提的折旧应计入销售费用；经营租出的固定资产，其应提的折旧额应计入其他业务成本。

任务三　固定资产后续支出的核算

【任务描述】

本任务主要针对固定资产后续支出的核算。

【任务分析】

本任务要求学生通过学习掌握固定资产资本化后续支出的核算和固定资产费用化后续支出的核算。

【知识准备及应用】

固定资产的后续支出是指固定资产在使用过程中发生的更新改造支出、修理费用等。企业的固定资产投入使用后，由于各个组成部分耐用程度不同或者使用的条件不同，往往发生固定资产的局部损坏。为了保持固定资产的正常运转和使用，充分发挥其使用效能，就必须对现有固定资产进行维护、改建、扩建或者改良。

一、固定资产后续支出的处理原则

固定资产后续支出的处理原则为：与固定资产有关的更新改造等后续支出，如果满足固定资产确认条件的，应当计入固定资产成本，同时，如有被替换的部分，应将被替换部分的账面价值从该固定资产原账面价值中扣除；与固定资产有关的修理费用等后续支出，不满足固定资产确认条件的，应当在发生时计入当期损益。由此可见，固定资产后续支出可以分为资本化后续支出和费用化后续支出。

二、固定资产后续支出的账务处理

固定资产发生的可资本化的后续支出，应当通过“在建工程”科目核算。固定资产发生可资本化的后续支出时，企业应将该固定资产的原价、已计提的累计折旧和减值准备转销，将固定资产的账面价值转入在建工程，借记“在建工程”、“累计折旧”、“固定资产减值准备”等科目，贷记“固定资产”科目；发生的可资本化的后续支出，借记“在建工程”科目，贷记“银行存款”等科目。在固定资产发生的后续支出完工并达到预定可使用状态时，借记“固定资产”科目，贷记“在建工程”科目。

企业生产车间（部门）和行政管理部门发生的不可资本化的后续支出，例如，发生的固定资产日常修理费用，借记“管理费用”科目，贷记“银行存款”等科目；企业专设销售机构发生的不可资本化的后续支出，例如，发生的固定资产日常修理费用，借记“销售费用”科目，贷记“银行存款”等科目。

【同步操练9－12】某航空公司2006年12月购入一架飞机总计花费8 000万元（含发动机），发动机当时的购买价为500万元。公司未将发动机作为一项单独的固定资产进行核算。2015年初，公司开辟新航线，航程增加。为延长飞机的空中飞行时间，公司决定更换一部性能更为先进的发动机。新发动机购价700万元，另需支付安装费用51 000元。假定飞机的年折旧率为3%，不考虑预计净残值和相关税费的影响。

先计算2015年初飞机已经计提的累计折旧，其次确认新购入发动机的成本（包括购价和安装费），再计算2015年初老发动机的账面价值，最后确认固定资产确认价值。

（1）2015年初飞机的累计折旧金额为：

80 000 000×3%×8＝19 200 000（元），将固定资产转入在建工程：

借：在建工程　　60 800 000
　　累计折旧　　19 200 000
　　贷：固定资产　　80 000 000

（2）安装新发动机：

借：在建工程　　7 051 000
　　贷：工程物资　　7 000 000
　　　　银行存款　　51 000

（3）2015年初老发动机的账面价值为：

5 000 000－5 000 000×3%×8＝3 800 000（元），终止确认老发动机的账面价值：

借：营业外支出　　3 800 000
　　贷：在建工程　　3 800 000

（4）发动机安装完毕，投入使用，固定资产的入账价值：60 800 000＋7 051 000－3 800 000＝64 051 000（元）：

借：固定资产　　64 051 000
　　贷：在建工程　　64 051 000

【同步操练9－13】2015年6月1日，天成公司对现有的一台管理用设备进行日常修理，修理过程中应支付的维修费用为20 000元，用银行存款支付。天成公司应编制如下会计分录：

企业生产车间（部门）和行政管理部门发生的不可资本化的后续支出计入“管理费用”科目。

借：管理费用　　20 000

　　贷：银行存款　　20 000

【同步操练9－14】2015年8月1日，天成公司对其现有的一台管理部门使用的设备进行修理，修理过程中发生维修人员工资为5 000元。天成公司编制如下会计分录：

企业专设销售机构发生的不可资本化的后续支出计入管理费用：

借：管理费用　　5 000

　　贷：应付职工薪酬　　5 000

【知识扩展】

1. 资本化的后续支出：

（1）在原固定资产的基础上更新改造（不涉及原部件的更换）。

① 将原固定资产的账面价值转入“在建工程”：

借：在建工程

　　累计折旧

　　固定资产减值准备

　　贷：固定资产

② 新发生的支出：

借：在建工程

　　贷：银行存款

③ 更新改造完成转入固定资产：

借：固定资产

　　贷：在建工程

资本化期间停止计提折旧；更新后的账面价值＝更新前的账面价值＋资本化支出；计提折旧的时间按照剩余使用寿命计提折旧。

（2）在原固定资产的基础上更新改造（涉及原部件的更换）。

说明：原部件的账面价值剔除，不构成固定资产更新改造后的成本。

更新后的账面价值＝更新前总的账面价值－替换部分的账面价值＋资本化的支出部分；被替换部分的变价收入与更新后的账面价值无关。

2. 固定资产的后续支出——费用化：

借：管理费用（车间和管理部门的固定资产修理费）

　　销售费用（销售部门的固定资产的修理费）

　　贷：银行存款等

【小思考9－3】与固定资产有关的后续支出，无论金额大小，均应当计入固定资产成本吗？

【任务评价】

固定资产发生的可资本化的后续支出，应当通过“在建工程”科目核算。在固定资产发生的后续支出完工并达到预定可使用状态时借记“固定资产”科目，贷记“在建工程”

科目。

企业生产车间（部门）和行政管理部门发生的不可资本化的后续支出借记“管理费用”科目；企业专设销售机构发生的不可资本化的后续支出借记“销售费用”科目。

任务四　固定资产处置的核算

【任务描述】

本任务主要针对固定资产不同处置方式的核算。

【任务分析】

本任务要求学生通过学习掌握固定资产不同处置方式的核算。

【知识准备及应用】

一、固定资产处置的范围

企业在生产经营过程中，可能将不适用或不需用的固定资产对外出售转让，或因磨损、技术进步等原因对固定资产进行报废，或因遭受自然灾害而对毁损的固定资产进行处理。对于上述事项在进行会计处理时，应当按照规定程序办理有关手续，结转固定资产的账面价值，计算有关的清理收入、清理费用及残料价值等。

对于上述事项在进行会计核算时，应按规定程序办理有关手续，结转固定资产的账面价值，计算有关的清理收入、清理费用及残料价值等。

处置固定资产应通过“固定资产清理”科目核算。该账户属于资产类科目，用来核算企业因出售、报废、毁损、对外投资、非货币性资产交换、债务重组等原因转出的固定资产价值以及在清理过程中发生的费用等。借方登记因出售、报废、毁损、对外投资、非货币性资产交换、债务重组等原因转出的固定资产的价值，以及清理理过程中支付的相关税费及其他费用；贷方登记收回出售固定资产的价款、报废固定资产残料价值、变价收入以及应由保险公司或过失人赔偿的损失；期末借方余额，反映企业尚未清理完毕的固定资产清理净损失。该科目应按被清理的固定资产项目设置明细账，进行明细核算。

二、固定资产处置的账务处理

固定资产处置包括固定资产的出售、报废、毁损、对外投资、非货币性资产交换、债务重组等，处置固定资产应通过“固定资产清理”科目核算。具体包括以下几个环节：

1. 固定资产转入清理。企业因出售、报废、毁损、对外投资、非货币性资产交换、债务重组等转出的固定资产，按该项固定资产的账面价值，借记“固定资产清理”科目，按已计提的累计折旧，借记“累计折旧”科目，按已计提的减值准备，借记“固定资产减值准备”科目，按其账面原价，贷记“固定资产”科目。

2. 发生的清理费用等。固定资产清理过程中应支付的相关税费及其他费用，借记“固定资产清理”科目，贷记“银行存款”、“应交税费——应交营业税”等科目。

3. 出售收入、回收残值的处理。收回出售固定资产的价款、残料价值和变价收入等，借记“银行存款”、“原材料”等科目，贷记“固定资产清理”科目。

4. 收到过失人或保险公司赔偿的处理。保险赔偿等的处理应由保险公司或过失人赔偿的损失，借记“其他应收款”等科目，贷记“固定资产于清理”科目。

5. 清理净损益的处理。固定资产清理完成后，属于生产经营期间正常的处理损失，借记“营业外支出——非流动资产处置损失”科目，贷记“固定资产清理”科目；属于自然灾害等非正常原因造成的损失，借记“营业外支出——非常损失”科目，贷记“固定资产清理”科目。如为贷方余额，借记“固定资产清理”科目，贷记“营业外收入——非流动资产处置利得”等科目。

【同步操练 9－15】 天成公司出售一座建筑物，原价 2 000 000 元，已使用 6 年，计提折旧 300 000 元，支付清理费用 10 000 元，出售收入为 2 000 000 元，营业税税率为 5%。

天成公司首先按该建筑物账面价值结转，其次固定资产清理过程中应支付的相关税费及其他费用，借记“固定资产清理”科目，收回出售固定资产的价款、残料价值和变价收入等，贷记“固定资产清理”科目，最后计算应交纳的营业税，并结转固定资产清理后的净收益。账务处理如下：

（1）固定资产转入清理（按账面价值结转）：

借：固定资产清理	1 700 000	
累计折旧	300 000	
贷：固定资产		2 000 000

（2）支付清理费用：

借：固定资产清理	10 000	
贷：银行存款		10 000

（3）收到价款：

借：银行存款	2 000 000	
贷：固定资产清理		2 000 000

（4）计算应交纳的营业税：2 000 000 × 5% = 100 000（元）

借：固定资产清理	100 000	
贷：应交税费——应交营业税		100 000

（5）结转固定资产清理后的净收益：

借：固定资产清理	190 000	
贷：营业外收入		190 000

【同步操练 9－16】 天成公司现有一台设备由于性能等原因决定提前报废，原价为 500 000 元，已计提折旧 450 000 元，未计提减值准备。报废时的残值变价收入为 20 000 元，报废清理过程中发生清理费用 3 500 元。有关收入、支出均通过银行办理结算。假定不考虑相关税费的影响。

天成公司首先按该设备账面价值结转，其次固定资产清理过程中应支付的相关税费及其他费用，借记“固定资产清理”科目，收回出售固定资产的价款、残料价值和变价收入等，贷记“固定资产清理”科目，最后结转固定资产清理后的净损失。账务处理如下：

（1）将报废固定资产转入清理时：

借：固定资产清理 50 000

累计折旧 450 000

贷：固定资产 500 000

（2）收回残料变价收入时：

借：银行存款 20 000

贷：固定资产清理 20 000

（3）支付清理费用时：

借；固定资产清理 3 500

贷：银行存款 3 500

（4）结转报废固定资产发生的净损失时：

借：营业外支出——非流动资产处置损失 33 500

贷：固定资产清理 33 500

【知识扩展】

固定资产清理完成后，属于生产经营期间正常的处理损失，借记“营业外支出——非流动资产处置损失”科目，贷记“固定资产清理”科目；属于自然灾害等非正常原因造成的损失，借记“营业外支出——非常损失”科目，贷记“固定资产清理”科目。如为贷方余额，借记“固定资产清理”科目，贷记“营业外收入——非流动资产处置利得”科目。

【小思考9－4】 清理固定资产发生的税费影响固定资产清理净损益吗?

【任务评价】

固定资产处置核算的基本账务处理：

1. 固定资产转入清理：

借：固定资产清理

累计折旧

固定资产减值准备

贷：固定资产

2. 发生的清理费用等：

借：固定资产清理

贷：银行存款

应交税费——应交营业税

3. 收到出售固定资产的价款、收回残料价值和收到变价收入等：

借：银行存款

原材料

贷：固定资产清理

4. 保险赔偿等：

借：其他应收款

贷：固定资产清理

5. 清理净损益：

（1）净损失：

借：营业外支出

　　贷：固定资产清理

（2）净收益：

借：固定资产清理

　　贷：营业外收入

任务五　固定资产清查的核算

【任务描述】

本任务主要叙述固定资产清查的核算。

【任务分析】

本任务要求学生通过学习掌握固定资产盘盈盘亏的核算。

【知识准备及应用】

企业应当定期或者至少于每年年末对固定资产进行清查盘点，以保证固定资产核算的真实性，充分挖掘企业现有固定资产的潜力。在固定资产清查过程中，如果发现盘盈、盘亏的固定资产，应当填制固定资产盘盈盘亏报告表。清查固定资产的损益，应当及时查明原因，并按照规定程序报批处理。

一、固定资产的盘盈

企业在财产清查中盘盈的固定资产，作为前期差错处理。企业在财产清查中盘盈的固定资产，在按管理权限报经批准处理前应先通过“以前年度损益调整”科目核算。盘盈的固定资产，应按重置成本确定其入账价值，借记“固定资产”科目，贷记“以前年度损益调整”科目。

【同步操练 9-17】 2015 年 1 月 20 日，天成公司在财产清查过程中，发现 2014 年 12 月购入的一台设备尚未入账，重置成本为 30 000 元（假定与其计税基础不存在差异）。根据《企业会计准则第 28 号——会计政策、会计估计变更和差错更正》规定，该盘盈固定资产作为前期差错进行处理。假定天成公司按净利润的 10% 计提法定盈余公积，不考虑相关税费及其他因素的影响。

首先天成公司对盘盈的设备作为前期差错，计入以前年度损益调整，其次结转为留存收益。账务处理如下：

（1）盘盈固定资产时：

借：固定资产　　30 000

　　贷：以前年度损益调整　　30 000

（2）结转为留存收益时：

借：以前年度损益调整　　30 000

贷：盈余公积——法定盈余公积　　3 000
　　利润分配——未分配利润　　27 000

根据《企业会计准则第 28 号——会计政策、会计估计变更和差错更正》的规定，本例中盘盈固定资产作为前期差错进行处理，应通过“以前年度损益调整”进行核算。

二、固定资产的盘亏

企业在财产清查中盘亏的固定资产，按照盘亏固定资产的账面价值，借记“待处理财产损溢”科目，按照已计提的累计折旧，借记“累计折旧”科目，按照已计提的减值准备，借记“固定资产减值准备”科目，按照固定资产的原价，贷记“固定资产”科目。企业按照管理权限报经批准后处理时，按照可收回的保险赔偿或过失人赔偿，借记“其他应收款”科目，按照应计入营业外支出的金额，借记“营业外支出——盘亏损失”科目，贷记“待处理财产损溢”科目。

【同步操练 9－18】天成公司进行财产清查时发现短缺一台笔记本电脑，原价为 10 000 元，已计提折旧 7 000 元。

首先盘亏的固定资产计入待处理财产损溢，其次批准转销时，计入营业外支出。

（1）盘亏固定资产时：

借：待处理财产损溢　　3 000
　　累计折旧　　7 000
　　贷：固定资产　　10 000

（2）报经批准转销时：

借：营业外支出——盘亏损失　　3 000
　　贷：待处理财产损溢　　3 000

【知识扩展】

新准则将固定资产盘盈作为前期差错进行会计处理，是因为在一般情况下，固定资产出现由于企业无法控制的因素而造成盘盈的可能性极小甚至是不可能的，企业出现了固定资产的盘盈必定是企业以前会计期间少计、漏计而产生的，应当作为会计差错进行更正处理，这样也能在一定程度上减小人为调节利润的可能性。

【小思考 9－5】盘盈的固定资产通过“待处理财产损溢”科目核算，其净收益计入当期营业外收入吗？

【任务评价】

1. 固定资产的盘亏：

借：待处理财产损溢（账面价值）
　　累计折旧
　　固定资产减值准备
　　贷：固定资产

批准后：

借：其他应收款（保险赔款或过失人赔偿）

营业外支出（不影响营业利润）

贷：待处理财产损溢

2. 固定资产的盘盈。盘盈固定资产作为前期差错进行处理；最终目的是盘盈的固定资产不影响企业当期的利润。

借：固定资产

贷：以前年度损益调整

借：以前年度损益调整

贷：盈余公积

利润分配——未分配利润

任务六　固定资产减值的核算

【任务描述】

本任务主要讲授固定资产减值的核算。

【任务分析】

本任务要求学生通过学习固定资产减值准备，在持有期间内的每个会计期末进行减值测试核算。

【知识准备及应用】

固定资产的初始入账价值是历史成本，由于固定资产使用年限较长，市场条件和经营环境的变化、科学技术的进步以及企业经营管理不善等原因，都可能导致固定资产创造未来经济利益的能力大大下降。因此，固定资产的真实价值有可能低于账面价值，在期末必须对固定资产减值损失进行确认。

固定资产在资产负债表日存在可能发生减值的迹象时，其可收回金额低于账面价值的，企业应当将该固定资产的账面价值减记至可收回金额，减记的金额确认为减值损失，计入当期损益，同时计提相应的资产减值准备，借记“资产减值损失——计提的固定资产减值准备”科目，贷记“固定资产减值准备”科目。固定资产减值损失一经确认，在以后的会计期间不得转回。

【同步操练 9－19】2015 年 12 月 31 日，天成公司的某生产线存在可能发生减值的迹象。经计算，该机器的可收回金额合计为 123 万元，生产线原值为 280 万元，按 10 年计提折旧，已计提折旧 5 年，净残值为 0，按照直线法计提折旧。以前年度未对该生产线计提过减值准备。

首先计算固定资产的账面价值，其次计算减值准备，最后计算以后 5 年应计提的折旧。

（1）计算固定资产账面价值 $=280-280/10\times5=140$（万元）。

（2）计算固定资产减值准备 $=140-123=17$（万元）。

借：资产减值损失　　170 000

贷：固定资产减值准备　　170 000

（3）以后 5 年各年计提的折旧 $=(280-140-17)/5=24.6$（万元）。

【知识扩展】

固定资产减值金额的确定

固定资产在资产负债表日存在可能发生减值的迹象时，其可收回金额低于账面价值的，企业应当将该固定资产的账面价值减记至可收回金额，减记的金额确认为减值损失，计入当期损益，同时计提相应的资产减值准备。

【小思考9－6】 固定资产减值损失一经确认，在以后会计期间不得转回吗？

【任务评价】

固定资产减值会计处理

借：资产减值损失——计提的固定资产减值准备

　　贷：固定资产减值准备

【情境总结】

1. 自营工程的业务核算（见表9－2）。

表9－2　自产货物与购买材料对比

项　目	用　　途	会计处理
自产货物	1. 用于机器设备安装（增值税不做视同销售）	借：在建工程 　贷：库存商品
	2. 用于厂房建设（增值税视同销售）	借：在建工程 　贷：库存商品 　　应交税费——应交增值税（销项税额）
购买的材料	1. 用于机器设备安装（进项税额不做转出）	借：在建工程 　贷：原材料
	2. 用于厂房建设（进项税额做转出处理）	借：在建工程 　贷：原材料 　　应交税费——应交增值税（进项税额转出）

2. 固定资产业务核算（见表9－3）。

表9－3　固定资产业务核算总结

业务内容	账务处理
固定资产取得的核算	借：固定资产 　贷：银行存款、在建工程、实收资本等
固定资产计提折旧的核算	借：制造费用、管理费用、销售费用、其他业务成本等 　贷：累计折旧

续表

业务内容	账务处理
固定资产后续支出的核算	资本化的后续支出： 借：在建工程、累计折旧、固定资产减值准备 　　贷：固定资产 借：在建工程 　　贷：银行存款 借：固定资产 　　贷：在建工程 费用化后续支出： 借：管理费用、销售费用 　　贷：银行存款等
固定资产的处置核算	借：固定资产清理、累计折旧、固定资产减值准备 　　贷：固定资产 借：固定资产清理 　　贷：银行存款 　　　　应交税费——应交营业税 借：银行存款 　　原材料 　　贷：固定资产清理 借：其他应收款 　　贷：固定资产清理 净损失： 借：营业外支出 　　贷：固定资产清理 净收益： 借：固定资产清理 　　贷：营业外收入
固定资产清查	固定资产的盘亏： 借：待处理财产损溢（账面价值） 　　累计折旧 　　固定资产减值准备 　　贷：固定资产 批准后： 借：其他应收款（保险赔款或过失人赔偿） 　　营业外支出（不影响营业利润） 　　贷：待处理财产损溢 固定资产的盘盈： 借：固定资产 　　贷：以前年度损益调整 借：以前年度损益调整 　　贷：盈余公积 　　　　利润分配——未分配利润
固定资产减值的核算	借：资产减值损失 　　贷：固定资产减值准备

【复习思考题】

1. 固定资产的特征是什么？

2. 固定资产的核算方式有哪些？

3. 如何进行固定资产盘盈、盘亏的核算？

【练习题】

一、单项选择题

1. 下列各项中，不会导致固定资产账面价值发生增减变动的是（　　）。

A. 盘盈固定资产　　B. 经营性租赁租入设备

C. 以固定资产对外投资　　D. 对固定资产计提减值准备

2. 下列各项中，需要计提折旧的是（　　）。

A. 经营租入的设备　　B. 已交付但尚未使用的设备

C. 提前报废的固定资产　　D. 已提足折旧仍继续使用的设备

3. 甲公司为增值税一般纳税人，2015 年 12 月 31 日购入不需要安装的生产设备一台，当日投入使用。该设备价款为 360 万元，增值税税额为 61. 2 万元，预计使用寿命为 5 年，预计净残值为零，采用年数总和法计提折旧。该设备 2011 年应计提的折旧为（　　）万元。

A. 72　　B. 120　　C. 140. 4　　D. 168. 48

4. 某企业对一条生产线进行改建，原价为 100 万元，已提折旧为 40 万元。改建过程中发生支出 30 万元，被替换部分的账面价值为 10 万元。该生产线改建后的成本为（　　）万元。

A. 65　　B. 70　　C. 80　　D. 130

5. 某增值税一般纳税企业自建一个仓库，购入工程物资 200 万元，增值税税额为 34 万元，已全部用于建造仓库；耗用库存材料 50 万元，应负担的增值税税额为 8. 5 万元；支付建筑工人工资 36 万元。该仓库建造完成并达到预定可使用状态，其入账价值为（　　）万元。

A. 250　　B. 292. 5　　C. 286　　D. 328. 5

6. 某企业转让一台旧设备，取得价款 56 万元，发生清理费用 2 万元。该设备原值为 60 万元，已提折旧 10 万元。假定不考虑其他因素，出售该设备影响当期损益的金额为（　　）万元。

A. 4　　B. 6　　C. 54　　D. 56

7. 企业购入三项没有单独标价的不需要安装的固定资产 A、B、C，实际支付的价款总额为 100 万元。其中固定资产 A 的公允价值为 60 万元，固定资产 B 的公允价值为 40 万元，固定资产 C 的公允价值为 20 万元。固定资产 A 的入账价值为（　　）万元。

A. 60　　B. 50　　C. 100　　D. 120

8. 某企业于 2015 年 12 月 31 日购入一项固定资产，其原价为 200 万元，预计使用年限为 5 年，预计净残值为 0. 8 万元，采用双倍余额递减法计提折旧。2016 年度该项固定资产应计提的年折旧额为（　　）万元。

A. 39. 84　　B. 66. 4　　C. 79. 68　　D. 80

9. 某企业 2013 年 12 月 31 日购入一台设备，入账价值为 90 万元，预计使用年限为 5 年，预计净残值为 6 万元，按年数总和法计算折旧。该设备 2015 年计提的折旧额为（　　）万元。

A. 16. 8　　B. 21. 6　　C. 22. 4　　D. 24

10. 某企业 2014 年 6 月 20 日自行建造的一条生产线投入使用，该生产线建造成本为 740 万元，预计使用年限为 5 年，预计净残值为 20 万元。在采用年数总和法计提折旧的情况下，2015 年该设备应计提的折旧额为（　　）万元。

A. 192　　B. 216　　C. 120　　D. 240

11. 下列关于企业计提固定资产折旧会计处理的表述中，不正确的是（　　）。

A. 对管理部门使用的固定资产计提的折旧应计入管理费用

B. 对财务部门使用的固定资产计提的折旧应计入财务费用

C. 对生产车间使用的固定资产计提的折旧应计入制造费用

D. 对专设销售机构使用的固定资产计提的折旧应计入销售费用

12. 甲公司一套生产设备附带的电机由于连续工作时间过长而烧毁，该电机无法修复，需要用新的电机替换。该套生产设备原价 65 000 元，已计提折旧 13 000 元。烧毁电机的成本为 12 000 元，购买新电机的成本为 18 000 元，烧毁的电机变价收入为 5 000 元，安装完成后该套设备的入账价值为（　　）元。

A. 52 000　　B. 58 000　　C. 60 400　　D. 62 800

13. 2015 年 3 月 1 日，某企业对经营租赁方式租入的办公楼进行装修，发生职工薪酬 15 万元，其他费用 45 万元。2015 年 10 月 31 日，该办公楼装修完工，达到预定可使用状态并交付使用，至租赁到期还有 5 年。假定不考虑其他因素，该企业发生的该装修费用对 2015 年度损益的影响金额为（　　）万元。

A. 45　　B. 12　　C. 2　　D. 60

14. 某企业 2014 年 12 月 31 日购入一台设备，入账价值为 200 万元，预计使用寿命为 10 年，预计净残值为 20 万元，采用年限平均法计提折旧。2015 年 12 月 31 日该设备存在减值迹象，经测试预计可收回金额为 120 万元。2015 年 12 月 31 日该设备账面价值应为（　　）万元。

A. 120　　B. 160　　C. 180　　D. 182

15. 某企业转让一台旧设备，取得价款 56 万元，发生清理费用 2 万元。该设备原值为 60 万元，已提折旧 10 万元，减值准备 10 万元，增值税税率为 17%。出售该设备影响当期损益的金额为（　　）万元。

A. 14　　B. 16　　C. 54　　D. 56

二、多项选择题

1. 下列各项中，会影响企业管理费用的有（　　）。

A. 企业盘点现金，发生的现金盘亏净损失

B. 存货盘点，发现存货盘亏净损失，是由管理不善造成的

C. 固定资产盘点，发现固定资产盘亏，盘亏的净损失

D. 现金盘点，发现的无法查明原因的现金盘盈

2. 企业计提固定资产折旧时，下列会计分录正确的有（　　）。

A. 计提行政管理部门固定资产折旧：借记“管理费用”科目，贷记“累计折旧”科目

B. 计提生产车间固定资产折旧：借记“制造费用”科目，贷记“累计折旧”科目

C. 计提专设销售机构固定资产折旧：借记“销售费用”科目，贷记“累计折旧”科目

D. 计提自建工程使用的固定资产折旧：借记“在建工程”科目，贷记“累计折旧”科目

3. 下列关于固定资产的后续支出说法正确的有（　　）。

A. 固定资产的后续支出是指固定资产在使用过程中发生的更新改造支出、修理费用等

B. 固定资产的更新改造中，如有被替换的部分，应同时将被替换部分的账面余额从该固定资产原账面价值中扣除

C. 企业生产车间发生的不可资本化的后续支出发生的固定资产日常修理费用，计入制造费用科目

D. 企业专设销售机构发生的不可资本化的后续支出，计入销售费用科目

4. “固定资产清理”账户的借方登记的项目有（　　）。

A. 转入清理的固定资产账面价值　　B. 固定资产处置时的变价收入

C. 结转的清理净收益　　D. 结转的清理净损失

5. 下列各项中，影响固定资产折旧的因素有（　　）。

A. 固定资产原价　　B. 固定资产的预计使用寿命

C. 固定资产预计净残值　　D. 已计提的固定资产减值准备

6. 下列各项中，应计提固定资产折旧的有（　　）。

A. 经营租入的设备　　B. 融资租入的办公楼

C. 已投入使用但未办理竣工决算的厂房　　D. 已达到预定可使用状态但未投产的生产线

7. 固定资产费用化的后续支出可以计入（　　）。

A. 管理费用　　B. 制造费用　　C. 销售费用　　D. 财务费用

8. 在采用自营方式建造房屋建筑物时，下列项目中应计入固定资产取得成本的有（　　）。

A. 工程项目耗用的工程物资

B. 工程领用本企业商品涉及的增值税销项税额

C. 生产车间为工程提供的水、电等费用

D. 企业行政管理部门为组织和管理生产经营活动而发生的费用

9. 下列关于固定资产计提折旧的表述中，正确的有（　　）。

A. 提前报废的固定资产，不再补提折旧

B. 固定资产折旧方法的改变属于会计估计变更

C. 当月减少的固定资产，当月起停止计提折旧

D. 已提足折旧但仍然继续使用的固定资产不再计提折旧

10. 企业计提固定资产折旧时，下列会计分录正确的有（　　）。

A. 计提行政管理部门固定资产折旧：借记“管理费用”科目，贷记“累计折旧”科目

B. 计提生产车间固定资产折旧：借记“制造费用”科目，贷记“累计折旧”科目

C. 计提专设销售机构固定资产折旧：借记“销售费用”科目，贷记“累计折旧”科目

D. 计提自建工程使用的固定资产折旧：借记“在建工程”科目，贷记“累计折旧”科目

11. 下列各项中，影响固定资产清理净损益的有（　　）。

A. 清理固定资产发生的税费　　B. 清理固定资产的变价收入

C. 清理固定资产的账面价值　　D. 清理固定资产耗用的材料成本

三、判断题

1. 企业购入不需要安装的生产设备，购买价款超过正常信用条件延期支付，实质具有融资性质的，应当以购买价款的现值为基础确定其成本。（　　）

2. 与固定资产有关的经济利益预期实现方式有重大改变的，应当改变固定资产折旧方法，并作为会计估计变更进行会计处理。（　　）

3. 已达到预定可使用状态但尚未办理竣工决算的固定资产不应计提折旧。（　　）

4. 固定资产盘盈先通过“待处理财产损溢”科目，批准后再转入“营业外收入”科目中。（　　）

5. 资产负债表日，企业应将公允价值模式计量下的投资性房地产的公允价值变动计入资本公积中。（　　）

6. 对于已达到预定可使用状态但尚未办理竣工决算的固定资产，待办理竣工决算后，若实际成本与原暂估价值存在差异的，应调整已计提折旧。（　　）

7. 专门用于生产某产品的固定资产，其所包含的经济利益通过所生产的产品实现的，该固定资产的折旧额应计入产品成本。（　　）

8. 企业应当根据企业利润的实现情况选择固定资产折旧方法。（　　）

9. 固定资产使用寿命、预计净残值和折旧方法的改变应当作为会计政策变更。（　　）

四、计算分析题

1. 某企业发生下列固定资产的取得业务：

（1）购入复印机一部，价值 40 000 元，增值税 6 800 元，运杂费 200 元。价款以银行存款支付，复印机已交付办公室使用。

（2）购入一条生产线，价值 800 000 元，增值税 136 000 元，途中运杂费 4 000 元。价款已签发商业汇票付账，设备交付生产车间安装。

（3）以银行存款支付安装费 3 000 元，应付安装工人工资 1 000 元。

（4）设备已安装完毕，交付车间使用。

（5）接受甲公司投入设备一台，对方账面价值50 000元，双方协商作价40 000元，另以现金支付运杂费400元。

（6）以银行存款预付出包工程进度款200 000元。

（7）接受基建部门的办公楼移交手续，工程造价500 000元。

（8）以银行存款支付车辆购置税100 000元。

要求：逐题编制有关固定资产的会计分录。

2. 企业购入一台需要安装的设备，取得的增值税专业发票上注明价款1 000万元、增值税170万元，运杂费30万元，以银行存款支付。安装过程中领用工程物资100万元，应付安装人员薪酬20万元。当年年末安装完毕。转入生产车间使用。该设备预计使用5年，预计净残值率5%，采用年数总和法计提折旧。

要求：

（1）根据资料做相关会计分录。

（2）计算各年计提的折旧，并做第一年折旧分录。

（答案中的金额单位用万元表示）

3. 甲公司对机器设备采用年数总和法计提折旧。

2012年12月10日，甲公司购买一台需要安装的新设备，该设备价值（含增值税）为2 200万元。在设备安装期间，领用自产商品一批，价值100万元，应计入成本的销项税额为17万元，发生工人工资2万元。12月28日投入使用。

该设备预计可使用5年，预计净残值为69万元。

2016年3月30日，企业将该设备出售，取得收入371万元，另支付清理费用2万元，款项均通过银行存款支付。

要求：

（1）计算该设备的入账价值及2013年、2014年、2015年的折旧额。

（2）编制甲公司取得固定资产的会计分录。

（3）编制甲公司出售固定资产的会计分录。

项目十

投资性房地产的核算

【学习目标】

知识目标：通过学习，你将会理解投资性房地产的概念及特征，掌握投资性房地产按成本计量模式和公允价值计量模式进行后续计量的核算方法；掌握投资性房地产处置的核算。

能力目标：通过学习，能够确认投资性房地产并能确定其计量模式，熟练运用两种计量模式对投资性房地产进行后续计量核算，登记明细账和总账；能够理解会计岗位的基本职能、业务流程、核算方法和操作技能。

【情境导入】

购入出租的房屋

2015 年 6 月 30 日，天成公司支付货币资金 8 000 000 元购入用于出租的房屋，将该房屋作为投资性房地产，采用公允价值模式计量。天成公司购入该房屋时的账务处理是：

借：投资性房地产　　8 000 000

　　贷：银行存款　　8 000 000

2015 年末该房屋的公允价值为 8 500 000 元，天成公司将公允价值变动计入当期损益：

借：投资性房地产　　500 000

　　贷：公允价值变动损益　　500 000

将下半年租金收入 600 000 元计入投资收益：

借：银行存款　　600 000

　　贷：投资收益　　600 000

经了解，天成公司处于偏僻地区的出租用房屋，因无法取得公允价值而应采用成本模式计量，在成本模式下，房屋的折旧年限为 20 年，预计净残值为零，采用直线法计提折旧。

任务提出：你认为上述会计处理是否正确？如果不正确，你认为应该如何更正？

任务一　采用成本模式计量的投资性房地产核算

【任务描述】

本任务掌握采用成本模式计量的投资性房地产的核算。

【任务分析】

本任务要求学生通过学习了解投资性房地产的概念及特征，掌握投资性房地产按成本计量模式进行后续计量的核算方法。

【知识准备及应用】

一、投资性房地产概念和特征

（一）投资性房地产的概念

投资性房地产是指为赚取租金或资本增值，或者两者兼有而持有的房地产。主要包括已出租的土地使用权、持有并准备增值后转让的土地使用权和已出租的建筑物。

（二）投资性房地产的特征

1. 投资性房地产是一种经营性活动。投资性房地产主要有两种形式。一种形式是出租建筑物、出租土地使用权，这实质上属于一种让渡资产使用权的行为。房地产的租金就是让渡资产使用权取得的收入，是企业为实现其经营目标所从事的经营性活动以及与之相关的其他活动形成的经济利益的总流入。一种形式是持有并准备增值后转让的土地使用权，其目的是增值后转让以赚取增值收益。虽然这种增值收益通常与市场供求、经济发展等因素相关，但其也是企业为完成其经营目标所从事的经营性活动以及与之相关的其他活动形成的经济利益的总流入。

2. 投资性房地产在用途、状态、目的等方面区别于作为生产经营场所的房地产和用于销售的房地产。企业持有的投资性房地产除了用做自身的管理、生产经营场所和对外出售之外，还将其用于赚取租金或增值收益活动，这些活动甚至成为有的企业的主营业务。这就需要将投资性房地产单独作为一项资产进行核算和管理，与企业自用和作为存货的房地产加以区分，从而更加清晰地反映企业持有的投资性房地产的构成情况和盈利能力。

3. 投资性房地产有两种后续计量模式。企业通常采用成本模式对投资性房地产进行后续计量，只有在满足特定的条件下，即有确凿证据表明其所有投资性房地产的公允价值能够持续可靠地取得的，可以采用公允价值模式计量。但是，同一企业只能采用一种计量模式对所有的投资性房地产进行后续计量，不得同时采用两种计量模式。

二、投资性房地产的范围

（一）属于投资性房地产的项目

1. 已出租的土地使用权。已出租的土地使用权是指企业通过租入或转让方式取得，并以经营租赁方式出租的土地使用权。企业计划用于出租但尚未出租的土地使用权，不属于此类。对于以经营租赁方式租入土地使用权再转租给其他单位的，不能确认为投资性房地产。

【同步操练 10－1】 天成公司与乙公司签署了土地使用权经营租赁协议，天成公司以年租金 100 000 元租赁乙公司拥有的 10 万平方米土地使用权，租期 5 年。

自租赁协议的租赁期开始日起，这项土地使用权属于天成公司的投资性房地产。

2. 持有并准备增值后转让的土地使用权。持有并准备增值后转让的土地使用权，是指企业取得的、准备增值后转让的土地使用权。这类土地使用权很有可能给企业带来资本增值收益，符合投资性房地产的定义。按照国家有关规定认定的闲置土地，不属于持有并准备增值后转让的土地使用权，也就不属于投资性房地产。

【同步操练 10－2】天成公司为实施企业环保战略，决定将其电镀车间搬迁至郊区，原在市区的电镀车间厂房占用的土地使用权停止自用。

公司管理层决定继续持有这部分土地使用权，待其增值后转让以赚取增值收益，市区的这部分土地使用权属于天成公司的投资性房地产。

3. 已出租的建筑物。已出租的建筑物是指企业拥有产权的、以经营租赁方式出租的建筑物，包括自行建造或开发活动完成后用于出租的建筑物。已出租的建筑物是企业已经与其他方签订了租赁协议，约定以经营租赁方式出租的建筑物。一般应自租赁协议规定的租赁期开始日起，经营租出的建筑物才属于已出租的建筑物。通常情况下，对企业持有以备经营出租的空置建筑物，如董事会或类似机构作出书面决议，明确表明将其用于经营出租且持有意图短期内不再发生变化的，即使尚未签订租赁协议，也应视为投资性房地产。这里的空置建筑物，是指企业新购入、自行建造或开发完成但尚未使用的建筑物，以及不再用于日常生产经营活动且经整理后达到可经营出租状态的建筑物。

【同步操练 10－3】天成公司与乙公司签订了一项经营租赁合同，乙公司将其持有产权的一栋办公楼出租给天成公司，租期 10 年。1 年后，天成公司又将该办公楼转租给丙公司，以赚取租金差价，租期 5 年。

在本例中，对于天成公司而言，因其不拥有该栋楼的产权，因此不属于其投资性房地产。对于乙公司而言，则属于其投资性房地产。

（二）不属于投资性房地产的项目

下列项目不属于投资性房地产：

1. 自用房地产。自用房地产是指为生产商品、提供劳务或者经营管理而持有的房地产。如企业生产经营用的厂房和办公楼属于固定资产；企业生产经营用的土地使用权属于无形资产。

2. 作为存货的房地产。作为存货的房地产，通常是指房地产开发企业在正常经营过程中销售的或为销售而正在开发的商品房和土地：这部分房地产属于产房地产开发企业的存货，其生产、销售构成企业的主营业务活动，产生的现金流量也与企业的其他资产密切相关。因此，具有存货性质的房地产不属于投资性房地产。

在实务中，存在某项房地产部分自用或作为存货出售、部分用于赚取租金或资本增值的情形。如某项投资性房地产不同用途的部分能够单独计量和出售的，应当分别确认为固定资产（或无形资产、存货）和投资性房地产。例如，甲房地产开发商建造了一栋商住两用楼盘，一层出租给一家大型超市，已签订经营租赁合同；其余楼层均为普通住宅正在公开销售中。这种情况下，如果一层商铺能够单独计量和出售，应确认为甲企业的投资性房地产，其余楼层为甲房地产开发商的存货，即开发产品。

三、投资性房地产的账务处理

（一）投资性房地产核算应设置的会计科目

为了反映和监督投资性房地产的取得、后续计量、处置等情况，企业应当设置“投资性房地产”、“投资性房地产累计折旧”或“投资性房地产累计摊销”、“公允价值变动损益”、“其他业务收入”、“其他业务成本”等科目进行核算。投资性房地产作为企业主营业务的，应当设置“主营业务收入”和“主营业务成本”科目核算相关的损益。

“投资性房地产”科目核算企业采用成本模式计量的投资性房地产的成本或采用公允价值模式计量投资性房地产的公允价值。“投资性房地产”科目的借方登记企业投资性房地产的取得成本、资产负债表日其公允价值高于账面余额的差额等；贷方登记资产负债表日其公允价值低于账面余额的差额、处置投资性房地产时结转的成本和公允价值变动等。企业可以按照投资性房地产类别和项目进行明细核算。采用公允价值模式计量的投资性房地产，还应当分别设置“成本”和“公允价值变动”明细科目进行核算。

采用成本模式计量的投资性房地产的累计折旧或累计摊销，可以单独设置“投资性房地产累计折旧”或“投资性房地产累计摊销”科目，比照“累计折旧”、“累计摊销”等科目进行账务处理。

采用成本模式计量的投资房地产发生减值的，可以单独设置“投资性房地产减值准备”科目，比照“固定资产减值准备”、“无形资产减值准备”科目进账务处理。

“其他业务收入”和“其他业务成本”科目分别核算企业投资性房地产取得租金收入、处置投资性房地产实现的收入和投资性房地产计提的折旧或进行摊销、处置投资性房地产结转的成本。

（二）投资性房地产的取得

企业取得的投资性房地产应当按照其取得时的成本进行计量。以下分别对外购、自行建造和内部转换三种情况进行说明。

1. 外购的投资性房地产。外购投资性房地产的成本，包括购买价款、相关税费和可直接归属于该资产的其他支出。外购取得投资性房地产时，按照取得时的实际成本进行初始计量，借记“投资性房地产”科目（后续计量采用成本模式下）或“投资性房地产——成本”科目（后续计量采用公允价值模式下），贷记“银行存款”等科目。

2. 自行建造的投资性房地产。企业自行建造投资性房地产的成本，由建造该项房地产达到预定可使用状态前发生的必要支出构成，包括土地开发费、建筑成本、安装成本、应予以资本化的借款费用、支付的其他费用和分摊的间接费用等。建造过程中发生的非正常性损失，直接计入当期损益，不计入建造成本。建造完工达到预定可使用状态时，应当按照确定的成本，借记“投资性房地产”科目（后续计量采用成本模式下）或“投资性房地产——成本”科目（后续计量采用公允价值模式下），贷记“在建工程”等科目。

3. 内部转换形成的投资性房地产。企业将作为存货的房地产转换为投资性房地产的，应当按照该项存货在转换日的账面余额或公允价值，借记“投资性房地产”科目（后续计量采用成本模式下）或“投资性房地产——成本”科目（后续计量采用公允价值模式），按照其账面余额，贷记“开发产品”科目，按照其差额，贷记“其他综合收益”科目（贷方余额情况下）或借记“公允价值变动损益”科目（借方余额情况下）。已计提存货跌价准备的，还应当同时结转存货跌价准备。

企业将自用的建筑物等转换为投资性房地产的，应当按照其在转换日的原价、累计折旧等，分别转入“投资性房地产”、“投资性房地产累计折旧”、“投资性房地产减值准备”等科目；或者按其在转换日的公允价值，借记“投资性房地产——成本”科目，按照已计提的累计折旧等，借记“累计折旧”等科目，按其账面余额，贷记“固定资产”等科目，按其差额，贷记“其他综合收益”科目（贷方余额情况下）或借记“公允价值变动损益”科目（借方余额情况下）。已计提固定资产减值准备的，还应同时结转固定资产减值准备。

四、采用成本模式进行后续计量的投资性房地产

投资性房地产的后续计量有成本模式和公允价值模式两种计量模式，通常采用成本模式计量，满足特定条件时可以采用公允价值模式计量。但是，同一企业只能采用一种模式对所有投资性房地产进行后续计量，不得同时采用两种计量模式。

采用成本模式进行后续计量的投资性房地产，应当按照固定资产或无形资产的有关规定，按期（月）对投资性房地产计提折旧或进行摊销，借记“其他业务成本”等科目，贷记“投资性房地产累计折旧”科目或“投资性房地产累计摊销”科目。取得的租金收入，借记“银行存款”等科目，贷记“其他业务收入”等科目。

投资性房地产存在减值迹象的，经减值测试后确定发生减值的，应当计提减值准备，借记“资产减值损失”科目，贷记“投资性房地产减值准备”科目。已经计提减值准备的投资性房地产，其减值损失在以后的会计期间不得转回。

【同步操练 10－4】 天成公司的一栋办公楼出租给乙公司使用，已确认为投资性房地产，采用成本模式进行后续计量。假设这栋办公楼的成本为 1 200 万元，按照直线法计提折旧，使用寿命为 20 年，预计净残值为零，已计提折旧 140 万元。按照经营租赁合同，乙企业每月支付甲企业租金 6 万元。

当年 12 月，这栋办公楼发生减值迹象，经减值测试，其可收回金额为 900 万元，此时办公楼的账面价值为 1 000 万元，以前未计提减值准备。

租赁 3 年后，天成公司将该办公楼出售给乙公司，合同价款为 750 万元，该办公楼成本为 1 200 万元，已计提折旧 362 万元，减值准备为 100 万元。

首先租赁期开始日把固定资产转入投资性房地产，其次每月对投资性房地产计提折旧，并确认租金收入，年末计提减值准备，最后进行处置。账务处理如下：

（1）租赁期开始日：

	借方	贷方
借：投资性房地产	12 000 000	
贷：固定资产		12 000 000
借：累计折旧	1 400 000	
贷：投资性房地产累计折旧		1 400 000

（2）每月计提折旧（1 200 ÷ 20 ÷ 12 = 5（万元），当年 60 万元）：

	借方	贷方
借：其他业务成本	50 000	

贷：投资性房地产累计折旧　　50 000

（3）每月确认租金收入：

借：银行存款　　60 000

贷：其他业务收入　　60 000

（4）计提减值准备：

借：资产减值损失　　1 000 000

贷：投资性房地产减值准备　　1 000 000

已经计提减值准备的投资性房地产，其减值损失在以后的会计期间不得转回。

（5）取得处置收入、结转处置成本：

借：银行存款　　7 500 000

贷：其他业务收入　　7 500 000

借：其他业务成本　　7 380 000

投资性房地产累计折旧　　3 620 000

投资性房地产减值准备　　1 000 000

贷：投资性房地产　　12 000 000

五、投资性房地产后续计量模式的变更

为保证会计信息的可比性，企业对投资性房地产的计量模式一经确定，不得随意变更。存在确凿证据表明投资性房地产的公允价值能够持续可靠取得且能够满足采用公允价值模式条件的情况下，才允许企业对投资性房地产从成本模式计量变更为公允价值模式计量。成本模式转为公允价值模式的，应当作为会计政策变更处理，将计量模式变更时公允价值与账面价值之间的差额，调整期初留存收益。已采用公允价值模式计量的投资性房地产，不得从公允价值模式转为成本模式。

六、采用成本模式计量的投资性房地产的处置

企业出售、转让采用成本模式计量的投资性房地产，应当按照实际收到的金额，借记"银行存款"等科目，贷记"其他业务收入"科目；按照该项投资性房地产的账面价值，借记"其他业务成本"科目，按照该项投资性房地产的累计折旧或累计摊销，借记"投资性房地产累计折旧"科目或"投资性房地产累计摊销"科目，按照该项投资性房地产的账面余额，贷记"投资性房地产"科目；已计提减值准备的，还应同时结转减值准备，借记"投资性房地产减值准备"科目。

【同步操练 10－5】天成公司将其出租的一栋写字楼确认为投资性房地产，采用成本模式计量，租赁期届满后，天成公司将该栋写字楼出售给乙公司，合同价款为 15 000 万元，乙公司已用银行存款付清。出售时，该栋写字楼的成本为 14 000 万元，已计提折旧 1 000 万元，假定不考虑税费等因素。

首先收取处置收入计入其他业务收入，其次结转投资性房地产成本。

（1）收取处置收入：

借：银行存款　　150 000 000

　　贷：其他业务收入　　150 000 000

（2）结转成本：

借：其他业务成本　　130 000 000

　　投资性房地产累计折旧　　10 000 000

　　贷：投资性房地产——写字楼　　140 000 000

【小思考10－1】企业对投资性房地产，无论采用何种计量模式，均应计提折旧或进行摊销吗？

【任务评价】

投资性房地产的处置，采用成本模式计量下的账务处理：

借：银行存款

　　贷：其他业务收入

借：其他业务成本

　　投资性房地产累计折旧（摊销）

　　投资性房地产减值准备

　　贷：投资性房地产

任务二　采用公允价值模式计量的投资性房地产核算

【任务描述】

本任务对采用公允价值模式计量的投资性房地产核算。

【任务分析】

本任务要求学生理解投资性房地产按公允价值计量模式，掌握投资性房地产按公允价值计量模式进行后续计量的核算方法。

【知识准备及应用】

一、采用公允价值模式进行后续计量的投资性房地产

企业有确凿证据表明其投资性房地产的公允价值能够持续可靠取得的，可以对投资性房地产采用公允价值模式进行后续计量。

投资性房地产采用公允价值模式进行后续计量的，不计提折旧或进行摊销，企业应当以资产负债表日的公允价值为基础，调整其账面余额。

资产负债表日，投资性房地产的公允价值高于其账面余额的差额，借记“投资性房地产——公允价值变动”科目，贷记“公允价值变动损益”科目。公允价值低于其账面价值余额的差额做相反的会计分录。

取得的租金收入，借记“银行存款”科目，贷记“其他业务收入”等科目。

【同步操练10-6】天成公司从事房地产经营开发的企业。2015年8月，天成公司与乙公司签订租赁协议，约定将天成公司开发的一栋精装修的写字楼于开发完成的同时开始租赁给乙公司使用，租赁期为10年。当年10月1日，该写字楼开发完成并开始起租，写字楼的造价和公允价值均为10 000 000元。2015年12月31日，该写字楼的公允价值为12 000 000元。假定天成公司对投资性房地产采用公允价值计量模式。

天成公司在该写字楼开发完成并开始起租时，确认投资性房地产成本，然后年末按照公允价值调整账面余额，差额计入当期损益。账务处理如下：

(1) 2015年10月1日，天成公司开发完成写字楼并出租：

借：投资性房地产——成本　　10 000 000

　　贷：开发产品　　10 000 000

(2) 2015年12月31日，按照公允价值调整账面余额，公允价值与账面余额之间的差额计入当期损益：

借：投资性房地产——公允价值变动　　2 000 000

　　贷：公允价值变动损益　　2 000 000

二、采用公允价值模式计量的投资性房地产的处置

企业处置采用公允价值模式计量的投资性房地产，应当按照实际收到的金额，借记“银行存款”等科目，贷记“其他业务收入”科目；按照该项投资性房地产的账面余额，借记“其他业务成本”科目，按照其成本，贷记“投资性房地产——成本”科目，按照其累计公允价值变动，贷记或借记“投资性房地产——公允价值变动”科目；同时，按照原计入该项投资性房地产的公允价值变动，借记或贷记“公允价值变动损益”科目，贷记或借记“其他业务成本”科目，如果存在原转换日计入资本公积的金额，也一并结转。按照该项投资性房地产在转换入其他综合的金额，借记“其他综合收益”科目，贷记“其他业务成本”科目。

【同步操练10-7】天成公司为从事房地产经营开发的企业。2015年8月，天成公司与乙公司签订租赁协议，约定将天成公司开发的一栋精装修的写字楼于开发完成的同时开始租赁给乙公司使用，租赁期为10年。当年10月1日，该写字楼开发完成并开始起租，写字楼的造价和公允价值为1 000万元。2015年12月31日，该写字楼的公允价值为1 200万元。每月取得租金收入30万元。不考虑相关税费。天成公司对投资性房地产采用公允价值计量模式。

天成公司在该写字楼开发完成并开始起租时，确认投资性房地产成本，然后每月租金收入计入其他业务收入，最后年末按照公允价值调整账面余额，差额计入当期损益。账务处理如下：

(1) 2015年10月1日，出租日：

借：投资性房地产——成本　　10 000 000

　　贷：开发成本　　10 000 000

(2) 每月月末：

借：银行存款　　300 000

贷：其他业务收入　　300 000

（3）2015 年 12 月 31 日：

借：投资性房地产——公允价值变动　　12 000 000

贷：公允价值变动损益　　12 000 000

【同步操练 10 -8】 天成公司将其出租的一栋写字楼确认为投资性房地产，采用公允价值模式计量。租赁期届满后，天成公司将该栋写字楼出售给乙公司，合同价款为 15 000 万元，乙公司已用银行存款付清。出售时，该栋写字楼的成本为 12 000 万元，公允价值变动为借方余额 1 000 万元，原转换取得时确认的其他综合收益 300 万元。假定不考虑营业税等税费。

首先收取处置收入，其次结转处置成本，最后结转投资性房地产累计公允价值变动，并结转其他综合收益。

（1）收取处置收入：

借：银行存款　　150 000 000

贷：其他业务收入　　150 000 000

（2）结转处置成本：

借：其他业务成本　　130 000 000

贷：投资性房地产——写字楼（成本）　　120 000 000

——写字楼（公允价值变动）　　10 000 000

（3）结转投资性房地产累计公允价值变动：

借：公允价值变动损益　　10 000 000

贷：其他业务成本　　10 000 000

（4）结转其他综合收益：

借：其他综合收益　　3 000 000

贷：其他业务成本　　3 000 000

【小思考 10 -2】 投资性房地产只能由成本模式转换为公允价值模式，不能由公允价值模式转换为成本模式吗？

【任务评价】

投资性房地产的处置，采用公允价值模式计量账务处理：

1. 借：银行存款

贷：其他业务收入

2. 借：其他业务成本

投资性房地产——公允价值变动（跌价）

贷：投资性房地产——成本

投资性房地产——公允价值变动（涨价）

借：公允价值变动损益

贷：其他业务成本

或：

借：其他业务成本

贷：公允价值变动损益

借：其他综合收益

贷：其他业务成本

【情境总结】

1. 投资性房地产取得的账务处理：

（1）外购的投资性房地产：

借：投资性房地产（价税费）（后续计量采用成本模式）

或投资性房地产——成本（后续计量采用公允价值模式）

贷：银行存款等

（2）自行建造的投资性房地产的确认和初始计量：

借：投资性房地产（价税费）（后续计量采用成本模式）

或投资性房地产——成本（后续计量采用公允价值模式）

贷：在建工程等

（3）内部转换形成的投资性房地产。

① 企业将作为存货的房地产转换为投资性房地产的，应当按照该项存货在转换日的账面余额或公允价值进行核算。

借：投资性房地产（成本模式）

投资性房地产——成本（公允价值模式）

公允价值变动损益（借方余额情况下，亏）

存货跌价准备

贷：开发产品（账面余额）

其他综合收益（贷方差额情况下，赚）

② 企业将自用的建筑物等转换为投资性房地产。

A. 成本模式

借：投资性房地产

累计折旧

固定资地产减值准备

贷：固定资产

投资性房地产累计折旧

投资性房地产减值准备

B. 公允价值模式

借：投资性房地产——成本（转换日的公允价值）

累计折旧

公允价值变动损益（借方余额情况下）

固定资产减值准备

贷：固定资产

其他综合收益（贷方余额情况下）

2. 采用成本模式进行后续计量的投资性房地产。

（1）计提折旧或摊销：

借：其他业务成本

　　贷：投资性房地产累计折旧（摊销）

（2）取得租金收入：

借：银行存款

　　贷：其他业务收入

（3）计提减值准备：

借：资产减值损失

　　贷：投资性房地产减值准备

　　　　减值准备一经计提，在持有期间不得转回。

3. 采用公允价值模式进行后续计量的投资性房地产。

企业有确凿证据表明其投资性房地产的公允价值能够持续可靠取得的，可以对投资性房地产采用公允价值模式进行后续计量。

（1）企业采用公允价值模式进行后续计量的，不对投资性房地产计提折旧或进行摊销。

（2）资产负债表日，公允价值高于其账面余额的差额。

借：投资性房地产——公允价值变动

　　贷：公允价值变动损益

低于则反之。

（3）取得的租金收入，确认为其他业务收入。

4. 投资性房地产的处置，采用成本模式计量。

借：银行存款

　　贷：其他业务收入

借：其他业务成本

　　投资性房地产累计折旧（摊销）

　　投资性房地产减值准备

　　贷：投资性房地产

5. 投资性房地产的处置，采用公允价值模式计量。

（1）借：银行存款

　　　　贷：其他业务收入

（2）借：其他业务成本

　　　　投资性房地产——公允价值变动（跌价）

　　　　贷：投资性房地产——成本

　　　　　　投资性房地产——公允价值变动（涨价）

借：公允价值变动损益

　　贷：其他业务成本

或：

借：其他业务成本

　　贷：公允价值变动损益

借：其他综合收益

　　贷：其他业务成本

【复习思考题】

1. 什么是投资性房地产？
2. 哪些属于投资性房地产项目？
3. 投资性房地产采用成本模式与采用公允价值模式的账户设置有什么区别？

【练习题】

一、单项选择题

1. 2015 年 1 月 25 日，甲公司将一项投资性房地产出售给乙公司，出售价款为 4 400 万元，甲公司该项投资性房地产采用公允价值模式计量，2015 年 1 月 25 日，该项投资性房地产的成本为 2 000 万元，公允价值变动为借方余额 1 200 万元。不考虑其他因素，则甲公司处置该投资性房地产对其 2015 年度营业利润的影响为（　　）万元。

A. 2 400　　B. 1 200　　C. 4 400　　D. －1 200

2. 采用公允价值模式计量的投资性房地产，资产负债表日其公允价值小于原账面价值的差额通过（　　）科目核算。

A. 营业外收入　　B. 资本公积
C. 公允价值变动损益　　D. 其他业务收入

3. 按照《企业会计准则第 3 号——投资性房地产》的规定，下列属于投资性房地产的是（　　）。

A. 房地产开发企业销售的商品房　　B. 企业生产经营用的厂房、车间
C. 企业融资租赁出租的建筑物　　D. 企业用于经营性出租的办公楼

4. 下列资产项目中，属于投资性房地产的是（　　）。

A. 用于生产产品的建筑物
B. 已出租的土地使用权
C. 已开发完成将用于出租的商品房
D. 超过闲置期正接受土地管理部门处理的土地使用权

5. 下列项目中，不属于投资性房地产的是（　　）。

A. 已出租的建筑物
B. 持有并准备增值后转让的土地使用权
C. 已出租的土地使用权
D. 以经营租赁方式租入再转租给其他单位的建筑物

6. 关于投资性房地产，下列说法中正确的是（　　）。

A. 投资性房地产是指为赚取租金或取得资本增值，或者两者兼有而持有的房产、地产和机器设备等
B. 认定的闲置土地不属于投资性房地产
C. 一项房地产，部分用于赚取租金或资本增值，部分用于生产商品、提供劳务或经营管理，即使用于赚取租金或资本增值的部分能够单独计量和出售，也不可以确认为投资性房地产
D. 企业计划用于出租但尚未出租的建筑物，属于投资性房地产

7. 自用房地产转换为采用公允价值模式计量的投资性房地产，转换日该房地产公允价值大于账面价值的差额，正确的会计处理是（　　）。

A. 计入资本公积　　B. 计入期初留存收益
C. 计入营业外收入　　D. 计入公允价值变动损益

8. ABC 公司将一办公楼转换为采用公允价值模式计量的投资性房地产，该办公楼的账面原值为 5 000 万元，已计提的累计折旧为 100 万元，已计提的固定资产减值准备为 200 万元，转换日的公允价值为 6 000 万元，则记入“资本公积——其他资本公积”科目的金额为（　　）万元。

A. 6 000　　B. 4 700　　C. 5 000　　D. 1 300

9. 存货转换为采用公允价值模式计量的投资性房地产，投资性房地产应当按照转换当日的公允价值计量。转换当日的公允价值小于原账面价值时，其差额记入的科目是（　　）。

A. 营业外支出　B. 公允价值变动损益　C. 投资收益　D. 其他业务收入

10. 下列各项中，说法不正确的是（　　）。

A. 采用成本模式计量的投资性房地产的折旧（或摊销）费用应计入其他业务成本

B. 企业处置投资性房地产时，应当将处置收入计入其他业务收入

C. 企业处置采用公允价值模式计量的投资性房地产时，原转换日计入资本公积

D. 企业处置采用公允价值模式计量的投资性房地产时，应当将累计公允价值变动转入当期损益（其他业务成本）

二、多项选择题

1. 下列关于投资性房地产处置的会计处理中，表述正确的有（　　）。

A. 处置采用成本模式计量的投资性房地产时，应将其账面价值转入其他业务成本

B. 企业处置投资性房地产时，应当将取得的价款计入其他业务收入

C. 企业处置采用公允价值模式计量的投资性房地产时，原转换日计入其他综合收益的金额，应转入投资收益

D. 企业处置采用公允价值模式计量的投资性房地产时，应当将累计公允价值变动转入其他业务成本

2. 下列关于投资性房地产核算的表述中，不正确的有（　　）。

A. 采用成本模式计量的投资性房地产，符合条件可转换为公允价值模式计量

B. 采用成本模式计量的投资性房地产，不需要确认减值损失

C. 采用公允价值模式计量的投资性房地产，需要确认减值损失

D. 采用公允价值模式计量的投资性房地产，满足条件后可以转换为成本模式

3. 下列各项中，不属于投资性房地产的有（　　）。

A. 房地产企业开发的准备出售的房屋　B. 房地产企业开发的已出租的房屋

C. 企业持有的准备建造厂房的土地使用权　D. 企业以经营租赁方式租入的建筑物

4. 下列各项中，影响企业当期损益的有（　　）。

A. 采用成本模式计量，期末投资性房地产的可收回金额高于账面价值的差额

B. 采用成本模式计量，期末投资性房地产的可收回金额高于账面余额的差额

C. 企业采用公允价值模式计量的投资性房地产期末公允价值大于账面价值的差额

D. 企业采用公允价值模式计量的投资性房地产期末公允价值小于账面价值的差额

5. 下列各项中，属于投资性房地产的有（　　）。

A. 房地产企业持有的待售商品房　B. 以经营租赁方式出租的商用房

C. 以经营租赁方式出租的土地使用权　D. 以经营租赁方式租入后再转租的建筑物

6. 下列关于投资性房地产核算的表述中，不正确的有（　　）。

A. 采用成本模式计量的投资性房地产不需要确认减值损失

B. 已经计提减值准备的投资性房地产，其减值损失在以后的会计期间可以转回

C. 采用成本模式计量的投资性房地产，其折旧摊销额应计入管理费用

D. 采用成本模式计量的投资性房地产，符合条件时可转换为公允价值模式计量

7. 下列各项中，属于投资性房地产的有（　　）。

A. 房地产企业持有的待售商品房　B. 以经营租赁方式出租的商品房

C. 以经营租赁方式出租的土地使用权　D. 以经营租赁方式租入后再转租的建筑物

8. 以下关于投资性房地产表述正确的有（　　）。

A. 房地产开发公司的待售商品房不属于投资性房地产

B. 对企业持有以备经营出租的空置建筑物，如果董事会或类似机构作出书面决议，明确表明将其用于经营出租且持有意图短期内不再发生变化的，如果尚未签订租赁协议，则不作为投资性房地产核算

C. 已出租的土地使用权是指该土地使用权必须是通过转让或通过出让方式获得的；而不是通过承租方式获得再出租

D. 以经营租赁方式出租的房地产应作为投资性房地产核算

9. 下列各项中，属于投资性房地产的有（　　）。

A. 已出租的建筑物　　B. 待出租的建筑物

C. 已出租的土地使用权　　D. 以经营租赁方式租入后再转租的建筑物

10. 下列有关投资性房地产后续计量会计处理的表述中，正确的有（　　）。

A. 不同企业可以分别采用成本模式或公允价值模式

B. 满足特定条件时可以采用公允价值模式

C. 同一企业可以分别采用成本模式和公允价值模式

D. 同一企业不得同时采用成本模式和公允价值模式

三、判断题

1. 企业转让采用公允价值模式计量的投资性房地产时，如果存在原转换日计入其他综合收益的金额，也一并结转，贷记“其他业务收入”科目。（　　）

2. 企业将某项房地产部分用于出租部分自用，且出租部分能单独计量和出售，企业应将该项房地产整体确认为投资性房地产。（　　）

3. 采用公允价值模式计量的投资性房地产，满足一定条件后可以转为成本模式核算。（　　）

4. 采用成本模式计量的投资性房地产所取得的租金收入，应计入其他业务收入。（　　）

5. 企业出租的建筑物或土地使用权，只有能够单独计量和出售的才能确认为投资性房地产。（　　）

6. 甲公司与乙企业签订了一项经营租赁合同，乙企业将其持有的一块土地出租给甲公司，租金为每年50万元，租赁期为8年。甲公司又将此土地转租给Z公司，租金为每年75万元，租赁期为5年。甲公司在将土地转租给Z公司时，应确认为投资性房地产。（　　）

7. 企业通过经营租赁方式租入的建筑物再出租的不属于投资性房地产的范围。（　　）

8. 一项房地产，部分于生产商品、提供劳务或经营管理，用于赚取租金或取得资本增值的部分，如果能够分别计量和出售，也就是说自用部分和投资部分的成本能够单独分清，投资部分能单独出售，可随时交割产权，可以确认为投资性房地产。（　　）

9. 企业不论在成本模式下，还是在公允价值模式下，投资性房地产取得的租金收入，均确认为其他业务收入。（　　）

10. 采用公允价值计量模式进行后续计量的房地产在资产负债表日，应计提减值准备的，应借记“资产减值损失”科目，贷记“投资性房地产减值准备”科目。（　　）

四、计算分析题

1. 甲股份有限公司（以下简称“甲公司”）为增值税一般纳税企业，适用的增值税税率为17%。不考虑除增值税以外的其他税费。甲公司按净利润的10%计提盈余公积。

甲公司将其一栋写字楼经营租赁给乙公司，租赁期为1年，年租金为300万元，租金于每年年末结清。租赁期开始日为2014年1月1日。租赁期间，由甲公司提供该写字楼的日常维护。该写字楼的原造价为3 000万元，按直线法计提折旧，使用寿命为30年，预计净残值为零，已计提折旧1 000万元，账面价值为2 000万元。甲公司采用成本模式对投资性房地产进行后续计量。

2014年12月，该写字楼出现减值迹象，经减值测试，当年减值200万元；2014年共发生日常维护费用40万元，均以银行存款支付。

2015年1月1日，甲公司决定于当日开始对该写字楼进行再开发，开发完成后将继续用于经营租赁。

2015 年 4 月 20 日，甲公司与丙公司签订经营租赁合同，约定自 2015 年 7 月 1 日起将写字楼出租给丙公司，租赁期为 2 年，年租金为 500 万元，租金每半年支付一次。

2015 年 6 月 30 日，该写字楼再开发完成，共发生支出 200 万元，均以银行存款支付，现预计该项投资性房地产尚可使用年限为 25 年，预计净残值为零，折旧方法仍为直线法。

要求：

（1）编制 2014 年 1 月 1 日甲公司出租写字楼的有关会计分录。

（2）编制 2014 年 12 月 31 日该投资性房地产的有关会计分录。

（3）编制 2015 年甲公司该投资性房地产再开发的有关会计分录。

（4）编制 2015 年 12 月 31 日该投资性房地产的有关会计分录。

2. B 企业为一家房地产开发企业，2015 年 3 月 10 日，B 企业与乙企业签订了租赁协议，将其开发的一栋写字楼出租给乙企业使用，租赁期开始日为 2015 年 4 月 15 日。2015 年 4 月 15 日，该写字楼的账面余额为 45 000 万元，公允价值为 47 000 万元。2015 年 12 月 31 日，该项投资性房地产的公允价值为 48 000 万元。2016 年 6 月租赁期届满，B 企业收回该项投资性房地产，并以 55 000 万元出售，出售款项已收讫。假设 B 企业的房地产采用公允价值模式计量。

（1）编制 2015 年 4 月 15 日 B 企业有关会计分录。

（2）编制 2015 年 12 月 31 日 B 企业有关会计分录。

（3）编制 2016 年 6 月 B 企业有关会计分录。

项目十一

无形资产和其他资产的核算

【学习目标】

知识目标：通过学习，你将会理解无形资产的管理制度，掌握无形资产取得、摊销、出租、处置和期末计价业务的账务处理流程和基本会计核算方法；理解长期待摊费用的核算内容，掌握长期待摊费用的发生、摊销的业务处理。

能力目标：通过学习，能够根据无形资产取得、摊销、出租、处置和期末计价业务准确地编制记账凭证；登记明细账和总账；能够理解会计岗位的基本职能、业务流程、核算方法和操作技能。

【情境导入】

无形资产审计

审计人员在对天成公司的无形资产审计中，发现以下事项：

1. 天成公司 2014 年 3 月 1 日购买某项专有技术，支付价款 180 万元，根据相关法律规定，该项无形资产的有效使用年限为 5 年。2014 年 12 月 31 日，公司与转让该技术的单位发生合同纠纷，专有技术的使用范围也因受到一定的限制而可能造成减值。年末检查发现天成公司未进行摊销和减值账务处理。

2. 天成有限责任公司从 2014 年初开始研究开发一项新技术，至 2014 年 6 月 10 日研究成功，共发生开发费用 100 万元及律师费 30 万元。为使该项新技术运用到生产中，天成公司后期还将发生相关费用 20 万元。因此天成公司未将该新技术作为无形资产入账。

2015 年 2 月，天成公司与华昌公司签订协议，将开发的该项新技术出租给华昌公司，双方协议价格 150 万元，华昌公司于 8 月 5 日预付了 100 万元价款。协议中规定，该项新技术出租给华昌公司后，天成公司需继续提供售后服务，以保证华昌公司使用该项技术所生产的产品必须达到天成公司规定的质量标准，如果 1 年内未能达到规定的质量标准，华昌公司有权原价返回天成公司，天成公司将预收 100 万元价款计入当期收入。

3. 天成公司 2014 年度会计报表中的无形资产项目中的土地使用权价值计 1 000 万元，其中原列“无形资产——中心广场土地使用权”600 万元已于当年 7 月 1 日进行综合大楼的建设。天成公司 2014 年度每月按 30 万元摊销无形资产。

任务提出：若你作为审计人员，请根据天成公司账务处理中存在的问题进行分析，并帮助天成公司编制有关会计分录。

任务一　无形资产取得的核算

【任务描述】

本任务主要讲授不同来源取得的无形资产的核算。

【任务分析】

本任务要求学生通过学习了解无形资产的种类，理解无形资产的确认及计量方法，掌握不同来源取得的无形资产的账务处理方法。

【知识准备及应用】

一、无形资产的基本知识

（一）无形资产的概念和特征

无形资产是指企业拥有或者控制的没有实物形态的可辨认非货币性资产。无形资产具有三个主要特征：

1. 不具有实物形态。无形资产是不具有实物形态的非货币性资产，它不像固定资产、存货等有形资产具有实物形体。

2. 具有可辨认性。资产满足下列条件之一的，符合无形资产定义中的可辨认性标准：

（1）能够从企业中分离或者划分出来，并能单独或者与相关合同、资产或负债一起，用于出售、转让、授予许可、租赁或者交换。

（2）源自合同性权利或其他法定权利，无论这些权利是否可以从企业或其他权利和义务中转移或者分离。

商誉的存在无法与企业自身分离，不具有可辨认性，不在本节讲述。

3. 属于非货币性长期资产。无形资产属于非货币性资产且能够在多个会计期间为企业带来经济利益。无形资产的使用年限在一年以上，其价值将在各个受益期间逐渐摊销。

（二）无形资产的内容

无形资产主要包括专利权、非专利技术、商标权、著作权、土地使用权和特许权等。

1. 专利权。专利权是指国家专利主管机关依法授予发明创造专利申请人对其发明创造在法定期限内所享有的专有权利，包括发明专利权、实用新型专利权和外观设计专利权。它给予持有者独家使用或控制某项发明的特殊权利。《中华人民共和国专利法》明确规定，专利人拥有的专利权受到国家法律保护。专利权是允许其持有者独家使用或控制的特权，但它并不保证一定能给持有者带来经济效益，如有的专利可能会被另外更有经济价值的专利所淘汰等。因此，企业不应将其所拥有的一切专利权都予以资本化，作为无形资产管理和核算。一般而言，只有从外单位购入的专利或者自行开发并按法律程序申请取得的专利，才能作为无形资产管理和核算。这种专利可以降低成本，或者提高产品质量，或者将其转让获得转让收入。

企业从外单位购入的专利权，应按实际支付的价款作为专利权的成本。企业自行开发并按法律程序申请取得的专利权，应按照《企业会计准则第 6 号——无形资产》确定的金额作为成本。

2. 非专利技术。非专利技术即专有技术或技术秘密、技术诀窍，是指先进的、未公开的专利、可以带来经济效益的技术及诀窍。主要内容包括：一是工业专有技术，即在生产采用，仅限于少数人知道，不享有专利权或发明权的生产、装配、修理、工艺或加工方法的技术知识；二是商业（贸易）专有技术，既具有保密性质的市场情报、原材料价格情报以及用户、竞争对象的情况和有关知识；三是管理专有技术，即生产组织的经营方式、管理方式、培训职工方法等保密知识。非专利技术并不是专利法的保护对象，专利技术所有人依靠自我保密的方式来维持其独占权，可以用于转让和投资。

企业的非专利技术，有些是自己开发研究的，有些是根据合同规定从外部购入的。如果是企业自己开发研究的，应将符合《企业会计准则第 6 号——无形资产》规定的开发支出资本化条件的，确认为无形资产。对于从外部购入的非专利技术，应将实际发生的支出予以资本化，作为无形资产入账。

3. 商标权。商标是用来辨认特定的商品或劳务的标记。商标权是指专门在某类指定的商品或产品上使用的名称或图案的权利。商标经过注册登记，就获得了法律上的保护。《中华人民共和国商标法》明确规定，经商标局核准注册的商标为注册商标，商标注册人享有商标专用权，受法律保护。

企业自创的商标并将其注册登记，所花费用一般不大，是否将其资本化并不重要。能够给拥有者带来获利能力的商标，往往是通过多年的广告宣传和其他传播商标名称的手段，以及客户的信赖等树立起来的。广告费一般不作为商标权的成本，而是在发生时直接计入当期损益。

按照《中华人民共和国商标法》的规定，商标可以转让，但受让人应保证使用该注册商标的产品质量。如果企业购买他人的商标，一次性支出费用较大的，可以将其资本化，作为无形资产管理。这时，应根据购入商标的价款、支付的手续费及有关费用作为商标的成本。

4. 著作权。著作权又称版权，指作者对其创作的文学、科学和艺术作品依法享有的某些特殊权利。著作权包括两方面的权利，即精神权利（人身权利）和经济权利（财产权利）。前者指作品署名、发表作品、确认作者身份、保护作品的完整性、修改已经发表的作品等各项权利，包括作品署名权、发表权、修改权和保护作品完整权；后者指以出版、表演、广播、展览、录制唱片、摄制影片等方式使用作品以及因授权他人使用作品而获得经济利益的权利。

5. 土地使用权。土地使用权是指国家准许某一企业或单位在一定期间内对国有土地享有开发、利用、经营的权利。根据《中华人民共和国土地管理法》的规定，我国实行土地的社会主义公有制，即全民所有制和劳动群众集体所有制。任何单位和个人不得侵占、买卖或者以其他形式非法转让土地。土地使用权可以依法转让。企业取得土地使用权，应将取得时发生的支出资本化，作为土地使用权的成本，计入“无形资产”科目核算。

6. 特许权。特许权又称经营特许权、专营权，指企业在某一地区经营或销售某种特定商品的权利或是一家企业接受另一家企业使用其商标、商号、技术秘密等的权利。前者一般是由政府机构授权，准许企业使用或在一定地区享有经营某种业务的特权，如水、电、邮电通信等专营权、烟草专卖权等；后者指企业间依照签订的合同，有限期或无限期使用另一家企业的某些权利，如连锁店分店使用总店的名称等。

二、无形资产的取得账务处理

（一）无形资产核算应设置的会计科目

为了反映和监督无形资产的取得、摊销和处置等情况，企业应当设置“无形资产”、“累计摊销”等科目进行核算。

“无形资产”科目核算企业持有的无形资产成本，借方登记取得无形资产的成本，贷方登记出售无形资产转出的无形资产账面余额，期末借方余额，反映企业无形资产的成本。“无形资产”科目应当按照无形资产的项目设置明细科目进行核算。

“累计摊销”科目属于“无形资产”的调整科目，核算企业对使用寿命有限的无形资产计提的累计摊销，贷方登记企业计提的无形资产摊销，借方登记处置无形资产转出的累计摊销，期末贷方余额，反映企业无形资产的累计摊销额。

此外，企业无形资产发生减值的，还应当设置“无形资产减值准备”科目进行核算。

（二）无形资产取得的核算

无形资产应当按照成本进行初始计量，即以取得无形资产并使之达到预定用途而发生的全部支出，作为无形资产的成本。对于不同来源取得的无形资产，其初始成本构成内容和确认方法存在较大区别。

1. 外购的无形资产。外购方式是企业取得无形资产的重要渠道，在企业日常生产经营过程中，如果自身研究和开发能力有限的情况下，企业可以通过外购的方式取得无形资产，及时满足企业经营管理的需要。外购无形资产成本包括购买价款、相关税费以及直接归属于使该项资产达到预定用途所发生的其他支出。其中，直接归属于使该项资产达到预定用途所发生的其他支出包括使无形资产达到预定用途所发生的专业服务费用、测试无形资产是否能够正常发挥作用的费用等。

如果购入的无形资产超过正常信用条件延期支付价款，实质上具有融资性质的，应按所取得无形资产购买价款的现值计量其成本，现值与应付价款之间的差额作为未确认的融资费用，在付款期间内按照实际利率法确认为利息费用。

【同步操练 11－1】天成公司因经营管理需要，从外部购入一项专利权，按照协议约定以现金支付，实际支付的价款为 300 万元，并支付相关税费 1 万元和有关专业服务费用 5 万元，款项已通过银行转账支付。

天成公司取得该无形资产的成本 = 300 + 1 + 5 = 306（万元），其账务处理如下：

借：无形资产——专利权　　3 060 000

　　贷：银行存款　　3 060 000

2. 投资者投入的无形资产。投资者可以用企业生产经营所需的无形资产作为出资投入企业。投资者投入的无形资产成本，应当按照投资合同或协议约定的价值确定无形资产的取得成本。如果投资合同或协议约定价值不公允的，应按无形资产的公允价值作为无形资产初始成本入账。

【同步操练 11－2】天成公司因业务发展需要，同意某企业以一项自有专利技术向公司投资。根据双方签订的投资协议，此项专利技技术作价 200 万元，折合公司股票 20 万股，每股面值 1 元。同时，天成公司为该项专利技术的转让支付印花税等相关税费 1.5 万元，款项已通过银行转账支付。

该项专利技术的初始计量，应以取得时的成本为基础，即等于投资协议约定的价格 200 万元，加上支付的相关税费 1.5 万元为基础。该项无形资产初始确认的会计分录如下：

借：无形资产——专利技术　　2 015 000

贷：股本　2 000 000

资本公积——股本溢价　1 800 000

银行存款　15 000

3. 通过非货币性资产交换取得的无形资产。非货币性资产交换取得的无形资产，是指企业以其存货、固定资产、无形资产和长期股权投资等非货币性资产，与其他单位的无形资产进行交换而取得的无形资产。

如果非货币性资产交换具有商业实质且公允价值能够可靠计量的，换入的无形资产应以换出资产的公允价值为基础进行计量。在换入无形资产的一方支付补价时，应以换出资产的公允价值加上支付的补价（即换入无形资产的公允价值）和应支付的相关税费，作为换入无形资产的入账成本；在换入无形资产的一方收到补价时，应以换入无形资产的公允价值（或换出资产的公允价值减去补价）和应支付的相关税费，作为换入无形资产的入账成本。

如果非货币性资产交换不具有商业实质，或者换入和换出资产的公允价值均不能可靠计量时，换入的无形资产应以换出资产的账面价值为基础进行计量。在换入无形资产的一方支付补价时，应以换出资产的账面价值加上支付的补价和应支付的相关税费，作为换入无形资产的入账成本；在换入无形资产的一方收到补价时，应以换出资产的账面价值减去补价，加上应支付的相关税费，作为换入无形资产的入账成本。

4. 接受捐赠的无形资产。企业接受捐赠的无形资产，应按以下情况确定无形资产的入账价值：

（1）捐赠方提供了有关凭据的，按凭据上标明的金额加上应支付的相关税费确定。

（2）捐赠方没有提供有关凭据的，按如下顺序确定：

同类或类似无形资产存在活跃市场的，应参照同类或类似无形资产的市场价格估计的金额，加上应支付的相关税费确定。

同类或类似无形资产不存在活跃市场的，按该接受捐赠的无形资产的预计未来现金流量现值确定。

企业接受捐赠的无形资产，按确定的金额计入“营业外收入”中。

5. 土地使用权。企业取得的土地使用权，通常应当按照取得时所支付的价款及相关税费确认为无形资产。土地使用权用于自行开发建造厂房等地上建筑物时，土地使用权的账面价值不与地上建筑物合并计算其成本，而仍作为无形资产进行核算，土地使用权与地上建筑物分别进行摊销和提取折旧。但下列情况除外：

（1）房地产开发企业取得的土地使用权用于建造对外出售的房屋建筑物，相关的土地使用权应当计入所建造的房屋建筑物成本。

（2）企业外购的房屋建筑物，实际支付的价款中包括土地以及建筑物的价值，则应当对支付的价款按照合理的方法（例如公允价值比例）在土地和地上建筑物之间进行分配；如果确实无法在地上建筑物与土地使用权之间进行合理分配的，应当全部作为固定资产，按照固定资产确认和计量的规定进行处理。

企业改变土地使用权的用途，将其用于出租或增值目的时，应将其转为投资性房地产。

【同步操练 11－3】2015 年 1 月 1 日，天成公司取得一块土地使用权，以银行存款转账方式支付9 000万元，并在该土地上自行建造厂房等工程项目，发生材料支出8 000万元，工资费用4 000万元，其他相关费用6 000万元。该工程项目已经完工并达到预定可使用状态。土地使用权的使用年限为50年，为简化核算，假定无其他税费。

天成公司购入土地使用权，使用年限为50年，表明它属于使用寿命有限的无形资产，在该土地上自行建造厂房，应将土地使用权和地上建筑物分别作为无形资产和固定资产进行核算，并分别摊销和计提折旧。

账务处理如下：

（1）支付转让价款：

借：无形资产——土地使用权　　90 000 000

　贷：银行存款　　90 000 000

（2）在土地上自行建造厂房：

借：在建工程　　180 000 000

　贷：工程物资　　80 000 000

　　应付职工薪酬　　40 000 000

　　银行存款　　60 000 000

（3）厂房达到预定可使用状态：

借：固定资产　　180 000 000

　贷：在建工程　　180 000 000

6. 自行研究开发无形资产。企业内部研究开发项目所发生的支出应区分研发阶段支出和开发阶段支出，企业自行开发无形资产发生的研发支出，不满足资本化条件的，借记"研发支出——费用化支出"科目，满足资本化条件的，借记"研发支出——资本化支出"科目，贷记"原材料"、"银行存款"、"应付职工薪酬"等科目。研究开发项目达到预定用途形成无形资产的，应当按照"研发支出——资本化支出"科目的余额，借记"无形资产"科目，贷记"研发支出——资本化支出"科目。期（月）末，应将"研发支出——费用化支出"科目归集的金额转入"管理费用"科目，借记"管理费用"科目，贷记"研发支出——费用化支出"科目。如果无法可靠区分研究阶段的支出和开发阶段的支出，应将其所发生的研发支出全部费用化，计入当期损益，计入"管理费用"科目。

【同步操练11－4】天成公司自行研究、开发一项技术，截至2013年12月31日，发生研发支出合计2 000 000元，经测试，该项研发活动完成了研究阶段，从2014年1月1日开始进入开发阶段。2014年发生开发支出300 000元，假定符合《企业会计准则第6号——无形资产》规定的开发支出资本化的条件。2014年6月30日，该项研发活动结束，最近开发出一项非专利技术。

天成公司应编制如下会计分录：

（1）2013年发生的研发支出：

借：研发支出——费用化支出　　2 000 000

　贷：银行存款等　　2 000 000

（2）2013年1月31日，发生的研发支出全部属于研究阶段的支出：

借：管理费用　　2 000 000
　　贷：研发支出——费用化支出　　2 000 000

（3）2014 年，发生开发支出并满足资本化确认条件：

借：研发支出——资本化支出　　300 000
　　贷：银行存款等　　300 000

（4）2014 年 6 月 30 日，该技术研发完成并形成无形资产：

借：无形资产　　300 000
　　贷：研发支出——资本化支出　　300 000

【知识扩展】

无形资产的取得：无形资产应按成本进行初始计量。

（1）外购的无形资产，其成本包括购买价款、相关税费以及直接归属于使该项资产达到预定用途前所发生的其他支出。

【提示】下列各项不包括在无形资产的初始成本中：

① 引入新产品进行宣传发生的广告费、管理费用及其他间接费用。

② 无形资产已经达到预定用途以后发生的费用。

（2）企业自行研究开发的无形资产，其成本包括自满足资本化条件的时点至无形资产达到预定用途所发生的可直接归属于该无形资产的创造、生产并使该资产能够以管理层预定的方式运作的必要支出总和。

【提示】（1）如果无法可靠区分研究阶段和开发阶段，应当将其所发生的研发支出全部费用化，计入当期损益（管理费用）。

（2）企业自行研究开发项目的无形资产在开发阶段，将相关支出资本化须满足以下条件。

① 完成无形资产以使其能够使用或出售，在技术上具有可行性。

② 具有完成该无形资产并使用或出售的意图。

③ 无形资产产生经济利益的方式，包括能够证明运用该无形资产生产的产品存在市场或无形资产自身存在市场，无形资产将内部使用的，应当证明其有用性。

④ 有足够的技术，财务资源和其他资源支持，以完成该无形资产的开发，并有能力使用或出售该无形资产。

⑤ 归属于该无形资产开发阶段的支出能够可靠的计量。

【小思考 11 -1】企业自创并注册的商标权属于无形资产吗？

【任务评价】

本任务介绍了无形资产的取得应按成本进行初始计量。

（1）外购的无形资产，其成本包括购买价款、相关税费以及直接归属于使该项资产达到预定用途前所发生的其他支出。（2）企业内部研究开发项目所发生的支出应区分研究阶段支出和开发阶段支出。研究阶段支出计入当期管理费用；开发阶段支出符合资本化条件的，应当确认为无形资产；不符合资本化条件的，应当计入当期管理费用。

任务二　无形资产摊销的核算

【任务描述】

本任务主要讲授使用寿命有限的无形资产后续计量。

【任务分析】

本任务要求学生理解无形资产使用寿命的确定，对使用寿命有限的无形资产将其成本在估计使用寿命内采用系统合理的方法进行摊销。

【知识准备及应用】

一、无形资产使用寿命

无形资产初始确认和计量后，在其后使用该项无形资产期间内应以成本减去累计摊销额和累计减值损失后的余额计量。要确定无形资产在使用过程中的累计摊销额，首先就要估计其使用寿命，只有使用寿命有限的无形资产才能将其成本在估计使用寿命内采用系统合理的方法进行摊销，而对于使用寿命不确定的无形资产则无法将其成本进行摊销。

企业在取得无形资产时就应对其使用寿命进行分析判断，其寿命如果有限，就应当估计该使用寿命的年限或者构成使用寿命的产量等类似计量单位数量；无法预见无形资产为企业带来未来经济利益期限的，应当视为使用寿命不确定的无形资产。

企业应当按照如下原则对无形资产的使用寿命进行确定：

1. 源自合同性权利或其他法定权利的无形资产，其使用寿命不应超过合同性权利或其他法定权利的期限。

2. 如果企业使用资产的预期的期限短于合同性权利或其他法定权利规定的期限的，则应当按照企业预期使用的期限确定其使用寿命。

3. 如果合同性权利或其他法定权利能够在到期时因续约等延续，则仅当有证据表明企业续约不需要付出重大成本时，续约期才能够包括在使用寿命的估计中。下列情况下，一般说明企业无须付出重大成本即可延续合同性权利或其他法定权利：

（1）有证据表明合同性权利或法定权利将被重新延续，如果在延续之前需要第三方同意，则还需有第三方将会同意的证据。

（2）有证据表明为获得重新延续所必需的所有条件被满足，以及企业为延续持有无形资产付出的成本相对于预期从重新延续中流入企业的未来经济利益相比不具有重要性。

4. 如果企业为延续无形资产持有期间而付出的成本与预期从重新延续中流入企业的未来经济利益相比具有重要性，则从本质上来看是企业获得的一项新的无形资产。

5. 没有明确的合同或法律规定无形资产的使用寿命的，企业应当综合各方面情况，例如，企业经过努力，聘请相关专家进行论证、与同行业的情况进行比较以及参考企业的历史经验等，来确定无形资产为企业带来未来经济利益的期限。

6. 如果经过上述这些努力，仍确实无法合理确定无形资产为企业带来经济利益的期限的，才能将该无形资产作为使用寿命不确定的无形资产。

另外，企业至少应当于每年年度终了时，对无形资产的使用寿命及摊销方法进行复核，如果有证据表明无形资产的使用寿命及摊销方法不同于以前的估计，如由于合同的续约或无形资产应用条件的改善，延长了无形资产的使用寿命，则对于使用寿命有限的无形资产，应改变其摊销年限及摊销方法，并按照会计估计变更进行处理。对于使用寿命不确定的无形资产，如果有证据表明其使用寿命是有限的，则应视为会计估计变更，应当估计其使用寿命并按照使用寿命有限的无形资产的处理原则进行处理。

二、使用寿命有限的无形资产摊销的核算

使用寿命有限的无形资产，应在其预计的使用寿命内采用系统合理的方法对应摊销金额进行摊销。应摊销金额，是指无形资产的成本扣除残值后的金额。已计提减值准备的无形资产，还应扣除已计提的无形资产减值准备累计金额。使用寿命有限的无形资产，其残值一般应当视为零。

（一）摊销期和摊销方法

无形资产的摊销期自其可供使用（即其达到预定用途）时起至终止确认时止，即无形资产摊销的起始和停止日期为：当月增加的无形资产，当月开始摊销；当月减少的无形资产，当月不再摊销。

无形资产摊销有多种方法，包括直线法、产量法等。企业应当根据能够反映与该项无形资产有关的经济利益的预期实现方式选择恰当的无形资产摊销方法，并一致地运用于不同会计期间。例如，受技术陈旧因素影响较大的专利权和专有技术等无形资产，可采用类似固定资产加速折旧的方法进行摊销；有特定产量限制的特许经营权或专利权，应采用产量法进行摊销。无法可靠确定其预期实现方式的，应当采用直线法进行摊销。

无形资产的摊销一般应计入当期损益，但如果某项无形资产是专门用于生产某种产品或者其他资产，其所包含的经济利益是通过转入到所生产的产品或其他资产中实现的，则无形资产的摊销费用应当计入相关资产的成本。例如，某项专门用于生产过程中的专利技术，其摊销费用应构成所生产产品成本的一部分，计入制造该产品的制造费用。

持有待售的无形资产不进行摊销，按照账面价值与公允价值减去处置费用后的净额孰低进行计量。

（二）残值的确定

一般情况下，无形资产的残值为零，但下述两种情况除外：一是有第三方承诺在无形资产使用寿命结束时购买该项无形资产；二是可以根据活跃市场得到无形资产预计残值信息，并且该市场在该项无形资产使用寿命结束时可能存在。

估计无形资产的残值应以资产处置时的可收回金额为基础，此时的可收回金额是指在预计出售日，出售一项使用寿命已满且处于类似使用状况下，同类无形资产预计的处置价格（扣除相关税费）。残值确定以后，在持有无形资产的期间，至少应于每年年末进行复核，预计其残值与原估计金额不同的，应按照会计估计变更进行处理。如果无形资产的残值重新估计以后高于其账面价值的，则无形资产不再摊销，直至残值降至低于账面价值时再恢复摊销。

（三）使用寿命有限的无形资产摊销的账务处理

使用寿命有限的无形资产应当在其使用寿命内，采用合理的摊销方法进行摊销。摊销时，应当考虑该项无形资产所服务的对象，并以此为基础将其摊销价值计入相关资产的成本或者当期损益。

【同步操练 11－5】 2016 年 1 月 1 日，天成公司从外单位购得一项非专利技术，支付价款 200 万元，款项已支付，估计该项非专利技术的使用寿命为 5 年，该项非专利技术用于产品生产。假定无形资产的净残值均为零，并按直线法摊销。假定天成公司取得该项无形资产时无相关税费。

由于天成公司外购的非专利技术的估计使用寿命为 5 年，表明该项无形资产是使用寿命有限的无形资产，且该项无形资产用于产品生产，因此，应当将其摊销金额计入相关产品的制造成本。天成公司的账务处理如下：

（1）取得无形资产：

借：无形资产——非专利技术　　2 000 000

　　贷：银行存款　　2 000 000

（2）按年摊销：

借：制造费用——非专利技术　　400 000

　　贷：累计摊销　　400 000

三、使用寿命不确定的无形资产

对于无法合理估计使用寿命的无形资产，企业应将其作为使用寿命不确定的无形资产进行核算。对于使用寿命不确定的无形资产，在持有期间内不需要摊销，但应当在每个会计期间进行减值测试。其减值测试的方法按照资产减值的原则进行处理，如经减值测试表明已发生减值，则需要计提相应的减值准备。

【知识扩展】

企业应当综合考虑以下因素来估计无形资产的使用寿命：

（1）该资产通常的产品寿命周期，以及可获得的类似资产使用寿命的信息。

（2）技术、工艺等方面的现实情况及对未来发展的估计。

（3）以该资产在该行业运用的稳定性和生产的产品或服务的市场需求情况。

（4）现在或潜在的竞争者预期采取的行动。

（5）为维持该资产产生未来经济利益的能力所需要的维护支出，以及企业预计支付有关支出的能力。

（6）对该资产的控制期限，以及对该资产使用的法律或类似限制，如特许使用期间、租赁期间等。

（7）与企业持有的其他资产使用寿命的关联性等。

【小思考 11－2】 无形资产均应进行摊销，且摊销时，应该直接冲减无形资产的成本吗？

【任务评价】

企业应当于取得无形资产时分析判断其使用寿命。使用寿命有限的无形资产应进行摊销。使用寿命不确定的无形资产不应摊销。使用寿命有限的无形资产，通常其残值视为零。对于使用寿命有限的无形资产应当自可供使用（即其达到预定用途）当月起开始摊销，处置当月不再摊销。

无形资产摊销方法包括年限平均法（即直线法）、生产总量法等。企业选择的无形资产的摊销方法，应当反映与该项无形资产有关的经济利益的预期实现方式。无法可靠确定预期实现方式的，应当采用直线法摊销。

企业应当按月对无形资产进行摊销。无形资产的摊销额一般应当计入当期损益。企业自用的无形资产，其摊销金额计入管理费用；出租的无形资产，其摊销金额计入其他业务成本；某项无形资产包含的经济利益通过所生产的产品或其他资产实现的，其摊销金额应当计入相关资产成本。

任务三　无形资产处置的核算

【任务描述】

本任务主要针对无形资产不同处置方式的核算。

【任务分析】

本任务要求学生通过学习掌握无形资产终止确认并转销的核算。

【知识准备及应用】

无形资产的处置，主要是指无形资产出售、对外出租、对外捐赠，或者是无法为企业带来未来经济利益时对无形资产进行的终止确认并转销。

一、无形资产的出售

企业出售某项无形资产，表明企业放弃无形资产的所有权，应将所取得的价款与该无形资产账面价值的差额作为资产处置利得或损失，计入当期损益。企业出售无形资产确认其利得的时点，应按照收入确认中的有关原则进行确定。

出售无形资产时，按实际收到的金额，借记“银行存款”等科目，按已计提的累计摊销，借记“累计摊销”科目，原已计提减值准备的，借记“无形资产减值准备”科目，按应支付的相关税费，贷记“应交税费”等科目，按其账面余额，贷记“无形资产”科目，按其差额，贷记“营业外收入——处置非流动资产利得”科目或借记“营业外支出——处置非流动资产损失”科目。

【同步操练 11－6】天成公司 2013～2016 年无形资产业务有关的资料如下：

（1）2013 年 12 月 1 日，以银行存款 3 000 000 元购入一项无形资产（不考虑相关税费）。该无形资产的预计使用年限为 10 年，采用直线法摊销。

（2）2015 年 12 月 31 日，对该无形资产进行减值测试时，该无形资产的预计未来现金流量现值是 1 900 000 元，公允价值减去处置费用后的金额为 1 800 000 元。减值测试后该资产的使用年限不变。

（3）2016 年 4 月 1 日，将该无形资产对外出售，取得价款 2 600 000 元并收存银行（不考虑相关税费）。

天成公司的账务处理如下：

（1）购入无形资产：

借：无形资产　　3 000 000

　　贷：银行存款　　3 000 000

（2）2013 年 12 月 31 日摊销无形资产：（3 000 000/10）×（1/12）＝25 000（元）：

借：管理费用　　25 000

　　贷：累计摊销　　25 000

（3）2015 年 12 月 31 日无形资产的账面价值为：3 000 000 − 25 000 − 300 000 − 300 000 = 2 375 000（元）；

该无形资产预计未来现金流量现值高于其公允价值减去处置费用后的金额，所以其可收回金额是预计未来现金流量现值 1 900 000 元，应计提减值准备 = 2 375 000 − 1 900 000 = 475 000（元）。

借：资产减值损失　　475 000

　　贷：无形资产减值准备　　475 000

（4）无形资产出售：

2016 年前 3 个月该无形资产的摊销金额 = 1 900 000/(120 − 25) × 3 = 60 000（元），至 2016 年 4 月 1 日，无形资产共摊销了 25 000 + 300 000 + 300 000 + 60 000 = 685 000（元）。

借：银行存款　　2 600 000

　　累计摊销　　685 000

　　无形资产减值准备　　475 000

　　贷：无形资产　　3 000 000

　　　　营业外收入——处置非流动资产利得　　760 000

二、无形资产的出租

企业将所拥有的无形资产的使用权让渡给他人，而所有权仍由企业拥有，由此而产生的租金收入，属于与企业日常活动相关的其他经营活动取得的收入，在满足收入确认条件的情况下，应确认相关的收入及成本。让渡无形资产使用权而取得的租金收入，借记“银行存款”等科目，贷记“其他业务收入”等科目；摊销出租无形资产的成本并发生与转让有关的各种费用支出时，借记“其他业务成本”科目，贷记“累计摊销”科目。

【同步操练 11－7】 2016 年 3 月 1 日，天成公司将一项专利技术对外出租，该专利技术账面余额为 200 万元，摊销期限为 10 年。出租合同规定，承租方每销售 1 件用该专利生产的产品，必须付给出租方 8 元专利技术使用费。假定承租方当年销售该产品 5 万件，应交的营业税金为 2 万元。

天成公司的账务处理如下：

（1）取得该项专利技术租金收入：

借：银行存款　　400 000

　　贷：其他业务收入　　400 000

（2）按年对该项专利技术进行摊销并计算应交的营业税：

借：其他业务成本　　20 000

　　营业税金及附加　　20 000

　　贷：累计摊销　　20 000

　　　　应交税费——应交营业税　　20 000

三、无形资产的报废

当无形资产预期不能为企业带来未来经济利益，或者无形资产已被其他新技术所替代或超过法律保护期而不能再为企业带来经济利益，企业就应将其报废并予以转销。在将无形资产转销时，应按已计提的累计摊销借记“累计摊销”科目；按其账面余额，贷记“无形资产”科目；按其差额，借记“营业外支出”科目；已计提减值准备的，还应同时结转减值准备。

【同步操练 11－8】 天成公司拥有的某项专利技术已被其他更先进的技术所取代，不能再为企业带来经济利益，企业决定对其转销。转销时，该项专利技术的账面余额为 100 万元，摊销期限为 10 年，采用直线法进行摊销，已累计摊销 60 万元，假定该项专利权的残值为零，已累计计提的减值准备为 10 万元，假定不考虑其他相关因素。

天成公司转销该无形资产的账务处理如下：

借：累计摊销　　600 000
　　无形资产减值准备　　100 000
　　营业外支出——处置非流动资产损失　　300 000
　　贷：无形资产——专利权　　1 000 000

【知识扩展】

企业处置无形资产，应将所得价款扣除该项无形资产账面价值以及出售相关税费后的差额，计入当期损益（营业外收入或营业外支出）。

【小思考 11－3】 某企业转让一项专利权，该专利权的账面余额 500 万元，已摊销 200 万元，计提资产减值准备 50 万元，取得转让价款 280 万元，应交营业税 14 万元。假设不考虑其他因素，该企业应确认的转让无形资产净收益为多少万元？

【任务评价】

无形资产处置核算的基本账务处理：

借：银行存款
　　累计摊销
　　无形资产减值准备
　　贷：无形资产
　　　　应交税费——应交营业税

借方为营业外支出——非流动资产处置损失；

贷方为营业外收入——非流动资产处置利得。

借：银行存款
　　累计摊销
　　无形资产减值准备
　　营业外支出——非流动资产处置损失（亏）
　　贷：无形资产
　　　　应交税费——应交营业税
　　　　营业处收入——非流动资产处置利得（赚）

任务四 无形资产减值的核算

【任务描述】

本任务主要讲授无形资产减值的核算。

【任务分析】

本任务要求学生通过学习使用寿命不确定的无形资产，对在持有期间内的每个会计期末进行减值测试核算。

【知识准备及应用】

对于使用寿命不确定的无形资产，在持有期间内不需要摊销，但应当在每个会计期间进行减值测试。无形资产在资产负债表日存在可能发生减值的迹象时，其可收回金额低于账面价值的，企业应当将该无形资产的账面价值减记至可收回金额，减记的金额确认为减值损失，计入当期损益，同时计提相应的资产减值准备，按照应减记的金额，借记“资产减值损失——计提的无形资产减值准备”科目，贷记“无形资产减值准备”科目。无形资产减值损失一经确认，在以后会计期间不得转回。

【同步操练 11－9】 2015 年 12 月 31 日，市场上某项新技术生产的产品销售势头较好，已对天成公司产品的销售产生重大不利影响。天成公司外购的类似专利技术的账面价值为 800 000 元，剩余摊销年限为 4 年，经减值则试，该专利技术的可收回金额为 750 000 元。

由于天成公司该专利技术在资产负债表日的账面价值为 800 000 元，可收回金额为 750 000 元，可收回金额低于账面价值，应按其差额 50 000（800 000－750 000）元计提减值准备。天成公司应编制如下会计分录：

借：资产减值损失——计提的无形资产减值准备　　50 000

　　贷：无形资产减值准备　　50 000

【知识扩展】

无形资产减值金额的确定

无形资产在资产负债表日存在可能发生减值的迹象时，其可收回金额低于账面价值的，企业应当将该无形资产的账面价值减记至可收回金额，减记的金额确认为减值损失，计入当期损益，同时计提相应的减值准备。

【小思考 11－4】 无形资产减值损失一经确认，以后会计期间不得转回吗？

【任务评价】

无形资产减值的会计处理：

借：资产减值损失——计提的无形资产减值准备

　　贷：无形资产减值准备

任务五　其他资产的核算

【任务描述】

本任务主要叙述其他资产的核算。

【任务分析】

本任务要求学生通过学习掌握长期待摊费用的核算。

【知识准备及应用】

其他资产

其他资产是指除货币资金、交易性金融资产、应收及预付款项、存货、长期股权投资、持有至到期投资、可供出售金融资产、固定资产、无形资产等以外的资产，如长期待摊费用等。

长期待摊费用是指企业已经发生但应由本期和以后各期负担的分摊期限在一年以上的各项费用，如以经营租赁方式租入的固定资产发生的改良支出等。企业应设置“长期待摊费用”科目对此类项目进行核算，企业发生的长期待摊费用，借记“长期待摊费用”科目，贷“原材料”、“银行存款”等科目；摊销长期待摊费用，借记“管理费用”、“销售费用”等科目，贷记“长期待摊费用”科目；“长期待摊费用”科目期末借方余额，反映企业尚未摊销完毕的长期待摊费用。“长期待摊费用”科目可按费用项目进行明细核算。

【同步操练 11－10】2015 年 4 月 1 日，天成公司对以经营租赁方式新租入的办公楼进行装修，发生以下有关支出：领用生产用材料 500 000 元，购进该批原材料时支付的增值税进项税额为 85 000 元；辅助生产车间为该装修工程提供的劳务支出为 180 000 元；有关人员工资等职工薪酬 435 000 元。2015 年 11 月 30 日，该办公楼装修完工，达到预定可使用状态并交付使用，按租赁期 10 年进行摊销。假定不考虑其他因素。

天成公司应编制如下会计分录：

（1）装修领用原材料时：

借：长期待摊费用	585 000	
贷：原材料		500 000
应交税费——应交增值税（进项税额转出）		85 000

（2）辅助生产车间为装修工程提供劳务时：

借：长期待摊费用	180 000	
贷：生产成本——辅助生产成本		180 000

（3）确认工程人员职工薪酬时：

借：长期待摊费用	435 000	
贷：应付职工薪酬		435 000

（4）2015 年 1 月摊销装修支出时：

借：管理费用　　10 000

　　贷：长期待摊费用　　10 000

在本例中，天成公司发生的办公楼装修支出合计为 1 200 000（585 000 + 180 000 + 435 000）元，2015 年 12 月应分摊的装修支出为 10 000（1 200 000 ÷ 10 ÷ 12）元。

【情境总结】

1. 无形资产业务核算（见表 11－1）。

表 11－1　　无形资产业务核算

业务内容	账务处理
无形资产取得的核算	借：无形资产 　　贷：银行存款、研发支出等
无形资产摊销的核算	借：管理费用、制造费用、其他业务成本等 　　贷：累计摊销
无形资产处置的核算	借：银行存款 　　累计摊销 　　无形资产减值准备 　　营业外支出（亏） 　　贷：无形资产 　　　　营业外收入（赚）
无形资产减值的核算	借：资产减值损失 　　贷：无形资产减值准备

2. 长期待摊费用业务核算（见表 11－2）。

表 11－2　　长期待摊费用业务核算

业务内容	账务处理
发生长期待摊费用	借：长期待摊费用 　　贷：银行存款
长期待摊费用的摊销	借：管理费用等 　　贷：长期待摊费用

【复习思考题】

1. 外购和自行研发的无形资产处理有何区别？
2. 企业是否可以将自行研发的无形资产直接入账？
3. 企业是否可以将租入固定资产的改良支出直接计入当期损益？

【练习题】

一、单项选择题

1. 使用寿命不确定的无形资产计提减值时，影响利润表的项目是（　　）。

A. 管理费用　　B. 资产减值损失

C. 营业外支出　　D. 营业成本

2. 下列有关土地使用权会计处理的表述中，不正确的是（　　）。

A. 自行开发建造厂房等建筑物的土地使用权与建筑物应分别进行摊销和折旧

B. 外购土地使用权及建筑物支付的价款应当在建筑物与土地使用权之间进行分配

C. 外购土地使用权及建筑物支付的价款难以在建筑物与土地使用权之间进行分配的，应当全部作为固定资产

D. 外购土地使用权及建筑物支付的价款难以在建筑物与土地使用权之间进行分配的，应当全部作为无形资产

3. 下列关于使用寿命不确定的无形资产的会计处理中，表述正确的是（　　）。

A. 持有期间按月摊销，计入成本费用科目

B. 如果后续期间有证据表明其使用寿命是有限的，应当作会计估计变更处理

C. 发生减值迹象时，进行减值测试

D. 每个会计期间不需要对使用寿命进行复核

4. 下列各项中，属于企业的无形资产的是（　　）。

A. 持有备增值后转让的土地使用权　　B. 企业自创的商誉

C. 经营租入的无形资产　　D. 有偿取得的经营特许权

5. 天成公司2016年1月5日，从天虹公司购买一项专利权，天成公司与天虹公司协议采用分期付款方式支付款项。合同规定，该项专利权的价款为8 000 000元，每年末付款2 000 000元，4年付清，天成公司当日支付相关税费10 000元。已知（P/F，5%，4）=0.8227；（P/A，5%，4）=3.5460。则天成公司购买该项专利权的入账价值为（　　）元。

A. 8 100 000　　B. 7 990 000　　C. 7 092 000　　D. 7 102 000

6. 天成公司2015年1月10日开始自行研究开发无形资产，12月31日达到预定用途。其中，研究阶段发生职工薪酬30万元、计提专用设备折旧40万元；进入开发阶段后，相关支出符合资本化条件前发生的职工薪酬30万元，计提专用设备折旧30万元，符合资本化条件后发生职工薪酬100万元，计提专用设备折旧200万元。假定不考虑其他因素，天成公司2015年对上述研发支出进行的下列会计处理中，正确的是（　　）。

A. 确认管理费用70万元，确认无形资产360万元

B. 确认管理费用30万元，确认无形资产400万元

C. 确认管理费用130万元，确认无形资产300万元

D. 确认管理费用100万元，确认无形资产330万元

7. 天成公司2015年3月1日开始自行开发成本管理软件，在研究阶段发生材料费用25万元，开发阶段发生开发人员工资145万元，福利费25万元，支付租金41万元。开发阶段的支出满足资本化条件。2015年3月15日，天成公司成功开发该成本管理软件，并依法申请了专利，支付注册费1.2万元，律师费2.3万元，天成公司2015年3月20日为向社会展示其成本管理软件，特举办了大型宣传活动，发生费用共49万元，则天成公司该项无形资产的入账价值应为（　　）万元。

A. 243.5　　B. 214.5　　C. 219.5　　D. 3.5

8. 天成公司为上市公司，2013年1月1日，天成公司以银行存款6 000万元购入一项无形资产。2014年和2015年末，天成公司预计该项无形资产的可收回金额分别为4 000万元和3 556万元。该项无形资产的预计使用年限为10年，按月摊销。天成公司于每年末对无形资产计提减值准备；计提减值准备后，原预计使用年限不变。假定不考虑其他因素，天成公司该项无形资产于2016年应摊销的金额为（　　）万元。

A. 508　　B. 500　　C. 600　　D. 3 000

9. 天成公司2011年1月1日购入一项无形资产。该无形资产的实际成本为750万元，摊销年限为10年，采用直线法摊销。2015年12月31日，该无形资产发生减值，预计可收回金额为270万元。计提减值

准备后，该无形资产原摊销年限和摊销方法不变。2016 年 12 月 31 日，该无形资产的账面价值为（　　）万元。

A. 750　　B. 321　　C. 300　　D. 216

10. 天成公司以 300 万元的价格对外转让一项无形资产。该项无形资产系天成公司以 360 万元的价格购入，购入时该无形资产预计使用年限为 10 年，法律规定的有效使用年限为 12 年。转让时该无形资产已使用 5 年，转让该无形资产应交的营业税税率为 5%，假定不考虑其他相关税费，采用直线法摊销。天成公司转让该无形资产对营业利润的影响为（　　）万元。

A. 90　　B. 105　　C. 120　　D. 0

二、多项选择题

1. 下列有关无形资产会计处理的表述中，正确的有（　　）。

A. 无形资产的残值一般为零

B. 对于使用寿命不确定的无形资产，当有证据表明其使用寿命有限时，不需要对以前进行追溯调整

C. 预期不能为企业带来经济利益的无形资产的账面价值应转销转入当期管理费用

D. 房地产开发企业取得土地用于建造对外出售的房屋建筑物，相关的土地使用权应当计入所建造的房屋建筑物成本

2. 下列关于无形资产会计处理的表述中，不正确的有（　　）。

A. 当月增加的使用寿命有限的无形资产从下月开始摊销

B. 计提的无形资产减值准备在该资产价值恢复时应予转回

C. 以支付土地出让金方式取得的自用土地使用权应单独确认为无形资产

D. 无形资产的摊销方法至少应于每年年度终了进行复核

3. 下列关于无形资产的表述中，正确的有（　　）。

A. 无形资产的出租收入应当确认为其他业务收入

B. 无形资产的摊销期自其可供使用时起至终止确认时止

C. 无法区分研究阶段和开发阶段支出，应当在发生时费用化，计入当期损益

D. 无形资产的研究阶段发生的支出应计入当期损益

4. 下列有关无形资产的表述中，不正确的有（　　）。

A. 同时从事多项研究开发活动的企业，所发生的支出无法在各项研发活动之间进行分配时，应当计入当期损益

B. 同时从事多项研究开发活动的企业，所发生的支出无法在各项研发活动之间进行分配时，应当计入某项无形资产

C. 使用寿命有限的无形资产摊销期限及方法与以前估计不同的，应当改变摊销期限和摊销方法

D. 对使用寿命不确定的无形资产进行复核时，有证据表明其使用寿命有限的，将其价值计入管理费用

5. 下列关于无形资产的会计处理中，错误的有（　　）。

A. 为使无形资产达到预定用途所发生的专业服务费用应该计入管理费用

B. 外购土地使用权用于自行开发建造厂房时，应将土地使用权账面价值转入在建工程

C. 出租无形资产取得的租金收入和发生的相关费用，应通过其他业务收入和其他业务成本核算

D. 对于使用寿命有限的无形资产无法预期经济利益实现方式的，应当采用直线法摊销

6. 下列关于自行研究开发无形资产的会计处理中，表述不正确的有（　　）。

A. 企业内部研究开发项目研究阶段的支出，不应当通过“研发支出”科目核算，应当在发生时直接计入管理费用

B. “研发支出”科目期末借方余额，反映企业正在进行无形资产研究开发项目的全部支出

C. 企业内部研究开发项目开发阶段的支出，均计入“研发支出——资本化支出”明细科目

D. 企业内部研究开发项目研究阶段的支出，均计入“研发支出——费用化支出”明细科目

7. 下列有关无形资产的摊销的表述，正确的有（　　）。

A. 使用寿命确定的无形资产，其摊销期应当自无形资产可供使用时起，至终止确认时止

B. 无法预见无形资产是否会为企业带来经济利益的，统一按 10 年进行摊销

C. 使用寿命不确定的无形资产，不应摊销但每个会计期末均应进行减值测试

D. 企业选择的无形资产摊销方法，应当反映与该项无形资产有关的经济利益的预期实现方式

8. 外购无形资产的成本，包括（　　）。

A. 购买价款

B. 进口关税

C. 其他相关税费

D. 可直接归属于使该项无形资产达到预定用途所发生的其他支出

9. 关于企业内部研究开发项目的支出，下列表述不正确的有（　　）。

A. 应当区分研究阶段支出与开发阶段支出

B. 企业内部研究开发项目研究阶段的支出，应确认为无形资产

C. 企业内部研究开发项目开发阶段的支出，应当于发生时计入当期损益

D. 企业内部研究开发项目开发阶段的支出，可能确认为无形资产，也可能确认为费用

三、判断题

1. 无法区分研究阶段支出和开发阶段支出，应当将其所发生的研发支出全部资本化，计入无形资产成本。（　　）

2. 无形资产摊销金额可能影响当期损益，也可能不影响当期损益。（　　）

3. 购买无形资产的价款超过正常信用条件延期支付，实质上具有融资性质的，无形资产的成本以购买价款的现值为基础确定。（　　）

4. 无形资产的摊销金额应当全部计入当期损益中。（　　）

5. 企业购入的土地使用权，先按实际支付的价款计入无形资产，待土地使用权用于自行开发建造厂房等地上建筑物时，再将其账面价值转入相关在建工程，如果是房地产开发企业则应将土地使用权的账面价值转入开发成本。（　　）

6. 内部开发无形资产的成本仅仅包括在满足资本化条件的时点至无形资产申请成功发生的支出总和，对于同一项无形资产在开发过程中达到资本化条件之前已经费用化计入当期损益的支出不再进行调整。（　　）

7. 企业出租无形资产使用权取得的收入和出售无形资产所有权的净收入，均计入营业外收入。（　　）

四、计算分析题

1. 天成公司 2013～2016 年与无形资产业务有关的资料如下：

（1）2013 年 12 月 3 日，以银行存款 540 万元购入一项无形资产。预计该项无形资产的使用年限为 5 年，采用直线法摊销。

（2）2015 年 12 月 31 日，对该无形资产进行减值测试，该无形资产的预计未来现金流量现值是 245 万元，公允价值减去处置费用后的净额为 280 万元。计提减值准备后该资产的使用年限及摊销方法不变。

（3）2016 年 4 月 1 日，该无形资产预期不能再为企业带来经济利益，天成公司将其报废。

（4）假设不考虑交易产生的相关税费。

要求：

（1）编制购入该无形资产的会计分录。

（2）计算 2013 年 12 月 31 日无形资产的摊销金额并编制会计分录。

（3）计算 2014 年 12 月 31 日该无形资产的账面价值。

（4）计算该无形资产 2015 年末计提的减值准备金额并编制会计分录。

（5）计算 2016 年无形资产计提的摊销金额。

（6）编制该无形资产报废时的会计分录。

（答案中的金额单位用万元表示）

2. 天成公司 2014 年 1 月 6 日，从天虹公司购买一项商标权，由于天成公司资金周转比较紧张，经与天虹公司协议采用分期付款方式支付款项。合同规定，该项商标权总计 900 万元，每年末付款 300 万元，3 年付清。假定银行同期贷款利率为 10%。

要求：

（1）计算无形资产现值。

（2）计算未确认融资费用。

（3）编制 2014 年 1 月 6 日会计分录。

（4）计算并编制 2014 年年底有关会计分录。

（5）计算并编制 2015 年年底有关会计分录。

（6）计算并编制 2016 年年底有关会计分录。

3. 天成公司有关无形资产的业务如下：

（1）天成公司 2014 年初开始自行研究开发一项专利权，在研究开发过程中发生材料费 300 万元、应付人工工资 100 万元，以及其他费用 50 万元（以银行存款支付），共计 450 万元，其中，符合资本化条件的支出为 300 万元；2015 年 1 月专利技术获得成功，达到预定用途。

对于该项专利权，相关法律规定该专利权的有效年限为 10 年，天成公司估计该专利权的预计使用年限为 12 年，假定无法可靠确定该专利权预期经济利益的实现方式。

（2）2015 年 12 月 31 日，由于市场发生不利变化，致使该专利权发生减值，天成公司预计其可收回的金额为 160 万元。计提减值后原预计年限不变。

（3）2016 年 4 月 20 日天成公司出售该专利权，收到价款 120 万元，存入银行。营业税税率为 5%。

要求：

（1）编制天成公司 2014 年度有关研究开发专利权会计分录。

（2）编制天成公司 2015 年摊销无形资产的会计分录（假定按年摊销）。

（3）编制天成公司 2016 年计提减值准备的会计分录。

（4）编制天成公司 2017 年与该专利权出售相关的会计分录。

参考文献

1. 财政部会计司编写组．企业会计准则讲解2010［M］．北京：人民出版社，2010.

2. 中华人民共和国财政部．企业会计准则2006［M］．北京：经济科学出版社，2006.

3. 中国注册会计师协会．会计［M］．北京：中国财政经济出版社，2015.

4. 财政部会计资格评价中心．初级会计资格：初级会计实务［M］．北京：中国财政经济出版社，2015.

5. 财政部会计资格评价中心．中级会计资格：中级会计实务［M］．北京：经济科学出版社，2015.

6. 中华人民共和国财政部．企业会计准则——应用指南2006［M］．北京：中国财政经济出版社，2006.

7. 企业会计准则编审委员会．企业会计准则案例讲解：2012年版［M］．上海：立信会计出版社，2011.

8. 张双兰，李桂梅．财务会计［M］．北京：北京大学出版社，2011.

9. 陈强．财务会计实务［M］．北京：高等教育出版社，2012.

责任编辑：白留杰
封面设计：谭国玮

财务会计（上）

ISBN 978-7-5141-6752-8
定 价：31.00元